Klaus Unterburger

Kirchengeschichte der Frühen Neuzeit

THEOLOGIE KOMPAKT

Professor Dr. Klaus Unterburger lehrt Mittlere und Neue Kirchengeschichte an der Fakultät für Katholische Theologie der Universität Regensburg.

THEOLOGIE KOMPAKT

Klaus Unterburger

Kirchengeschichte der Frühen Neuzeit

wbg Academic

Die Deutsche Nationalbibliothek verzeichnet diese Publikation in der Deutschen Nationalbibliografie; detaillierte bibliografische Daten sind im Internet über http://dnb.de abrufbar.

wbg Academic ist ein Imprint der wbg.

Die Herausgabe des Werkes wurde durch
die Vereinsmitglieder der WBG ermöglicht.
Satz: Lichtsatz Michael Glaese GmbH, Hemsbach
Einbandabbildung: Sankt Ulrich, ehem. Cluniazenserpriorat © Yvan Travert / akg-images
Einbandgestaltung: schreiberVIS, Seeheim
Gedruckt auf säurefreiem und alterungsbeständigem Papier
Printed in Europe

Besuchen Sie uns im Internet: www.wbg-wissenverbindet.de

ISBN 978-3-534-27169-6

Elektronisch sind folgende Ausgaben erhältlich:
eBook (PDF): 978-3-534-74591-3
eBook (epub): 978-3-534-74592-0

Inhaltsverzeichnis

Vorwort

Das vorliegende Lehrbuch ist aus den Vorlesungen im Basis- oder Aufbaumodul Historische Theologie an der Fakultät für Katholische Theologie der Universität Regensburg erwachsen. Es ist deshalb ebenso vom Bemühen geprägt, die Zeit zur Vermittlung von Wissen und von Kompetenzen zu nutzen, wie von der Einsicht, dass Elementarisierung und Stoffreduktion nötig sind. Es richtet sich als erstes an die Studierenden der Katholischen Theologie. Allerdings kann man die Entwicklung der Katholischen Kirche in der Frühen Neuzeit nicht verstehen, ohne Bezug zu den anderen Konfessionen, ebenso wenig ohne die Einbeziehung transkonfessioneller Faktoren. Ohne Kenntnis der Entwicklung in den anderen Konfessionen können auch die innerkatholischen Prozesse nicht zureichend verstanden werden. So hoffe ich, dass auch Studierende der Evangelischen Theologie, der Geschichte und anderer Disziplinen und alle Interessierten davon profitieren können. Wie jede Auswahl und Schwerpunktsetzung ist auch diejenige in diesem Buch nicht alternativlos. Aber sie hat doch Gründe für sich, gerade weil sie aus der Hochschullehre erwachsen ist, die darauf zielen muss, elementare Wissenszusammenhänge und Kompetenzen für theologische und historische Studiengänge zu vermitteln.

Für das Korrekturlesen und die weiterführenden Hinweise danke ich meinem Wissenschaftlichen Assistenten, Herrn Dr. Johann Kirchinger. Für die verlegerische Betreuung und Unterstützung bei der Lektorierung danke ich Frau Benita Bockholt von der Wissenschaftlichen Buchgesellschaft, Darmstadt, ebenso dort Frau Susanne Fischer. In der Geschichte des Christentums in der Frühen Neuzeit wurden Weichen gestellt, die noch die Moderne und die Kulturen der Gegenwart prägen. So fern vielen heute die damals verhandelten Probleme gerückt sein mögen: Es ging um fundamentale Fragen des Sinns und des Selbstverständnisses des Menschen angesichts seiner Vergänglichkeit und seiner Hoffnung auf Erlösung. Wenn der Band dies einführend erschließen kann, dann hat er seinen Zweck erfüllt.

Regensburg, im Advent 2020 — Klaus Unterburger

I. Vom Mittelalter zur Neuzeit: ein Epochenübergang

Überblick

Wie Epochen eingeteilt werden, hängt von den Interessen und Wertungen der jeweiligen Geschichtsschreibung ab. Dies gilt auch für die Scheidung von Mittelalter und Neuzeit. Einige Veränderungsprozesse gelten in der Forschung als besonders tiefgreifend: die Stadtkultur mit ihren Innovationen und die Ausbildung des frühmodernen Staates, der Untergang des oströmischen Reiches, die europäische Expansion auf dem Seeweg nach Ostasien und Amerika sowie die konfessionelle Spaltung der westlichen Christenheit.

Ca. 1450	Erfindung des Buchdrucks durch Gutenberg
1453	Eroberung Konstantinopels durch die Osmanen
1492	Entdeckung Amerikas durch Kolumbus
1517	Luther tritt mit seinen 95 Ablassthesen hervor.

1. Beginn der Neuzeit: Die Problematik von Abgrenzungen

Epocheneinteilungen entfalten eine suggestive Kraft: Schlagartig scheint eine neue Zeit heraufgezogen zu sein. So sucht man nach Ereignissen, die diesen Umbruch verdichtet zum Ausdruck bringen. 1453 eroberten die Osmanen Konstantinopel und damit ging das christliche oströmische Reich endgültig zugrunde. 1492 entdeckte Christòforo Colombo (Christoph Kolumbus) (ca. 1451-1506) den amerikanischen Kontinent, 1517 trat Martin Luther (1483-1546) mit seinen Ablassthesen hervor, die bald zu einer konfessionellen Spaltung des westlichen Christentums führten. Zu dieser Zeit hatten die **Humanisten**, die die Antike neu entdeckten, die Zeit bereits dreigeteilt: das vorbildliche Altertum, das Mittelalter, dessen Sprache und Kultur eher barbarisch gewesen sei, dann die eigene neue Zeit, die die Antike wieder neu entdeckte und an diese anknüpfte. So hatten schon Jahrzehnte vor diesen Daten Gelehrte den Eindruck, in einer neuen Epoche zu leben.

Stichwort

Humanismus

Seit dem 19. Jahrhundert wird die gelehrte Bewegung des 14. bis 16. Jahrhunderts, die sich um die Erneuerung der antiken Sprachen und Wissenschaften bemühte, als Humanismus bezeichnet. Wichtige Gesamtdarstellungen stammten von Georg Voigt (1827–1891) und Jacob Burkhardt (1818–1897). Sie entwarfen das Bild vom Humanisten, der im Rückgang auf die Antike die dunklen Jahrhunderte des Mittelalters überwinden und das antike Menschenbild wiederherstellen wollte. Wie in der antiken Kunst der ideale Körper dargestellt worden sei, so habe der Humanismus insgesamt den Menschen in den Mittelpunkt gestellt (Anthropozentrik) und positiver bewertet. Damit wurde der Humanismus tendenziell als neuheidnische Bewegung gezeichnet, die den Menschen auf Kosten Gottes aufgewertet habe. Die neuere Forschung hat dies relativiert: Die meisten Humanisten verstanden sich als christlich und die Orientierung an den antiken Quellen schloss das Urchristentum und die Kirchenväter meist mit ein. Der Mensch wurde gerade als Ebenbild Gottes in den Mittelpunkt gestellt, wodurch er seine Würde habe. Viel diskutiert wurde, wer als Humanist gelten könne, da eigene humanistische Schriftstellerei ein zu enges, humanistischer Buchbesitz ein zu weites Kriterium ist. So ist man dazu übergegangen, den Humanismus als Netzwerk zu verstehen, vor allem verbunden über das Medium des Briefs. Wer von anderen Humanisten so als solcher anerkannt wurde, konnte nach zeitgenössischem Verständnis auch als ein solcher gelten.

In der universitären Geschichtsschreibung hat sich diese Dreiteilung der Zeit seit dem 18. Jahrhundert durchgesetzt. Die große Differenz zwischen Mittelalter und Neuzeit untermauerten lange Zeit sowohl Protestanten als auch Katholiken. Die ersteren, um zu betonen, dass Protestantismus und moderne Zeit zusammengehören und einen Fortschritt bedeuten, die Katholiken, um sich zum christlichen Mittelalter zu bekennen, von dem die Protestanten abgefallen seien.

Problematik der Epocheneinteilung

Nun hat die neuere Forschung die schroffen Gegensätze aber relativiert und gezeigt, wie viel Neues schon in den Jahrzehnten vorher gedacht und praktiziert wurde und wie viel Mittelalterliches etwa im Denken von Kolumbus oder Luther steckte. Veränderungen gehen eben in kleinen Schritten vor sich und Epocheneinteilungen sind vereinfachende Konstrukte von Historikern. Das gilt auch für eine spätere Zäsur, mit der man in der Regel die „Frühe Neuzeit" enden und die Moderne beginnen lässt, nämlich die Französische Revolution und ihre Folgen. Nicht nur Frankreich wurde grundlegend umgestaltet, die Eroberungen und Kriege in deren Folge hatten Konsequenzen für die meisten Staaten Europas, aber auch etwa Lateinamerikas. Eine genaue Jahreszahl dieser Zäsur lässt sich auch da nicht einfach festlegen und andere Teile der Welt wurden durch die Revolution zunächst kaum tangiert.

2. Buchdruck, Stadtkultur und Territorialstaat

Erfindung des Buchdrucks

Eine wichtige Zäsur hin zur Neuzeit ist sicherlich die Erfindung des Buchdrucks mit beweglichen Lettern. Johannes Gutenberg (ca. 1400-1468) aus der Mainzer Patrizierfamilie Gensfleisch war der erste, dem dies ab etwa 1450 gelang. Er verwendete metallische Typen und eine Presse, die es erlaubte, die Farbe gleichmäßig auf das vorher angefeuchtete Papier zu bringen. Auch wenn Gutenberg erst einmal Bankrott anmelden musste und die Buchherstellung noch sehr mühsam vor sich ging, stellte sich doch bald nicht nur bei ihm der Erfolg ein. Um 1500 arbeiteten in Europa bereits rund 250 Druckoffizine. Dominierte anfangs die religiöse Literatur, zogen bald andere Aufträge nach, nicht nur für Unterhaltungsliteratur, sondern auch für obrigkeitliche Verordnungen. Erfolgreich ließen sich auch Bilder drucken und vermarkten, parallel dazu nahm die Nachfrage nach Brillen zu.

Chancen und Risiken

Der Buchdruck ermöglichte eine bislang unvorstellbar schnelle, weitgestreute Verbreitung von geistigen Inhalten. Eine Kultur, die bislang nahezu ausschließlich durch Präsenz, also in der persönlichen Gegenwart, geistig beeinflussen und bilden konnte, verwandelte sich in eine Kommunikationskultur, in der das geschriebene Wort breite Bevölkerungsgruppen in einer bislang nicht gekannten Geschwindigkeit erreichte. Der Buchdruck eröffnete so große Chancen, barg in den Augen der Obrigkeiten aber auch die Gefahr, dass sich Irrtümer unkontrolliert verbreiten könnten: Ein massenhaft hergestelltes Druckwerk konnte kaum mehr eliminiert werden. 1485 veröffentlichte deshalb der Mainzer Bischof Berthold von Henneberg (1484-1504) ein erstes Zensurmandat. Über die Jahrhunderte sollten nahezu alle Obrigkeiten immer wieder auf ähnliche Weise um Kontrolle kämpfen, ohne dass diese vollständig realisierbar gewesen wäre.

Der moderne Territorialstaat

Nicht nur in den Städten gab es eine gebildete, lesekundige Elite. Im Laufe des Spätmittelalters war es auch zahlreichen Fürstendynastien gelungen, konkurrierende Herrschaftsträger im Inneren zu beseitigen oder zu integrieren und nach außen hin zu unterwerfen. So entstand vielerorts ein Gewaltmonopol in einem geschlossenen Territorium. Kannte das Mittelalter eine Vielzahl sich überschneidender herrschaftlicher Bindungen, in denen die Untertanen standen, so setzte sich der territoriale Fürstenstaat, zumindest als Ideal, seit dem Spätmittelalter immer mehr durch. Dieser errichtete Zentralbehörden und lokale Unterbehörden. Durch den Buchdruck konnten obrigkeitliche Mandate und Verordnungen, die das Leben der Untertanen immer mehr regulierten, leichter vervielfältigt werden. Für den Aufbau eines geschlossenen Territoriums spielte zudem die Kontrolle über den Besitz der Klöster und anderer kirchlicher Institutionen eine wichtige Rolle, weshalb die Landesherren das Kirchenregiment in ihrem Herrschaftsbereich ausbauten und systematisierten.

Stadtkultur

Dass die Medienrevolution des Buchdrucks überhaupt möglich gewesen ist, liegt an Entwicklungen, die im Lauf des Mittelalters und besonders in den Städten Fahrt aufgenommen haben. Da wäre ein spezialisiertes Handwerk zu nennen, das sich in den europäischen Stadtkulturen mit ihrer Arbeitsteilung und ihrer zunehmenden und spezielleren Nachfrage entwickeln konnte. Nötig waren auch Absatzmärkte, also Handelsplätze, ein gewisser Wohlstand und auch eine zumindest teilweise lesekundige Bevölkerung. Dies alles entwickelte sich vor allem in den Städten seit dem Hochmittelalter und war Voraussetzung dafür, dass sich das Drucken von Büchern überhaupt lohnte. Die Neuzeit beruht somit auf vielen Fortschritten seit dem europäischen Hochmittelalter, vor allem in den städtischen Kulturen Norditaliens und Westeuropas.

3. Der Beginn der europäischen Expansion

Anstatt nach zeitlichen Einschnitten kann man aber auch die Fragerichtung verändern und fragen, welche Räume Schauplatz der Christentumsgeschichte waren. Betrachtet man nämlich das Christentum aus räumlicher Perspektive, so sieht man, dass es sich in der Frühen Neuzeit zu einer Weltreligion entwickelt hat. Dieser Prozess hängt eng mit der europäischen Expansion zusammen, deren Wurzeln ins Mittelalter zurückreichen. Diese wurde auch durch Veränderungen im Osten angestoßen: Die Eroberung Konstantinopels 1453 durch die Osmanen ließ nicht nur die Griechen ihre Vorherrschaft in der östlichen Orthodoxie einbüßen; nicht wenige Gelehrte flohen in den Westen. Das Osmanische Reich hatte sich im 14. Jahrhundert in Kleinasien an der Grenze zum byzantinischen Reich als eigenständige Herrschaft etabliert. Mit Hilfe türkischer Nomadenstämme wurde 1326 Bursa erobert und osmanische Hauptstadt, 1361 fiel Adrianopel, in der Folge nahezu ganz Kleinasien und weite Teile des Balkans. Im 16. Jahrhundert konnten die Osmanen auch Syrien, Mesopotamien und Ägypten integrieren und so die Handelsrouten nach Asien weitgehend blockieren bzw. durch Zölle extrem verteuern. So entstand ein wichtiger Anreiz, nach neuen Handelswegen zu suchen.

Seeweg nach Asien und Amerika

Im 15. Jahrhundert waren es vor allem die Portugiesen, die seit 1415 immer weiter an der afrikanischen Küste entlangkamen und unter dem legitimierenden Vorzeichen der Rückeroberung ehemals christlicher, nunmehr islamisch besetzter Städte (*reconquista*) dort Handelsstützpunkte anlegten. Schwarzafrikaner wurden versklavt und in Zuckerrohrplantagen, etwa auf Madeira, eingesetzt. Die Erfolge der portugiesischen Seefahrt lockten zunehmend Investoren an. 1460 wurde Westafrika umsegelt und 1487 kam Bartolomeu Dias (ca. 1450-1500) zur Südspitze Afrikas. Zehn Jahre später brach Vasco da Gama (ca. 1469-1524) zu seiner Expedition auf, bei der erstmals Indien auf dem Seeweg erreicht wurde. Zahlreiche Schiffe folgten und 1510 wurde Goa zum festen Handelsstützpunkt der Portugiesen, wenig später auch zum wichtigsten kirchlichen Zentrum (1533 Bistum, 1558 als Erzbistum Zentrum einer eigenen indischen Kirchenprovinz). Als Kolumbus 1492 im Auftrag Kastilliens scheinbar auch auf der Westroute einen Seeweg entdeckt hatte, drängte man den Papst zu einer Abgrenzung der Ansprüche. Im Vertrag von Tordesillas (1494) sollte eine Linie 370 km westlich der Azoren die spanischen von den östlich davon gelegenen portugiesischen Ansprüchen abgrenzen.

Stichwort

Osmanisches Reich

Mit der osmanischen Expansion wurden nicht nur viele Ethnien integriert, sondern auch die Verwaltungssysteme und kulturellen Fertigkeiten der unterworfenen Städte und Territorien übernommen. An der Spitze stand der Sultan als höchste weltliche und auch religiöse Autorität, der in der nunmehr Istanbul genannten Hauptstadt residierte („Hohe Pforte"). Er setzte den Großwesir und die Wesire als Regierung ein. Das Reich war in Provinzen und Unterprovinzen mit Paschas bzw. Beys als Gouverneuren eingeteilt und islamisch geprägt. Dazu kamen halbautonome Gebiete und Vasallenstaaten. Christen (Griechen, Armenier, Bulgaren, usf.) und Juden wurden als Religionen des Buches gegen das Zahlen einer Kopfsteuer geduldet. Sie verwalteten sich weitgehend selbst (millet-System). Ausgewählte christliche Knaben v. a. vom Balkan wurden zwangsrekrutiert (Knabenlese), muslimisch erzogen und für das Militär bestimmt (Janitscharen als Leibwache und Elitetruppe). Nach dem Sieg über den ungarischen König 1526 belagerten die Osmanen 1529 Wien. Ein letzter Vorstoß nach Mitteleuropa fand 1683–1699 statt. Die Türkenkriege wurden ebenso im Mittelmeer ausgetragen, wo 1571 eine bald darauf wieder zerfallende christliche Allianz bei Lepanto die osmanische Flotte vernichtend schlagen konnte. Im östlichen Mittelmeer konnten die Osmanen ihre Herrschaft danach konsolidieren und ausbauen.

Verbündete gegen den Islam?

Handel mit Gewürzen und Profit war nicht das einzige Motiv der Expansion. Vielmehr war man auf der Suche nach Verbündeten im Kampf gegen den Islam. Von den Küstenniederlassungen in Afrika aus wurden durch Angehörige der Bettelorden auch Missionsversuche unternommen, besonders im Königreich Kongo, dessen Herrscher Nkuwu Nzinga (1470-1509) um Missionare bat, selbst 1491 die Taufe empfing und Gesandtschaften an den Papsthof schickte. Auch sein Sohn bewunderte die portugiesische Kultur und wollte sein Reich mittels eines einheimischen Klerus bekehren. Eine gewisse christliche Präsenz blieb auch noch in der Folge erhalten. Mit dem seit der Antike christlichen Königreich Äthiopien, das auf Unterstützung gegen die **Osmanen** hoffte, wollte Portugal nicht nur wegen dessen strategischer Lage Kontakte knüpfen. Freilich versuchte man, das ostkirchlich geprägte Kirchenwesen durch das lateinische zu ersetzen, was 1628 zum Bürgerkrieg und in der Folge zur Ausweisung der westlichen Missionare führte. Da auch in Asien und Amerika westliche Missionare zu wirken begannen, verbreitete sich das lateinische Christentum nunmehr weltweit.

4. Konfessionelle Spaltung

Stadtkultur, Buchdruck und frühmoderner Territorialstaat sind Faktoren, auf denen die neue Zeit beruhen sollte. Alle drei ermöglichten aber auch die Ausbreitung und Persistenz der Gedanken Martin Luthers und anderer Kritiker des alten Kirchenwesens, die nicht wieder einfangbar waren. Die Folge war die Spaltung der westlichen, lateinischen Kirche in verschiedene Konfessionen. Dabei kann man Konfession definieren als eine Mehrzahl christlicher Glaubensbekenntnisse, die sich a) gegenseitig in Abgrenzung definierten, b) sich nicht eliminieren oder verdrängen ließ und c) zur bewussten Identität ihrer Anhänger gehörten. Natürlich bildeten sie sich erst allmählich im 16. Jahrhundert aus. Dennoch war das Resultat eine Pluralisierung der Kirchentümer und Bekenntnisse im von der lateinischen Kirche geprägten Kulturraum.

Herrschaftsverdichtung und Expansion

Was dabei auf der einen Seite als Pluralisierung beschrieben werden kann, beruhte auf der anderen Seite auf der zum Territorialstaat führenden Herrschaftsverdichtung und -monopolisierung. Das Mittelalter war weitgehend durch kleinräumige Herrschaftsstrukturen und dementsprechend durch Könige, Kaiser und Päpste geprägt, die universale Ansprüche kaum effektiv gegen die Interessen vor Ort durchsetzen konnten. Eindeutige Wahrheitsansprüche, die effektiv überall verwirklicht werden sollten, sind also eher ein neuzeitliches als ein mittelalterliches Phänomen. Deshalb hat der kaiserliche Anspruch Karls V. (1500–1558), eine *monarchia universalis* zu errichten, durchaus neuzeitliche Züge. Ebenso die Kompensationstheorie aus den Reihen der katholischen Kirche, nach der die göttliche Vorsehung die Verluste in Nord- und Mitteleuropa an die Protestanten mehr als ausgeglichen habe durch die weltweiten Missionserfolge, durch die ganze Völker in Amerika und Asien dem katholischen Glauben zugeführt wurden. ■

Auf einen Blick

Epochenscheidungen sind willkürlich, schon da Veränderungsprozesse eher sukzessive erfolgen. Dennoch verstärkten sich technische Innovationen, städtische Kultur und Aufbau eines modernen Staatswesens gegenseitig und ermöglichten das europäische Ausgreifen nach Ostasien und Amerika. Sie bildeten aber auch die Grundlage dafür, dass religiöser Dissens nicht einfach wieder eliminiert werden konnte und so die konfessionelle Spaltung auf dem Boden der westlichen katholischen Kirche nichtaufzuhalten war.

Literaturhinweis

Helmut Neuhaus (Hg.), Die frühe Neuzeit als Epoche (HZ. Beiheft 49), München 2009. *Sammelband, der die Epochenabgrenzung der „Frühen Neuzeit" reflektiert.*

Bernd Roeck, Der Morgen der Welt. Geschichte der Renaissance, München 2017. *Umfassende Darstellung der Kultur der Renaissance, durch die der europäische Sonderweg begründet worden sei.*

Heinz Schilling, Die neue Zeit. Vom Christenheitseuropa zum Europa der Staaten, 1250 bis 1750, Berlin 1999. *Gesamtdarstellung, die die traditionelle Epochengrenze um 1500 relativiert und in der sich ausbildenden staatlichen Pluralität das Spezifikum Europas erkennt.*

Rudolf Vierhaus (Hg.), Frühe Neuzeit – Frühe Moderne, Göttingen 1992.

II. Martin Luther und die Wittenberger Reformation

Überblick

Martin Luther entwickelte seine theologische Position in der Auslegung der Hl. Schrift: Die Gerechtigkeit vor Gott werde uns im Vertrauen auf den Tod, den Christus für uns gestorben ist, geschenkt. Von hier aus entfaltete er seine Theologie und kam gerade deswegen mit der Ablasspraxis der Kirche in Konflikt. Seine Thesen und Schriften wurden in Rom angezeigt und schließlich 1520 verurteilt. Die theologische Debatte kreiste immer stärker um die Autorität des Papstes, der Konzilien und der kirchlichen Tradition in der Auslegung der Hl. Schrift. Der Buchdruck half, Luthers Lehren ungemein schnell und weit zu verbreiten. Ging es ihm und seinen Mitstreitern primär um eine Reform der Theologie nach dem Evangelium, so setzten nun vielfache Aneignungsprozesse ein. Die frühe Wittenberger Reformation fächerte sich auf und wurde in den Städten, an den Fürstenhöfen und im bäuerlich-ländlichen Umfeld unterschiedlich rezipiert.

1505	Luthers Eintritt bei den Erfurter Augustinereremiten
31.10.1517	Luther sendet seine Ablassthesen an die zuständigen Bischöfe.
Oktober 1518	Verhör durch Kardinal Cajetan auf dem Augsburger Reichstag
Juni/Juli 1519	Leipziger Disputation mit Andreas Karlstadt gegen Johannes Eck
15. Juni 1520	Androhung der Exkommunikation, wenn der Widerruf verweigert wird
April 1521	Verhör vor dem Kaiser auf dem Wormser Reichstag
März 1522	Rückkehr Luthers von der Wartburg nach Wittenberg
1524/1525	Offizielle Einführung der Reformation in den Reichsstädten Straßburg und Nürnberg
1524–1526	Aufstände und Niederwerfung der Bauern im süd- und mitteldeutschen Raum

1. Reform der Theologie durch Paulus und Augustinus

Martin Luthers Werdegang

Martin Luther wurde am 10. November 1483 in Eisleben in eine aufstrebende und zeitweise auch wirtschaftlich erfolgreiche Familie hineingeboren, der Vater war Bergbauunternehmer. Er ermöglichte Martin den Besuch der

Lateinschule und schließlich ab 1501 das Studium an der Erfurter Universität, wo er zum Magister in den Artes liberales (v.a. Logik und philosophische Schriften als Voraussetzung für den Besuch der höheren Fakultäten) promoviert wurde. Anders als vom Vater gewünscht, entschied er sich nun nicht zum Jurastudium, sondern trat 1505 in das Erfurter Kloster der Augustinereremiten ein; ein Bettelorden, der auf Predigt und städtische Seelsorge spezialisiert und in Erfurt eng mit der Universität verbunden war.

Stichwort

Augustinismus

Um 400 hatte der irische Mönch Pelagius die Lehre vertreten, dass die Gnade des Evangeliums darin bestehe, dass uns mit Christus ein Vorbild gegeben sei. Gegen diese Lehre hat Augustinus angekämpft: Wir hätten nicht die Kraft, dem Beispiel Jesu zu folgen, wenn nicht die Gnade erst in unser Herz gegossen worden und unser Wille dadurch vom Egoismus zur Gottesliebe umgepolt worden wäre. Die augustinische Lehre setzte sich auf den Synoden von Karthago 418 und Orange 529 durch und galt im Mittelalter als Doktrin der Kirche. Eine streng an seiner Position orientierte Lehre lehnte jede Vorbereitung auf das Heil und jede Verdienstmöglichkeit des Sünders vor Gott ab. Ob ein Mensch gerettet werde oder nicht, sei nur das Ergebnis des freien Ratschlusses Gottes (Prädestination). Im Mittelalter rezipierte man die Kirchenväter vor allem nach Textsammlungen, etwa den Sentenzen des Petrus Lombardus (ca. 1095/1100–1160) und der Rechtssammlung Gratians († vor 1160) (Decretum Gratiani). Hier wurden auch Textstellen anderer Autoren unter seinem Namen mit überliefert; zudem auch Positionen des jungen Augustinus, der noch nicht seine strenge Gnadenlehre vertrat. So blieben viele Fragen umstritten, etwa, ob man sich auf die Gnade vorbereiten könne, ob der Wille mitwirken müsse, ob man vor Gott als Gerechtfertigter dann Verdienste erwerben könne. Ein strenger Augustinismus, der den übrigen Theologen „Pelagianismus" vorwarf, trat immer wieder als Außenseitermeinung auf.

Augustinereremit und Professor der Theologie

Luther selbst hat im Rückblick diese Entscheidung so dargestellt, als sei sie unter dem Schreck eines lebensgefährlichen Gewitters auf dem Feld nahe Stotternheim bei Erfurt erfolgt, mithin unter Furcht und Zwang. Doch stammen diese Selbstzeugnisse aus einer Zeit, als er grundsätzlich die Ordensgelübde als Formen der Werkgerechtigkeit nicht mehr als bindend interpretierte und auch den eigenen Bruch mit diesen rechtfertigen wollte. Kirchenrechtlich wäre ein unter Furcht hervorgegangenes Versprechen von seinem Konvent kaum als legitim akzeptiert worden. Da Luther bereits universitäre Bildung mitbrachte, wurde er dann jedenfalls zum Weiterstudium der Theologie in Erfurt und dann in Wittenberg bestimmt und damit für den Kreis jener Bildungselite im Orden, der vielfach auch in Leitungsämter einrückte. Der Generalvikar (ab 1509 Provinzial) der sächsischen Provinz Johann von Staupitz (1460-1524) protegierte ihn entsprechend. Um diesen in Ordensangelegenheiten zu unterstützen, unternahm Luther 1511/12 eine Reise an die römische Kurie. Ab 1512 folgte er Staupitz an der Wittenberger Universität als Professor für Theologie, dessen Aufgabe es war, die Heilige Schrift auszulegen, nach. Über Staupitz als Förderer Luthers wurde diesem eine spirituelle Prägung zuteil, die an Augustinus und der mittelalterlichen Mystik orientiert war. Augustinus war im Orden vor allem spirituelles Vorbild, ein idealer Mönch, der demütig nicht auf die eigene Gerechtigkeit, sondern auf Gottes Gnade vertraute und deren Wohltaten bekannte. Gottes Haltung den Menschen gegenüber lässt sich in jener Liebe erkennen, mit der Christus sich für uns am Kreuz hingegeben hat. Die Betrachtung seiner Wunden gibt jene Geborgenheit, die man niemals hätte, wenn man sich vor Gott nur auf die eigenen guten Werke verlassen könnte. Luther erfuhr durch Augustinus' Gnadenlehre eine spirituelle Formung, wenn auch in Erfurt keine streng an Augustinus orientierte theologische Schulprägung (**Augustinismus**) gelehrt wurde.

Reformatorische Einsicht

Durch die Vorlesungsmanuskripte Luthers und die studentischen Nachschriften seiner Hörer, aber auch durch Briefe und einige andere Quellen, kann man versuchen, die Entwicklung von Luthers Denken zu rekonstruieren. Er selbst berichtet viele Jahre später von einer befreienden Entdeckung, die ihm erst ein Gesamtverständnis der Hl. Schrift ermöglichte und alles umgestürzt habe.

Quelle

Martin Luther, Vorrede zur lateinischen Ausgabe seiner Werke (1545) (Auszug)
Kirchen- und Theologiegeschichte in Quellen III, 22f.

Ich aber, der ich, so untadelig ich auch als Mönch lebte, vor Gott mich als Sünder von unruhigstem Gewissen fühlte und mich nicht darauf verlassen konnte, dass ich durch meine Genugtuung versöhnt sei, liebte nicht, nein, hasste den gerechten und die Sünder strafenden Gott und war im stillen, wenn nicht mit Lästerung, so doch allerdings mit ungeheurem Murren empört über Gott: Als ob es wahrhaftig damit nicht genug sei, dass die elenden und infolge der Erbsünde auf ewig verlorenen Sünder mit lauter Unheil zu Boden geworfen sind durch das Gesetz der zehn Gebote, vielmehr Gott durch das Evangelium zum Schmerz noch Schmerz hinzufüge und auch durch das Evangelium uns mit seiner Gerechtigkeit und seinem Zorn bedrohe. So raste ich wilden und wirren Gewissens; dennoch klopfte ich beharrlich an eben dieser Stelle [Röm 1,16f.] bei Paulus an mit glühend heißem Durst, zu erfahren, was St. Paulus wolle. Bis ich, dank Gottes Erbarmen, unablässig Tag und Nacht darüber nachdenkend, auf den Zusammenhang der Worte aufmerksam wurde, nämlich: „Gottes Gerechtigkeit wird darin offenbart, wie geschrieben steht: Der Gerechte lebt aus Glauben." Da begann ich, die Gerechtigkeit Gottes zu verstehen als die, durch die als durch Gottes Geschenk der Gerechte lebt, nämlich aus Glauben, und dass dies der Sinn sei: Durch das Evangelium werde Gottes Gerechtigkeit offenbart, nämlich die passive, durch die uns der barmherzige

Gott gerecht macht durch den Glauben, wie geschrieben ist: „Der Gerechte lebt aus Glauben." Da hatte ich das Empfinden, ich sei geradezu von neuem geboren und durch geöffnete Tore in das Paradies selbst eingetreten. Da zeigte mir sofort die ganze Schrift ein anderes Gesicht. Ich durchlief dann die Schrift nach dem Gedächtnis und sammelte entsprechende Vorkommen auch bei anderen Vokabeln: z.B. Werk Gottes, das heißt: was Gott in uns wirkt; Kraft Gottes, durch die er uns kräftig macht, Weisheit Gottes, durch die er uns weise macht, Stärke Gottes, Heil Gottes, Herrlichkeit Gottes.

Da Luther diese Einsicht im für den Winter beheizbaren Studien- und Turmzimmer des Wittenberger Klosters gehabt haben will, spricht man auch vom Turmerlebnis. Tatsächlich handelt es sich um das Zentrum seiner Theologie. Durch unsere eigenen äußerlich gerechten Taten können wir niemals gerecht werden, da diese immer schon durch unsere sündhafte Egozentrik geprägt sind. Wir sind auf den Zuspruch der Gnade angewiesen (Evangelium). Gerechtigkeit Gottes meint in Bezug auf das Evangelium also nicht, dass Gott unsere Taten gerecht belohnt oder bestraft, sondern dass er uns Ungerechten die Gerechtigkeit Christi, der für den Sünder sein Leben hingab, schenkt. Wir sind Sünder und doch gerecht, da wir eine fremde Gerechtigkeit geschenkt bekommen. Diese befreiende Botschaft ist für Luther der Kern des Evangeliums und der Schlüssel zum Schriftverständnis: Auch Weisheit und Heil sind Eigenschaften, die uns in Christus aus Gnade geschenkt werden. Anstatt auf die eigene Gerechtigkeit zu vertrauen, kann der Blick und das Vertrauen ganz auf die (fremde) Gerechtigkeit Christi gesetzt werden.

Die Problematik der Datierung

Versucht man in Luthers Schriften den Zeitpunkt zu ermitteln, wann er dieses Turmerlebnis gehabt hat, ergeben sich große Schwierigkeiten. Luthers Denken ist von Anfang an vom Gegensatz zwischen Vertrauen auf die Gnade in Christus und falschem Vertrauen in die eigenen guten Werke geprägt. Natürlich gibt es dabei gewisse Entwicklungen. Ab 1518 betont Luther stärker, dass der Zuspruch des Evangeliums ein Verheißungswort (*promissio*) ist. Dieses vertrauend anzunehmen bedeute Heilsgewissheit zu besitzen. Erst einige Jahre später wird der begriffliche Gegensatz von eigener und fremder Gerechtigkeit herausgestellt.

Ein radikaler Umbruch zeigt sich aber nirgends in seinem Denken, das schon immer gegen das selbstgerechte Vertrauen in die eigene Gutheit geprägt war. Gnade anstatt Werkgerechtigkeit, dieser grundlegende Gegensatz wird vermutlich vom späten Luther in die eigene Biographie auf ein Erlebnis hin verdichtet, das er analog den Biographien seiner beiden Gewährsmänner in der Gnadenlehre gestaltete: Denn Paulus und sein spirituelles Ordensvorbild Augustinus haben sich nach ihren eigenen Selbstaussagen plötzlich in einem Bekehrungserlebnis von der Gnade Christi ergriffen gewusst.

Wittenberger Programm

Inhaltlich ist das Zentrum von Luthers Bemühen berührt: Anstatt durch eigene Taten zu versuchen, ein gerechter Mensch zu werden, wird uns im

Wort des Evangeliums die fremde Gerechtigkeit Christi zugesprochen. Bald gelang es ihm, für diese **Rechtfertigungslehre** Mitstreiter zu finden. Wittenberg wurde zur Hochburg einer antiaristotelischen, auf Paulus und Augustinus gestützten Erneuerung der Theologie. Für diese Theologie trat Luther auch in Heidelberg bei einer Disputation anlässlich des Verbandskapitels seines Ordens am 26. April 1518 ein. Mitstreiter in Wittenberg wurden seine Kollegen Andreas Bodenstein, gen. Karlstadt (1486-1541) und Philipp Melanchthon (1497-1560), der seit 1518 den Lehrstuhl für Griechisch innehatte. Mit Paulus und Augustinus gegen die falsche Philosophie des Aristoteles, die in die Theologie Eingang gefunden habe. Dies war das Programm der frühen Wittenberger Reformation.

Stichwort

Rechtfertigungslehre

Unter Rechtfertigung versteht man den Vorgang, durch den der gottferne Mensch (Sünder) mit Gott versöhnt und gerecht gemacht wird. Der Mensch als Sünder gilt als erlösungsbedürftig, da er nicht aus eigener Anstrengung wieder gut werden kann. Sein egozentrischer selbstbezüglicher Wille steht im Widerspruch zum Gebot der kategorischen Gottes- und Nächstenliebe. So besteht kein Anspruch auf Rechtfertigung. Sie ist ein Werk der göttlichen Gnade, der sich opfernden Hingabe Jesu Christi für die Sünder. Nach Paulus Röm 3,27 wird man so nicht durch „Werke des Gesetzes", sondern durch den Glauben an die Botschaft gerecht, dass Christus für uns gestorben und auferstanden ist. Die Sakramente bezeichnen die Rechtfertigungsgnade und vermitteln sie. Verschiedene Modelle rangen im Reformationsjahrhundert miteinander: Effektiv wird die Rechtfertigung genannt, wenn dadurch der Wille des Menschen tatsächlich verändert bzw. gut wird. Forensisch nennt man ein Rechtfertigungsverständnis, bei dem der Mensch Sünder bleibt, aber von Gott als Richter diese Sünde nicht angerechnet bekommt. Wurde die Lehre von der doppelten Gerechtigkeit vertreten, so war gemeint, dass die erste Rechtfertigung durch Sakrament und Glaube den Menschen noch nicht völlig gut macht. Er müsse in seinen Werken Christus nachfolgen, was nie völlig gelinge, so dass er im Gericht nach seinem Tod noch einmal auf die rechtfertigende Barmherzigkeit angewiesen ist.

2. Vom Ablassstreit zum Kirchenbann

Ablass für die Peterskirche in Rom

Mit Augustinus gegen die aristotelische Scholastik, gerade bei den Augustinereremiten hatte es ähnliche Zuspitzungen gegen andere theologische Schulen im Prinzip auch schon vorher gegeben. Dass dieses Programm am Ende aber zu Exkommunikation und Kirchenspaltung führen würde, ist erst durch den Ende 1517 einsetzenden Streit um den **Ablass** zu erklären.

Stichwort

Ablass

Ablässe sind Elemente der mittelalterlichen Bußpraxis. Diese ging davon aus, dass jede nach der Taufe begangene Sünde wiedergutgemacht werden müsse, entweder noch im Diesseits, oder im Jenseits. Bußleistungen waren oft Gebete, Wallfahrten oder Almosen. Mit der Propagierung der Beichte im Hochmittelalter unterschied man zwischen der Sündenvergebung durch den Priester und der Wiedergutmachung, die im Anschluss noch zu leisten war. Die Kirche beanspruchte, solche Bußleistungen auch nachlassen oder für gute Ziele, etwa Kirchenbau, umformen zu können. Auch konnte man solche Wiedergutmachungswerke fürbittweise den Verstorbenen im Fegfeuer zueignen. Da alle Glieder der Kirche eine Heilsgemeinschaft bilden, konnte der Papst – so die im 13. Jahrhundert zur Begründung der Praxis ausgearbeitete Theorie – den Schatz der Verdienste Christi und der Heiligen (thesaurus ecclesiae) in Ablässen gnadenweise anderen zukommen lassen.

Die Finanzierung des Renaissance-Neubaus der Peterskirche in Rom sollte mittels Ablässen erfolgen. Der junge, für das Bischofsamt bestimmte Prinz Albrecht aus dem Haus Brandenburg (1490–1545), war nicht nur 1513 zum Erzbischof von Magdeburg und zum Bischof von Halberstadt gewählt worden, sondern 1514 auch noch zum Erzbischof und Kurfürsten von Mainz. Nur der Papst konnte gegen erhebliche Gebühren erlauben, drei Bistümer zu besitzen. Um den hierfür vom Augsburger Bank- und Handelshaus Fugger aufgenommenen Kredit zurückzahlen zu können, gestattete er die Verkündigung des Petersablasses in seinen Bistümern, dessen Einnahmen er sich mit dem Papst teilte.

95 Thesen gegen den Ablass

Diese Ablasspraxis widersprach grundlegenden Überzeugungen Luthers. Er stellte 95 Thesen zur Disputation auf – eine an sich an der Universität übliche Praxis – und übersandte diese auch an benachbarte Bischöfe, v.a. an Albrecht von Brandenburg. Ob er die Thesen auch angeschlagen hat, ist umstritten, da dies erst ab den 1540er Jahren bezeugt wird. Es ging Luther nicht um die Leugnung eines Glaubensartikels, sondern um das Abstellen einer in seinen Augen missbräuchlichen Praxis, die auf falschen theologischen Schulmeinungen beruhte, zu denen die Kirche noch nicht definitiv gesprochen hatte. Inhaltlich kritisierte Luther, dass man beim Ablass auf das eigene gute Werk vertraue, anstatt auf das Evangelium, also die Lossprechung des Sünders durch Christus. Das ganze Leben des Christen muss ständig Buße sein, da sein Tun immer von Egozentrik geprägt ist. So ist das Evangelium der einzige Schatz in der Kirche und genügt vollkommen. Der Papst kann über diesen nicht verfügen, lediglich von ihm selbst auferlegte Strafen aufheben oder umwandeln.

Römisches Ketzerverfahren

Albrecht von Brandenburg sandte Luthers Thesen nicht nur zur Begutachtung an die Universität in Mainz. Sie gingen auch nach Rom, wo sie auf Häresie geprüft wurden. Schon bald wurde der Ketzerprozess gegen Luther eröffnet. Ihm wurde vor allem zum Verhängnis, dass er eine jahrhundertealte päpstliche Praxis in Frage stellte und damit indirekt die Autorität des Papstes. Dies kann man jedenfalls einem parallel erschienenen Traktat des päpstlichen Haustheologen aus dem Dominikanerorden, Silvestro Mazzolini, gen. Prierias (1456-1523), entnehmen. Dennoch musste man in Rom auch auf Luthers Landesherrn, Kurfürst Friedrich den Weisen (1463-1525), Rücksicht nehmen, da man dessen Stimme brauchte, um bei der anstehenden Kaiserwahl die Wahl des spanischen Habsburgers Karl zu verhindern. Ansonsten befürchtete man eine spanische Vorherrschaft in Italien und Europa.

Verhör in Augsburg

So konnte der Kurfürst erreichen, dass Luther auf deutschem Boden durch einen Gesandten des Papstes verhört wurde, was weniger gefährlich für ihn war. Dieses Verhör sollte der Dominikanerkardinal Tommaso de Vio Cajetan (1469-1534) durchführen. Dieser, ein hoch geachteter Theologe, bereitete sich sorgfältig auf das Verhör vor, zu dem er Luther vom 12. bis zum 14. Oktober 1518 empfing und ihn zum Widerruf bewegen wollte. Im Disput mit Luther waren zwei Dinge kontrovers: 1. Luthers Glaubensbegriff, nach dem nicht das Sakrament an sich, sondern der Glauben an das Sakrament (als dem sinnlichen Symbol für das Evangelium) gerecht machte und 2. das Problem, ob die Bestreitung einer Praxis der Päpste (Ablässe zu verkünden) deren Entscheidungsgewalt verachte. Da weder Einigung noch Widerruf möglich waren, entzog sich Luther durch Flucht. Er appellierte gegen die zu erwartende Verurteilung zunächst an den „besser zu informierenden" Papst, dann an ein allgemeines Konzil.

Leipziger Disputation

Da inzwischen die Kaiserwahl anstand, blieb das Verfahren vorerst in der Schwebe. Luthers Thesen kamen über Umwege in die Hände des Ingolstädter Theologieprofessors Johannes Eck (1486-1543), der diese kritisch kommentierte. Luther versah diese ihm zugeleiteten Kommentare wiederum mit Gegenkommentaren. Nun wurde Eck von Karlstadt, Luthers Fakultätskollegen, zu einer öffentlichen Disputation herausgefordert. Dem konnte und wollte Eck sich nicht entziehen. Nachdem beide Seiten Thesen aufgestellt hatten, disputierte er mit Luther und Karlstadt in der Leipziger Pleißenburg vor Herzog Georg von Sachsen (1471-1539) und einem großen Publikum. Eck wollte dabei den Akzent auf Papstamt und Kirche legen und Luther zum Geständnis bringen, dass er sich ähnlich wie rund 100 Jahre vor ihm Jan Hus (ca. 1370-1415) gegen Papst und Konzil auflehne. Luther hingegen hatte das Ziel, dass Eck zugestehen sollte, dass man sehr wohl Christ sein konnte, ohne an die Papstmonarchie zu glauben. Beweis war ihm die Kirche des Ostens in der Antike mit ihren auch im Westen anerkannten Heiligen. Einen eindeutigen Sieger gab es nicht, aber die Leipziger Disputation forcierte die Frontbildung. Eck fuhr daraufhin nach Rom, um Luthers Verurteilung zu beschleunigen. Da Karl V. inzwischen zum Kaiser gewählt worden war, entfielen die bisherigen Rücksichten.

Exkommunikation und Reichsacht

Am 15. Juni 1520 verurteilte der Papst in der Bulle Exsurge Domine 41 Sätze Luthers und drohte den Ausschluss aus der Kirchengemeinschaft an, wenn Luther nicht widerrufe. Dieser war jedoch überzeugt, dass die Bulle gegen das Evangelium gerichtet sei und ihn deshalb auch nicht von der Kirche als Gnadengemeinschaft mit Christus trennen könne. Am 3. Januar 1521 wurde daraufhin der Bann über Luther verhängt. Freilich hatte sich der junge Kaiser bei seiner Wahl verpflichtet, keinen Exkommunizierten zu ächten, also seinerseits niemand aus der Rechtsgemeinschaft auszuschließen, der nicht vorher Gehör erhalten hatte. Dieses erhielt Luther im April auf dem ersten Reichstag des Kaisers in Worms, wo er am 17. und 18. April 1521 erneut den Widerruf verweigerte, solange er nicht gestützt auf die Hl. Schrift oder durch Vernunftgründe widerlegt werde. Wenig später wurde im Wormser Edikt die Reichsacht verhängt. Doch Friedrich der Weise entzog Luther dem Zugriff seiner Gegner, da er ihn zum Schein überfallen und auf der Wartburg verstecken ließ. Dort übersetzte Luther das Neue Testament.

3. Die frühe reformatorische Bewegung: Dynamik, Medien und Ziele

Reformatorische Öffentlichkeit

Dass die Ketzerei eines einzelnen Theologen nicht einfach wieder aus der Welt geschafft werden konnte, lag nicht nur am Interessengegensatz zwischen Kaiser und Fürsten. Luthers Schriften fanden durch den Buchdruck reißenden Absatz und wurden zu regelrechten Bestsellern. Bereits im Januar klagte der päpstliche Nuntius Girolamo Aleander (1480-1542), Deutschland sei in Aufruhr, 90% der Menschen riefen „Luther“ und der Rest „Tod dem Papst“. Dies und der Verkaufserfolg bezeugen, dass die Sorge um das Heil die Menschen bewegte. Hinzu kam die Kritik am Klerus, der den inzwischen gewachsenen Ansprüchen, was Bildung und vorbildliche Lebensführung anging, nicht zu genügen schien. In gewisser Weise hat der Buchdruck Luther nicht nur Popularität verliehen, sondern ihm auch das Leben gerettet.

Reformatorische Hauptschriften

Wichtige Bereiche seiner Theologie hatte Luther in drei programmatischen Flugschriften des Jahres 1520 öffentlichkeitswirksam entfaltet. Ins Zentrum seines Verständnisses von Evangelium führt die Schrift *Von der Freiheit eines Christenmenschen*. Dieser wird von ihm gesehen als „ein freier Herr“, da er sein Vertrauen auf das Gnadenwort des Evangeliums setzt. Im vertrauenden Glauben geschieht ein wunderbarer, „fröhlicher" Tausch der Eigenschaften, bei dem der Christ die Gerechtigkeit und Christus seine Sünden erhält. So befreit will der freie Christ gern seinem Herrn Tag für Tag nachfolgen und wie er aller Menschen Knecht werden. Diese zweite, nicht mehr heilsentscheidende Gerechtigkeit soll Tag für Tag wachsen, wird in diesem Leben aber niemals vollkommen sein. Das Evangeliumswort als Sündenvergebung und Heilsverheißung ist auch das Zentrum von Luthers Sakramentsverständnis, das er in der Schrift *Von der babylonischen Gefangenschaft der Kirche* entfaltet. Sakramente stellen diese Heilszusage sinnlich wahrnehmbar dar, so die Taufe und das Abendmahl. Letzteres wird von den Testamentsworten, in der die sündentilgende Lebenshingabe Jesu zum Ausdruck kommt, gedeutet. Christus ist real präsent, auch wenn Brot und Wein nicht gewandelt werden. Es ist kein Opfer, das wir Gott darbringen und gemäß der Stiftung Christi sind allen Brot und Kelch zu reichen. Luther reduziert die so verstandenen Sakramente auf zwei bzw. drei, wenn man das Bußsakrament mit dazu rechnet, da im Luthertum die Einzelbeichte zunächst fortbestand. Schließlich appellierte Luther 1520 auch an die Fürsten mit der Schrift *An den christlichen Adel deutscher Nation*, indem er diesen das Recht, aber auch die Pflicht zu einer Reform der Kirche zusprach. Das päpstliche Kirchenrecht habe versucht, den Papst sakrosankt zu machen, da er nach diesem allein die Schrift auslegen, ein Reformkonzil einberufen oder die Laien dirigieren dürfe. Doch mit der Taufe haben alle eine priesterliche Würde, da sie teilhaben am Priestertum Christi. So haben alle das Recht und die Pflicht, ihm auch in ihrem Lebensbereich nachzufolgen. Gegen die päpstlichen Widerstände haben deshalb die weltlichen Herrscher nunmehr für eine Abkehr von den kirchlichen Missständen zu sorgen.

Einheit der frühen Wittenberger Reformation

Die frühe reformatorische Bewegung war vor allem durch Wittenberg geprägt, wo zunächst vor allem Karlstadt und Philipp Melanchthon sich eindeutig zu Luthers Theologie bekannten. Ohne die Gerechtmachung des Menschen durch das Gnadenwort des Evangeliums könnte der Mensch niemals vor dem Gesetz, dem Gebot der unbedingten Gottes- und Nächstenliebe, bestehen. Diese Einsicht wirkte als Einheitspunkt in den Predigten und Flugschriften der frühen Reformation. Da an diesem Kriterium gemessen ein Teil der kirchlichen Praxis nicht bestehen konnte, war eine Kirchenreform somit sekundär und abgeleitet ebenfalls das Ziel dieser von Luther angestoßenen Bewegung. Luther selbst hat die Unterscheidung zwischen Gesetz und Evangelium auch in späterer Zeit als Kritierium gesehen, das einen guten Theologen ausmache (WA 39/1, 552).

Gott begegnet uns auf zweifache Weise: Er verpflichtet und richtet uns im Gesetz. Dieses hat eine doppelte Funktion. Auch wenn es nie ganz und von innen heraus erfüllt werden kann, so sorgt doch mit seiner Hilfe die Obrigkeit für eine gewisse rechtliche Ordnung (*usus civilis*). Da Gott aber die Liebe zu sich und die Liebe zum Nächsten unbedingt und um ihrer selbst willen fordert, überführt das Gesetz alle Menschen, dass sie nicht gerecht, also Sünder sind (*usus elenchthicus*). Dies muss zur verzweifelten Suche nach einer Rettung führen und treibt so zum Evangelium hin. Denn in der Botschaft von Tod und Auferstehung Jesu Christi für die Sünder ergeht das unverdiente Gnadenwort Gottes an uns, in dem Gott uns freispricht, obwohl wir vor ihm als dem Gesetzgeber nicht bestehen können. Das Vertrauen in dieses Wort der Verheißung bedeutet Heilsgewissheit; zwar sollen wir als Erlöste Christus nachfolgen und so ihm auch in seiner Liebe als Erfüllung des Gesetzes ähnlich werden, doch ist dies Folge und nicht Bedingung des Heils (kein *tertius usus legis*).

Gegenmächte

Nach dem ersten Johannesbrief treten gegen diesen frohmachenden Christusglauben am Ende der Zeiten antichristliche Mächte auf, die die Menschen dazu bewegen wollen, nicht auf das Evangelium, sondern – so Luther – auf die eigenen Werke zu vertrauen. Gegen sie polemisiert er energisch. Da ist zum einen das Papsttum seit dem Mittelalter, das die guten Werke und die Heilsangst der Gläubigen brauche, um sich selbst und die eigene Machtstellung zu finanzieren. Da ist der Islam als antichristliche Macht, den er in der Rezeption der christlichen antiislamischen Literatur als Gesetzesreligion versteht, die den Glauben wieder gegen Werkgerechtigkeit eingetauscht habe. Immerhin komme nach Luther den Türken die heilsgeschichtliche Funktion zu, die Christen aufzuschrecken und zu strafen.

Zu den antichristlichen Gegenmächten rechnet Luther auch die Juden, die sich weigern, den Christusglauben anzunehmen. Er steht dabei in einem breiten Strom einer Substitutionstheologie im Christentum seit der Antike, die aufgrund des angeblichen Bundesbruches Israels den Alten Bund für erloschen und durch den Neuen Bund (Testament) ersetzt erklärte. Dabei hoffte Luther zunächst, dass durch sein reineres Verstehen des Evangeliums sich viele Juden bekehren würden, so dass er dazu riet, sie gut zu behandeln. Bald schwand aber diese Hoffnung und Luther war von deren unbekehrbarer Verstocktheit so überzeugt, dass er die Fürsten aufrief, die Judengemeinden, die nach den spätmittelalterlichen Vertreibungswellen noch bestanden, nicht mehr zu dulden und ihre Synagogen niederzubrennen. Die Juden, die Christus ablehnten, setzten seiner Überzeugung nach ihren selbstgerechten Gesetzesgehorsam gegen das Evangelium, waren also eine antichristliche Macht, die ein christlicher Fürst nicht schützen solle.

4. Stadtreformation, Fürstenstaat und Bauernkrieg

Frühe Spaltungen

Frühzeitig wurden aber auch schon in Wittenberg Differenzen deutlich. Während Luthers geheimem Aufenthalt auf der Wartburg kam es dort zu Spannungen, da eine Gruppe um aus Zwickau Zugewanderter mit durchgreifenden Reformen des Gottesdienstes begann, religiöse Bilder als Götzendienst verurteilte und den Zölibat abschaffte. Diese radikale Reformation stand auch der universitären Theologie und dem obrigkeitlichen Einfluss des Landesherrn kritisch gegenüber. Dadurch wurde Luther derart beunruhigt, dass er in die Stadt zurückkehrte, übereilte Maßnahmen verurteilte und mit der Obrigkeit abgestimmte, moderate Reformen verlangte. So kam es zu ersten Spaltungen: Die Zwickauer wurden vertrieben und dabei kam es zum Bruch mit seinem bisherigen Mitstreiter Karlstadt, der für das alttestamentliche Verbot von Bildern und radikalere Reformen eintrat. Er wurde von Luther und der Obrigkeit nun mit einem Predigtverbot belegt und verließ daraufhin Wittenberg. In Orlamünde suchte Karlstadt sein Gemeindeideal zu verwirklichen und weiter publizistisch zu wirken. Nach einer konfliktreichen Visitation der Gemeinde durch Luther wurde er aber aus Kursachsen ausgewiesen und galt als Aufrührer. Ein anderer früher Anhänger Luthers war Thomas Müntzer (ca. 1489-1525). Seit 1523 wirkte er in Allstedt als Pfarrer, wo er unter dem Einfluss von Luthers Zölibatskritik heiratete und liturgische Reformen durchführte. Seine Theologie war von der Mystik des Spätmittelalters geprägt und zielte auf die „Gottesgeburt" in der Seele, der „Gelassenheit" gegen alle irdischen Bestrebungen korrespondierte. Apokalyptisch deutete er seine Zeit als Anbruch des göttlichen Gerichts, in dem die Gottlosen vernichtet werden müssen. Während sich Müntzer dem Bauernaufstand anschloss und dabei sein Leben ließ, fand Karlstadt schließlich nach vielen anderen Stationen eine Anstellung an der Baseler Universität und als Prediger.

Soziale Rahmenbedingungen und Ausprägungen

Stadtreformation

Die frühe Reformation differenzierte sich jedoch nicht nur wegen interner theologischer Differenzen aus. Je nach Träger bzw. Rezipienten entwickelten sich unterschiedliche Dynamiken. Von Beginn an war dabei vor allem das städtische Milieu ein wichtiger Katalysator. Dort gab es ein lesekundiges Publikum und eine gebildete Schicht, die sich vielfach um das eigene Heil und die christliche Lebensführung sorgte. Sie hatte an Predigten sowie Gestaltungen des Kirchenwesens Interesse, die dem Evangelium entsprachen. Für das Kirchenwesen in der eigenen Stadt fühlte sich eine städtische Elite ohnehin selbst verantwortlich, die deshalb externe störende Einflüsse minimieren wollte, auch denjenigen der Bischöfe. Diesen Bestrebungen kam die Reformation entgegen. So gingen bereits früh viele Reichsstädte, etwa Straßburg und Nürnberg (schon 1524 bzw. 1525), zu ihr über. Oft waren es Mitglieder der Bettelorden, die mit Luthers Gedanken bekannt machten oder mobile Schichten wie Lehrer, Studenten, Kaufleute oder Handwerker. Hinzu kam der Einfluss gedruckter Schriften. Auf Auseinandersetzung und Gruppenbildung folgte oft eine klärende Disputation unter Aufsicht des Stadtrats, der sich auf diese gestützt dann durchrang, die Reformation einzuführen und die alte, bisherige Form des Kultes abzuschaffen.

Ländliche Reformation und Bauernkrieg

Die Reformation war aber nicht nur ein „urban event" (Arthur G. Dickens), sondern fand auch auf den Dörfern Anhänger: Heilssorge und evangeliumsgemäße Gestalt des Kirchenwesens motivierte vielfach auch dort und verband sich oft mit der Forderung nach der Wiederherstellung traditioneller Mitbestimmungsrechte im Kirchenwesen und gegenüber dem Landesherrn. Ausgehend von Südwestdeutschland schlossen sich Bauern auch in den Alpenländern und Mitteldeutschland zusammen, um ihre religiösen, politischen und wirtschaftlichen Forderungen ab 1524 durchzusetzen, notfalls auch gewaltsam. Sie wurden von den in Landfriedensbünden geeinten Fürsten freilich energisch niedergeschlagen, auch gerechtfertigt von Luther, für den der Aufstand gegen die Obrigkeit nicht Konsequenz des Evangeliums sein konnte. Luther entwickelte hiergegen seine Lehre von den zwei Regimentern, denen der Christ angehöre. Für sich selbst soll der Christ nach dem Evangelium, der Bergpredigt leben. Da aber niemals alle Menschen gut und christlich sein werden, ist die weltliche Obrigkeit nötig, die mit dem Schwert straft, um in Gottes Auftrag dem Bösen zu wehren. Ihr bleibt auch der Christ untergeordnet und an der Ausübung dieses Regiments kann er durchaus teilhaben. Auch wenn der Bauernaufstand niedergeschlagen wurde, verband sich auch auf dem Land weiterhin vielfach die reformatorische Lehre zumindest ansatzweise mit einem kommunalen Gemeinbewusstsein (Gemeindereformation).

Fürstenreformation

Der stärkste Faktor in der Ausbreitung der Reformation wurde aber immer mehr der fürstliche Territorialstaat. Frühzeitig gingen neben Kursachsen auch die Landgrafschaften Hessen, Preußen und die Markgrafschaft Ansbach-Bayreuth zur Reformation über. Andere Fürsten zögerten und schlugen einen abwartenden Weg ein. Einige wenige wie Georg von Sachsen, die bayerischen Herzöge, Joachim I. von Brandenburg (1484-1535) und Heinrich der Jüngere von Braunschweig-Wolfenbüttel (1489-1568) agierten bald entschieden antireformatorisch, da sie in der Reformation Aufruhr sahen. Entscheidend für die fürstliche Politik waren die persönlichen Überzeugungen und diejenige gelehrter Berater, aber auch außenpolitische Erwägungen und Bündnissysteme. Die obrigkeitliche Fürstenreformation erfasste vor allem nach 1530 immer weitere Teile besonders Nord- und Ostdeutschlands. Verbunden damit war meist die Aufhebung der Klöster und die Umwandlung kirchlicher Stiftungen. Hatten diese bislang meist dem Totengedenken gedient, wurden sie nun zum Zweck der Predigt, Schulbildung und Armenfürsorge verwendet. Doch suchten auch katholisch gebliebene Herrscher den Zugriff auf den kirchlichen Besitz zu intensivieren. Kleinere Adelsherrscher wurden dabei oft integriert und in den Fürstendienst gezwungen. Der frühe Aufstand des Franz von Sickingen (1481-1523), der das Erzstift Trier überfiel und säkularisieren wollte und dabei auch eine Kirchenreformation erstrebte, wurde von den im Schwäbischen Bund vereinten Fürsten 1523 niedergeschlagen. ■

Auf einen Blick

Martin Luther betonte an der jungen Wittenberger Universität an Paulus und Augustinus angelehnt, dass niemand durch die angebliche Gutheit seiner Taten vor Gott gerecht ist, sondern aus Gnade und im Glauben an die Frohbotschaft von Christus dessen Gerechtigkeit vor Gott angerechnet bekommt. Seine theologischen Gegner führten gegen diese Lehren und Luthers Ablasskritik die Autorität des Papstes und der Kirche ins Feld, sodass aus einer theologischen Debatte ein Ketzerprozess wurde, an dessen Ende die Verurteilung Luthers stand. Unter dem Schutz des sächsischen Kurfürsten und begünstigt durch den Buchdruck ließ sich seine Lehre nicht mehr eliminieren, sondern bildete den Einheitspunkt der frühen reformatorischen Predigt. Früh fand diese in vielen Reichsstädten Widerhall, nach und nach auch in den Fürstenstaaten, während im ländlichen Bereich die wirtschaftliche und politische Unzufriedenheit vieler Bauern sich mit kirchenreformatorischen Forderungen verband. Die Aufstände Mitte der 1520er Jahre wurden von den Fürsten jedoch mit Billigung Luthers niedergeschlagen.

Literaturhinweis

Volker Leppin, Martin Luther, Darmstadt 2006. *Neuere Gesamtdarstellung, die Luthers mittelalterliche Verwurzelung betont.*

Berndt Hamm/Bernd Möller/Dorothea Wendebourg, Reformationstheorien. Ein kirchenhistorischerr Disput über Einheit und Vielfalt der Reformation, Göttingen 1995. *Debatte, ob es eine innere, inhaltliche Einheit der frühen Reformation gibt.*

Olaf Mörke, Die Reformation. Voraussetzungen und Durchsetzung (= EdG 74), München 2005. *Einführung auch in wichtige Forschungsdebatten.*

Reinhard Schwarz, Luther, Göttingen ^{3}2004. *Quellennahes Standardwerk zu Biographie und Theologie Luthers.*

III. Die Reformation und das Reich

Überblick

Im Hl. Römischen Reich war der Kaiser auf die Mitwirkung der Reichsstände angewiesen, besonders zur Finanzierung der Türkenabwehr. Die Fürsten misstrauten aber der Habsburger Politik, durch die sie ihre althergebrachten Mitwirkungsrechte bedroht sahen. Auch das Papsttum hatte kein Interesse an einer politischen Stärkung des Kaisers. In dieser Gemengelage konnte die Reformation weiter Fuß fassen. Die Einigungsversuche auf dem Reichstag 1530 und in den späteren Religionsgesprächen scheiterten, so dass der Kaiser schließlich die Glaubenseinheit gegen die im Schmalkaldischen Bund zusammengeschlossenen Protestanten gewaltsam durchsetzen wollte. Doch sein Erfolg währte nicht lange. Im Religionsfrieden von 1555 musste eine zweite Konfession im Reich geduldet werden. Die Entscheidung darüber kam jeweils den Reichsständen zu. Damit konnte ein über Jahrzehnte funktionierender friedlicher Vergleich geschlossen werden.

1526	Duldung des Gewissensentscheids der Fürsten auf dem Speyerer Reichstag
1529	Rücknahme auf dem Reichstag in Speyer und *protestatio* der betroffenen Stände
1530	Augsburger Reichstag: Verlesen der *Confessio Augustana* und Scheitern der Ausgleichsverhandlungen
1531	Gründung des Schmalkaldischen Bundes
1540/41	Religionsgespräche in Hagenau, Worms und Regensburg
1547	Kaiserlicher Sieg im Schmalkaldischen Krieg
1548	Augsburger Reichstag und Interim
1551/52	Fürstenaufstand und Passauer Vertrag
25.9.1555	Religionsfrieden auf dem Augsburger Reichstag

1. Zwischen Habsburger Universalmonarchie und deutschen Libertäten: Die Religionspolitik auf den Reichstagen bis 1530

Der Antagonismus zwischen Kaiser und Fürsten

Die Ausbreitung der Reformation im **Heiligen Römischen Reich** wurde begünstigt durch den Antagonismus zwischen dem Kaiser und den Ständen des

Reichs, vor allem den Kurfürsten und Fürsten, die eine Verschiebung des Gleichgewichts zugunsten der Habsburger fürchteten. Die Reichsstände besaßen auf den Reichstagen umfassende Rechte der Mitbestimmung und der Steuerbewilligung. Das Reich zu regieren hieß für den König bzw. den „erwählten Kaiser“ ein kompliziertes System von Rechten und Freiheiten (Libertäten) der Reichsstände zu respektieren und zu bestätigen, um so loyale Interessensallianzen zu schaffen. Durch seinen spanischen Besitz, seine neu entdeckten Kolonien und seine spanische Prägung wurde Karl V. von Beginn an verdächtigt, mit den Freiheiten der deutschen Fürsten nicht vertraut zu sein und ein „spanisches Servitut“, also eine straff regierende Königsgewalt wie in Spanien errichten zu wollen. Tatsächlich kursierten am Kaiserhof Pläne, eine „Universalmonarchie“ zu errichten. Aus diesem Grund zeigten viele Fürsten wenig Interesse, die kaiserliche Stellung im Reich zu stärken. Der Kaiser war zudem durch Kriege gegen Frankreich und die Osmanen gebunden und hielt sich für lange Zeit außerhalb des Reiches auf. Dies führte dazu, dass die Fürsten auf das Wormser Edikt, das die Anhänger Luthers für rechtlos erklärte, wenig Rücksicht nahmen. Vielmehr war man entschlossen, auf den Reichstagen Steuern für den Kampf gegen die Türken nur zu bewilligen, wenn der Kaiser dafür Freiheiten, auch in Sachen des Glaubens, einräumte.

Stichwort

Heiliges Römisches Reich

In Mitteleuropa bildete sich im 10. Jahrhundert unter den sächsischen Ottonen ein neues Herrschaftsgefüge, das mit der Krönung der Könige zu Kaisern (durch den Papst) an die Antike und an Karl den Großen anknüpfte. Ab dem 12. Jahrhundert wurde es als Sacrum Romanum Imperium bezeichnet. In einem ausbalancierten System hatte der König, dessen Wähler seit 1356 auf die sieben Kurfürsten (drei geistliche: Mainz, Köln und Trier; vier weltliche: Sachsen, Böhmen, Brandenburg und die Pfalz) eingegrenzt waren, auf die Fürsten und Großen des Reichs Rücksicht zu nehmen und sich am Herkommen und den überkommenen Privilegien der Mitbestimmung der Reichsstände zu orientieren. Dem Reich kam so eher der Charakter einer Klammer zu. Neben den Kurfürsten und Fürsten hatten auch die meisten Bischöfe sowie einige Klöster und Stifte ein eigenes reichsunmittelbares Territorium (Reichskirche), ebenso die Reichsstädte und einige Ritter (kleine Adelsherrschaften). Sie hatten Sitz und Stimme auf dem Reichstag, der mit dem Kaiser die Herrschaft ausübte und Steuern bewilligte. Bemühungen um eine Reichsreform, die den Zusammenhang im Reich vor 1500 stärken wollten, scheiterten größtenteils, da die Fürsten darauf achteten, dass die Habsburger Kaiser ihre ererbten Rechte (Libertäten) nicht beschnitten.

Die Reichstage ab 1523

Dies war die Situation auf den Reichstagen in Nürnberg 1523 bis 1524. Von den kaiserlichen Vertretern forderte man ein freies Konzil in deutschen Landen, das die vielen Missbräuche, die in kirchlichen Dingen herrschten, durch Reformen abstellen und die Luthersache ebenfalls behandeln sollte.

Nachdem der Kaiser ein solches Nationalkonzil blockierte, eröffnete die akute Türkengefahr auf dem Reichstag von Speyer 1526 den lutherischen Reichsständen die Möglichkeit, für die militärische Unterstützung ein Abweichen vom Wormser Edikt durchsetzen: In Fragen der Religion soll jeder Reichsstand so verfahren, wie er es vor Gott und dem Kaiser glaubt verantworten zu können. Wenig später erlitt der ungarische König Ludwig II. gegen die Osmanen eine vernichtende Niederlage und starb. Durch geschickte Heiratspolitik fielen nun Böhmen und Ungarn an den kaiserlichen Bruder Ferdinand (1503–1564) aus dem Haus Habsburg. Zugleich wurden große Teile Ungarns osmanisch oder zumindest von Vasallen der Osmanen beherrscht. Im Herbst 1529 belagerte Sultan Süleyman I. (ca. 1495–1566) sogar Wien, eine Einnahme gelang ihm freilich nicht.

Die *protestatio* von 1529

Im Reich konnte Ferdinand mit den katholischen Fürsten auf dem Reichstag 1529 in Speyer jedoch die Durchsetzung des Wormser Edikts erwirken. Das reformatorische Bekenntnis war damit reichsrechtlich illegitim. Hiergegen legten sechs Fürsten und 14 Reichsstädte eine *protestatio* ein und sie verweigerten Ferdinand, der Karl V. vertrat, die Unterstützung gegen die Osmanen. Sie entzogen sich so der Reichstagsmehrheit; ein Konsens konnte nicht mehr gefunden werden. An diese (damals auf Reichstagen vielfach geübte Praxis) der *protestatio* knüpfte seit dem 17. Jahrhundert eine Bewegung innerhalb der reformatorischen Territorien an, die mit dem „Protestantismus"-Begriff eine gemeinsame Identität von „Lutheranern" und „Calvinisten" in Abgrenzung zur römisch-katholischen Kirche etablieren wollte. Von diesen Unionsbestrebungen getragen bürgerten sich die Begriff „Protestant" und „Protestantismus" allmählich ein.

Der Reichstag von 1530 und der Einigungsversuch mit der katholischen Kontroverstheologie

Friedensschlüsse mit dem Papsttum und mit Frankreich ermöglichten Karl V. als „erwähltem Kaiser", der in Bologna 1530 auch noch vom Papst gekrönt wurde, sich persönlich um die Angelegenheiten im Reich zu kümmern. Ein Reichstag in Augsburg 1530 sollte in Glaubensfragen die Einheit bringen. Schon nach dem Speyerer Reichstag 1529 hatte der sächsische Kurfürst Philipp Melanchthon damit beauftragt, eine kurze Apologie der Reformation zu verfassen. Diese bearbeitete er nunmehr für die Glaubensverhandlungen in Augsburg, wobei die von ihm und Luther gegen die Schweizer Reformation verfassten „Schwabacher Artikel" und die sog. „Torgauer Artikel", ein Gutachten der Wittenberger Theologen zu den zeremoniellen Änderungen der Reformation, die Grundlage bildeten. Dieses Augsburger Bekenntnis (*Confessio Augustana* = *CA*) wurde am 25. Juni 1530 in Augsburg erst auf Deutsch vor dem Kaiser verlesen und dann vom sächsischen Kanzler diesem offiziell überreicht. Neben dem sächsischen Kürfürsten Johann (1468-1532) hatten sechs weitere Fürsten und zwei Reichsstädte unterzeichnet, weitere Reichsstädte traten bald darauf bei. Sie wurde die wichtigste Bekenntnis- und Bündnisgrundlage im Luthertum und erhielt 1555 reichsrechtliche Anerkennung.

Die *Confessio Augustana*

Die CA sollte in den Artikeln 1-21 den Nachweis führen, dass die lutherische Reformation den alten katholischen Glauben bewahrt hat; nur missbräuchliche und falsche Zeremonien wurden verändert (Art. 22-28). Sündenvergebung und Gerechtigkeit vor Gott erreicht man nach Art. 4 nicht durch gute Werke (die nach Art. 6 aber eine Folge oder Frucht des Glaubens sind), sondern nur im Glauben an das Versöhnungsopfer Christi. Dieser Glaube wird gnadenweise geschenkt und vor Gott als Gerechtigkeit angerechnet. Gott hat nach Art. 5 das Evangelium und die Sakramente eingesetzt und zu deren Verkündigung bzw. Verwaltung das Amt in der Kirche. Der Amtsträger muss nach Art. 14 ordentlich berufen (*rite ordinatus*) sein. So kann in Art. 7 die Kirche als Gemeinschaft der Heiligen bestimmt werden, in der das Evangelium recht verkündet wird und die Sakramente ordentlich verwaltet werden. Zusätzliche Kriterien der wahren Kirche gibt es nicht (*satis est*). Als Sakramente werden Taufe, Abendmahl und Beichte anerkannt und die wirkliche Gegenwart im Abendmahl betont (Art. 10). Als zeremonielle Veränderungen, die eine nicht schriftgemäße Praxis beenden, den Glauben aber unangetastet lassen sollen, werden aufgeführt: der Laienkelch, die Abschaffung der Zölibatspflicht und der Opfermesse, die Pflicht zur Aufzählung der einzelnen Sünden bei der Beichte, Fastengebote als heilsentscheidend, die Klostergelübde und ein Ausgreifen des Bischofsamts in den weltlichen Bereich oder gegen das Evangelium.

Ausgleichsverhandlungen

Der Kaiser beauftragte in Augsburg katholische Theologen um Johann Eck mit einer Stellungnahme. Diese fiel anfangs so polemisch aus, dass Karl V. sie zurückwies. Gemäß dem Auftrag, eine Einigung zu erzielen, erklärte sich die daraufhin neu erarbeitete katholische *Confutatio Confessionis Augustanae* schließlich mit 16 der 21 Glaubensartikel einverstanden. In Ausgleichsverhandlungen im kleineren Kreis näherten sich vor allem Eck und Melanchthon an, so dass Eck überzeugt war, dass nur noch ein „Streit um Worte“ beide Seiten trenne. Doch die Einigung scheiterte dann v.a. deshalb, da sich das protestantische Lager hierauf nicht einigen konnte. Luther selbst, der als Gebannter nicht nach Augsburg kommen konnte, anerkannte die CA zwar, sah aber die Einigungsmöglichkeiten mit der Papstkirche viel skeptischer. Nach Abbruch der Verhandlungen verlangte der Kaiser die Rückkehr zum alten Glauben bis April 1531. Die Verlesung der Confessio Augustana vor dem Kaiser und der Inhalt des Dokuments wurden identitätsstiftend für die deutschen Protestanten. Im Luthertum entstanden Ende des Jahrhunderts zur Erinnerung daran die sog. Konfessionsbilder.

Abb. 1 Konfessionsbild von Andreas Herreisen (1538–1610) in Bad Windsheim (Mittelfranken) 1602

Im Vordergrund der Reichstag, bei dem der sächsische Kurfürst mit der CA vor dem Kaiser steht; im Hintergrund der protestantische Gottesdienst mit Sakramenten, dazu Predigt und Christenlehre. Im Hintergrund wird Zwingli mit Hunden aus der Kirche vertrieben; der Teufel im Vordergrund hat eine Liste von Ketzern in seinem Buch notiert.

2. Schmalkaldischer Bund, Religionsgespräche und Interim 1548

Die kaiserliche Verständigungspolitik

Schmalkaldischer Bund

Da eine gewaltsame Durchsetzung der katholischen Position durch den Kaiser drohte, schlossen sich im thüringischen Schmalkalden protestantische Fürsten und Städte zu einem Verteidigungsbündnis zusammen (Schmalkaldischer Bund). Um auch die süddeutschen Reichsstädte um Straßburg integrieren zu können, wurde 1536 die Wittenberger Konkordie ausgehandelt. Der Schmalkaldische Bund profitierte auch von den antihabsburgischen Interessen zahlreicher katholischer Fürsten und ermöglichte die Ausbreitung und Konsolidierung der Reformation in den 1530er Jahren. 1534 wurde in Württemberg die Reformation eingeführt, 1539 im albertinischen Sachsen, wo Georg der Bärtige bislang ein entschiedener Gegner derselben war, 1542 vertrieb der Schmalkaldische Bund den streng altgläubigen Herzog Heinrich von Braunschweig-Wolfenbüttel. Es war vor allem die Abhängigkeit des Kaisers von der Türkenhilfe der Protestanten, die ihn in den 1530er Jahren dazu bewog, die Glaubenseinheit nicht mit Gewalt durchzusetzen. Er verzichtete auf den Reichstagen in Nürnberg (1532) und Frankfurt (1539) bewusst darauf, die sich zur CA bekennenden Reichsstände zu zwingen.

Religionsgespräche

Der Kaiser setzte vor allem darauf, dass mittels eines ökumenischen Konzils die Glaubenseinheit im Reich und eine Reform der Kirche erreicht werden könne. Lange Zeit haben sich dabei die Päpste gegen ein solches gesträubt. Sie fürchteten Kontrollverlust über die Kirche, besonders ein Erstarken des Konziliarismus, dazu aber auch eine Stärkung des Kaisers. Erst 1537 berief Papst Paul III. (1534-1549) ein Konzil nach Mantua ein. Dieses kam jedoch nicht zustande, da sowohl der Schmalkaldische Bund als auch Frankreich die Teilnahme ablehnten. Dennoch gab es eine breite Strömung, auch am Kaiserhof, die davon überzeugt war, dass im Grunde die Einheit im Glauben noch erreichbar bzw. nie ganz verloren gegangen sei. Theologische Scharfmacher müsse man auf beiden Seiten im Zaum halten, da sie Nebensächlichkeiten aufbauschten und so die Gräben unüberbrückbar machten. Um den Frieden im Reich zu sichern, entschied sich der Kaiser deshalb, dass Theologen auf beiden Seiten nach einer Einigung suchen sollten. In Hagenau verhandelte man zunächst nur über Verfahrensfragen. Man beschloss, die beinahe erfolgreichen Ausgleichsverhandlungen von 1530 zur Grundlage zu machen. Melanchthon redigierte die CA neu zur *Confessio Augustana Variata* (1540). Um die Jahreswende verhandelte man in Worms weiter, wobei vor allem der altgläubige Johann Gropper (1503-1559) und der Straßburger evangelische Theologe Martin Bucer (1491-1551) in Geheimverhandlungen weiterkamen und das „Wormser Buch" verfassten, in dem in 27 zentralen Glaubensartikeln weitgehende Einigkeit erzielt werden konnte. Eine endgültige Einigung sollte auf dem Regensburger Reichstag im Frühjahr 1541 erzielt werden. Das Wormser Buch wurde vom päpstlichen Gesandten Kardinal Gasparo Contarini (1483-1542) akzeptiert und weiter bearbeitet und sollte als Grundlage dienen. Einigkeit konnte in den Verhandlungen in der Rechtsfertigungslehre erzielt werden.

Quelle

Regensburger Buch (1541)

Kirchen- und Theologiegeschichte in Quellen III, 197f.

Danach wird das menschliche Gemüt vom Heiligen Geist bewegt zu Gott durch Christus und diese Bewegung geschieht durch den Glauben, durch den das menschliche Gemüt mit Gewissheit alles glaubt, was von Gott geoffenbart ist. ... Es empfängt daher auch den Heiligen Geist, die Vergebung der Sünden, die Zurechnung der Gerechtigkeit und unzählige andere Gaben. Es ist deshalb eine beständige, gesunde Lehre, dass der Sünder durch lebendigen und wirksamen Glauben gerechtfertigt wird, denn dadurch werden wir Gott angenehm und gefällig um Christi willen ... Das wird jedoch keinem zuteil, wenn nicht auch zugleich die Liebe eingegossen wird, die den Willen heilt, so dass der geheiligte Wille anfängt, das Gesetz zu erfüllen, wie Augustinus sagt. (De spir. et lit. 9, 15).

Die Gerechtigkeit Christi werde den Gläubigen aus Gnaden angerechnet. Sie sollte aber in der Liebe wirksam sein, was freilich immer nur unvollkommen gelinge, so dass man im Endgericht auf Gottes Barmherzigkeit angewiesen bleibe. Die Gespräche bissen sich dann aber an Fragen der Sakramentenlehre fest, so dass die Mehrzahl der 23 Artikel des „Regensburger Buchs" unverglichen blieb.

Der kaiserliche Militärschlag gegen die Protestanten und sein Scheitern

Der Sieg des Kaisers gegen Frankreich und der Waffenstillstand mit den Türken ermöglichten ihm nun, den Rechtsstandpunkt der einen wahren Religion durchzusetzen, zumal die Führer des Schmalkaldischen Bundes in den Augen des Kaisers aggressiv Reichsrecht gebrochen hatten. Den sächsischen Herzog Moritz (1521-1553) und einige andere konnte der Kaiser auf seine Seite ziehen und am 24. April 1547 in Mühlberg an der Elbe den Schmalkaldischen Bund vernichtend schlagen. Als Belohnung erhielt Moritz bzw. das albertinische Sachsen die Kurwürde seines ernestinischen Vetters Johann Friedrich (1503-1554), der wie der hessische Landgraf Philipp (1504-1567) gefangen genommen wurde. Da eine Lösung der Glaubensfrage durch das Konzil noch immer nicht erreichbar war, wollte der Kaiser auf dem Reichstag in Augsburg 1547/48 diese zumindest für das Reich interimistisch lösen lassen.

Augsburger Interim

Eine Gruppe gemäßigter, vermittelnder altgläubiger Theologen um Julius Pflug (1499-1564) und der brandenburgische protestantischen Hofprediger Johann Agricola (1494-1566) erarbeiteten, gestützt auf die Ausgleichsverhandlungen 1530 und die Regensburger Teilerfolge 1541, eine Zwischenlösung, die bis zum endgültigen Vergleich auf einem Konzil gelten sollte. Der katholische Glaube sollte beibehalten werden, wobei die Rechtfertigungslehre gemäß der Regensburger Formel gelehrt werden sollte. Auch sei das Messopfer Gedächtnis des Kreuzesopfers und Dankopfer, kein konkurrierendes Bittopfer. Freigestellt wurde der Laienkelch als bisheriges Haupthindernis und die Priesterehe. Das Interim sollte eigentlich auch für die katholische Seite gelten, doch wurde dies von den katholischen Fürsten abgelehnt. Die Katholiken bekamen lediglich Kirchenreformen auferlegt (*formula reformationis*), da die Unzufriedenheit mit dem eigenen Kirchenwesen als Nährboden für den Erfolg Luthers in der Bevölkerung galt.

Widerstand und Polarisierungen im Luthertum

Es gelang dem Kaiser nur teilweise und nur gewaltsam, das Interim durchzusetzen und das alte Kirchenwesen zu restituieren. Hauptwiderstandszentrum wurde die Stadt Magdeburg, wo sich jene Theologen sammelten, die das reine Erbe Luthers ohne katholisierende Kompromisse erhalten wollten. Besonders der neue sächsische Kurfürst und kaiserliche Verbündete Moritz befand sich in einer heiklen Situation. Er galt den Protestanten als Verräter. Melanchthon, nach Luthers Tod 1546 die führende theologische Autorität in Wittenberg, erhielt den Auftrag, in den „Leipziger Artikeln" das Interim akzeptabel für Protestanten zu machen. Er unterschied bei den katholisierenden Zeremonien deshalb zwischen unannehmbaren, „abgöttischen" und neutralen

(*Adiaphora*), die man akzeptieren konnte. Bei den Magdeburgern um Matthias Flacius Illyricus (1520–1575) trug ihm dies den Vorwurf des Verrats am authentischen Erbe Luthers ein, die Grundlage schwerer theologischer Auseinandersetzungen im Luthertum in den nächsten Jahrzehnten.

Fürstenaufstand und Passauer Vertrag

Bald formierte sich neuer antikaiserlicher Widerstand im Reich, der eine habsburgische Übermacht fürchtete. Mit Frankreich wurden Geheimverhandlungen geführt und auch Kurfürst Moritz musste die Seiten wechseln, um im protestantischen Lager nicht völlig isoliert zu sein. Vom Heer der aufständischen Fürsten überrascht, musste der Kaiser aus Innsbruck fliehen und zog sich in der Folge zunehmend aus der Reichspolitik zurück. Sein Bruder Ferdinand handelte in Passau mit Kurfürst Moritz einen Waffenstillstand aus, der Frieden bis zum nächsten Reichstag bringen sollte. Dieser fand dann von Februar bis September 1555 in Augsburg statt.

3. Der Augsburger Religionsfriede 1555

Zwei Bekenntnisse erlaubt

Mit dem Augsburger Religionsfrieden wurde erstmals der reformatorische Glaube, wie er 1530 in der CA seinen Ausdruck gefunden hatte, reichsrechtlich als legitim anerkannt, also nicht nur vorübergehend geduldet. Damit wurde das Prinzip weitgehend aufgehoben, dass im Reich nur ein wahrer Glaube praktiziert werden könne, dessen Schutz besonders dem Kaiser oblag. Dies sollte bis zur Überbrückung der Bekenntnisdifferenzen gelten, die verpflichtendes Ziel blieb. Damit wurde den einzelnen Landesherrn das *ius reformationis* zugesprochen, also die Entscheidung, ob in ihren Territorien künftig die CA oder der katholische Glaube gelten solle. Dem einzelnen Untertan blieb nur das Recht, emigrieren zu dürfen, wenn er eine abweichende Überzeugung vertrat. Später hat man diese Rechtslage im einprägsamen Grundsatz *cuius regio eius religio* systematisierend zum Ausdruck gebracht.

Ausnahmen und Unklarheiten

Freilich galt dies nur für die Fürsten: In den Reichsstädten sollten (meist katholische) Minderheiten weiter bestehen bleiben dürfen. Auch das Reformationsrecht der geistlichen Fürsten (Fürstbischöfe) wurde eingeschränkt. Gingen sie zum Protestantismus über, dann verloren sie ihre Herrschaft und das Domkapitel wählte einen neuen katholischen Bischof (geistlicher Vorbehalt). Ein Teil der Bestimmungen blieb unklar. Offen blieb etwa, ob eine mündliche Erklärung König Ferdinands Rechtskraft hatte, die besagt, dass in geistlichen Territorien wenigstens der Adel auf seinen Gütern der CA folgen dürfe. Der Religionsfriede an sich schloss derartige ergänzende Abmachungen aus. Aller Kirchenbesitz, den protestantische Herrscher ab 1552 eingezogen hatten, wäre zu restituieren gewesen. Auch wie genau die CA zu verstehen sei, die Melanchthon ja selbst überarbeitet hatte, blieb ungeklärt. All diese Fragen sollten später zum Anlass schwerer Auseinandersetzungen werden, an denen sich unüberbrückbare Gegensätze herauskristallisierten. Für die nächsten Jahrzehnte sicherte der Religionsfrieden von Augsburg den Frieden im Reich, während in vielen Nachbarterritorien Kriege um die Religion geführt wurden. Stabil war der Friede so lange, wie Fürsten auf beiden Seiten den Frieden und den Zusammenhalt des Reichs über die Durchsetzung konfessioneller Einzelpositionen stellten. ■

Auf einen Blick

Das Hl. Römische Reich mit dem Kaiser an der Spitze konnte nach damaligem Verständnis nur die eine wahre Religion fördern, so dass religiöser Zwiespalt zu beseitigen war. Viele Fürsten fürchteten jedoch den Umbau der ständischen Verfassung zu einer Habsburger Universalmonarchie, so dass sie die kaiserliche Politik nicht unterstützten. Kriege zwangen den Kaiser, die evangelische Partei zumindest zeitweise zu dulden und nach Möglichkeit die Gegensätze durch eine Verständigung bis zu einem Konzil zu überbrücken. Als diese Pläne und auch eine zwangsweise Rekatholisierung nach 1547 scheiterten, wurde erstmals im Augsburger Religionsfrieden von 1555 neben der katholischen die „Augsburger Konfession" (von 1530) als reichsrechtlich legitim anerkannt.

Literaturhinweis

Axel Gotthard, Der Augsburger Religionsfrieden (= RST 148), Münster 2004. *Umfassende Darstellung von Entstehung, Inhalt und Konsequenzen des Religionsfriedens von 1555.*

Herbert Immenkötter/Gunther Wenz (Hg.), Im Schatten der Confessio Augustana. Die Religionsverhandlungen des Augsburger Reichstags 1530 im historischen Kontext (= RST 136), Münster 1997. *Sammelband, der die beinahe Einigung auf die Confessio Augustana in den Ausgleichsverhandlungen auf dem Reichstag von 1530 beleuchtet.*

Athina Lexutt, Rechtfertigung im Gespräch. Das Rechtfertigungsverständnis in den Religionsgesprächen von Hagenau, Worms und Regensburg 1540/41 (= Forschungen zur Kirchen- und Dogmengeschichte 61), Göttingen 1996.

Heinrich Lutz, Reformation und Gegenreformation. Durchgesehen und ergänzt von Alfred Kohler (= OGG 10), ^{5}2002.

Horst Rabe, Deutsche Geschichte 1500–1600. Das Jahrhundert der Glaubensspaltung, München 1991.

IV. Die Reformation in der Schweiz, die radikale Reformation und die Entwicklung in England

Überblick

In Zürich hatte die Reformation durch Zwingli frühzeitig eine von Wittenberg weitgehend unabhängige Gestalt erhalten. Sie breitete sich vor allem im Südwesten des Reichs aus und führte zu scharfen Auseinandersetzungen mit den Lutheranern wegen des Abendmahls. Seit den 1540er Jahren gelang es Jean Calvin nicht nur die Reformation in Genf zu etablieren, sondern auch den Schweizer Protestantismus zu einen, der vor allem nach Westeuropa wirkte und den Anspruch erhob, in einer zweiten Reformation des Lebens die angeblich nur unvollendete lutherische Reformation zu vollenden. Daneben bildeten sich mit den Täufern und den Spiritualisten Minderheitenströmungen, die auf Distanz zum Obrigkeitsstaat gingen und von diesem verfolgt wurden. In England hingegen bekämpfte das Königtum gerade reformatorische Einflüsse, sagte sich aber schließlich in einem Konflikt um die Ehescheidung des Königs von Rom los und hob die Klöster auf. Nach einer reformatorischen und einer gegenreformatorischen Periode setzte Elisabeth I. auf einen Mittelweg, der vor allem die radikal-reformatorischen Puritaner nicht befriedigte, so dass der Grundstein für spätere Bürgerkriege gelegt war.

1522–1524	Reformation in Zürich
1524–1529	Abendmahlsstreit zwischen Schweizer und Wittenberger Reformation
1528	Disputation und Reformation Berns
3.11.1534	Mit der Suprematsakte sagt sich die englische Kirche von Rom los.
1534/1535	Täuferreich in Münster
26.5.1536	Wittenberger Konkordie mit den Straßburgern, nicht den Schweizern
1536/1541	Berufung Jean Calvins nach Genf
1549	*Consensus Tigurinus*: Einigung über das Abendmahl zwischen Zürich und Genf
1549	*Book of Common Prayer*: Erneuerter Gottesdienst in England
1554–1558	Versuch der Rekatholisierung Englands unter Maria I. Tudor
1563	39 Artikel als Glaubensbekenntnis der Kirche von England
1566	Bullingers Zweites Helvetisches Bekenntnis wird von zahlreichen reformierten Kirchen angenommen.

1. Die Reformation in der Schweiz

Huldrych Zwingli und die Reformation in Zürich

Beginnend in Zürich entwickelte sich von der Schweiz aus ein eigenständiger Zweig der Reformation. Trotz Einigungsbemühungen blieben die theologischen Differenzen zum Luthertum bestehen. Die Züricher Reformation ist dabei eng mit der Person Huldrych Zwinglis (1484–1531) verbunden, der aus Toggenburg stammte und nach universitären Studien und Seelsorgestellen in Glarus und Einsiedeln 1519 die Stelle eines Leutpriesters (Seelsorgepriester bzw. Prediger und Pfarrseelsorger) am mächtigen Züricher Großmünster annahm. Zwinglis humanistische Bildung führte ihn zu einer strikten Unterscheidung zwischen dem klaren und befreienden göttlichen Wort in der Hl. Schrift und späteren menschlichen Zusätzen, die das Gewissen der Menschen knechten und unfrei machen. Gott ist Geist; er will geistig verehrt werden. Das Irdische, sinnlich Wahrnehmbare führt davon weg, streng ist zwischen Göttlichem und Geschaffenen, zwischen Geist und Fleisch zu unterscheiden. Zwingli war in diesen Jahren von Luther beeindruckt. Gott wirkt allein aus Gnade die Erlösung im Gläubigen, der auf das Genugtuungsopfer Christi sein Vertrauen setzt. Gottes Gesetz, das in die Herzen aller Menschen geschrieben ist, soll der Gläubige nun wieder zu erfüllen suchen.

Disputationen und Reformation in Zürich

1522 kam es in Zwinglis Gegenwart im Haus des Druckers Christoph Frohschauer (ca. 1490–1564) zu einer symbolischen Provokation: Es wurde ein Wurstessen in der Fastenzeit veranstaltet. Dadurch sollte zum Ausdruck gebracht werden, dass menschliche Gebote das Gewissen nicht beschweren dürfen, weil das Gewissen nur Gottes Wort gegenüber verpflichtet ist. Die nun einsetzenden Kontroversen wollte der Rat mit öffentlichen Disputationen entscheiden, bei denen er selbst Schiedsrichter war. Nach der ersten Disputation Zwinglis verfügte der Rat, gemäß der Schrift zu predigen, nach der zweiten wenig später verbot er die religiösen Bilder. Der Konstanzer Bischof wurde so vom Rat in seinem Einfluss beschnitten. Klöster und Stifte wurden aufgehoben, das Abendmahl auf neue Weise (und nur vier Mal im Jahr) gefeiert, das Großmünster wurde umgewandelt in eine Art exegetische (Hoch)Schule v.a. für die Geistlichen, die „Züricher Prophezey". Alle kirchlichen Vollzüge sind nur äußere Hilfsmittel, Zeichen für den rein geistigen Gottesdienst. Gottes Geist kann auch außerhalb der menschlichen Wortverkündigung und Sakramentenspendung (Taufe und Abendmahl, das als Bekenntnisakt der Gemeinde verstanden wird) wirken. Nach der dritten Disputation Anfang 1524 verbot der Rat der Stadt die Messe und hatte so zugleich die Hoheit über das Züricher Kirchenwesen praktisch durchgesetzt. Die Obrigkeit soll das Gemeinwesen nach Gottes Gesetz regieren. In Zürich wurde ein Ehe- und Sittengericht von Stadt und Geistlichkeit gemeinsam besetzt.

Die oberdeutsche Reformation: Kennzeichen und Entwicklungen

Unter dem Einfluss Zürichs breitete sich die Reformation auch in anderen Städten und Territorien der Eidgenossenschaft aus. 1527 führte unter Joachim Vadian (1484-1551) auch die Stadt St. Gallen die Reformation ein, 1528 Bern, angeführt vom dortigen Münsterprediger Berchthold Haller (1492-1536), 1529 dann Basel, wo Johannes Oekolampad (1482-1531) predigte. Auf der Disputation in Baden 1526 konnten die innerschweizerischen, altgläubigen Territorien die Glaubenseinheit gegen Zwingli nicht mehr durchsetzen. 1529 wurde ein erster Krieg zwischen alt- und neugläubigen Orten ohne Kampfhandlungen mit einem Waffenstillstand beendet. 1531 siegten nach dem erneuten Ausbruch die altgläubigen Kantone. Zwingli fiel in der Schlacht von Kappel. In Zürich wurde Heinrich Bullinger (1504-1575) für ihn als Nachfolger zum Vorsteher (Antistes) gewählt. Ein Landfrieden sicherte das Entscheidungsrecht der Obrigkeiten und damit in einigen Territorien den alten katholischen Glauben.

Ausstrahlen nach Süddeutschland

Die Schweizer Reformation strahlte aber auch auf die südwestdeutsche Städtelandschaft aus. Zwinglis Stadtreformation bestimmte von Beginn an bzw. nach einer ersten lutherischen Phase mehr und mehr auch die Reformation in Konstanz, Memmingen, Straßburg, Ulm und Augsburg. Um die Reformation dort gegen die mächtigen Habsburger zu sichern, wurde ein Zusammenschluss zwischen den Städten im Südwesten und den reformatorischen Fürsten im Reich insbesondere von Landgraf Philipp von Hessen und von Straßburg angestrebt. Freilich scheiterte dies an den theologischen Differenzen zwischen Zwingli und Luther. Zwischen beiden hatte sich seit 1525 eine mit theologischen Streitschriften geführte Auseinandersetzung um das **Abendmahl** entwickelt. Während Luther immer an der realen Gegenwart von Christi Leib und Blut festgehalten hatte, rezipierte Zwingli die Deutung des niederländischen Juristen Cornelisz H. Hoen († 1524), der das „ist (latein. est)" der Einsetzungsworte als „bedeutet (significat)" übersetzte: Brot und Wein symbolisieren Leib und Blut Christi, eine Deutung, die sich Zwingli zu eigen machte und die der Baseler Professor Oekolampad aus der Lehre der alten Kirche beweisen wollte, während Luther strikt davor warnte.

Abendmahlsstreit

In diesem Abendmahlsstreit ging es um mehr als die korrekte philologische Deutung des Wortes „est", das Luther realistisch und Zwingli tropologisch, also in einem übertragenen Sinn, auslegen wollte. In ihm kulminierten die von Beginn an vorhandenen theologischen Differenzen zwischen den beiden. Für Zwingli war das Sichtbare, Äußerliche nur ein Zeichen, aber nicht selbst göttlich und heilsvermittelnd (Joh 6,63: „Das Fleisch allein nützt nichts"). Ihm ging es um die Scheidung von göttlichem Geist und Kreatur. Luther witterte darin den Spiritualismus seines frühen Wittenberger Gegners Karlstadt. Ihm kam es auf die reale Vermittlung der Gerechtigkeit Christi in Wort und sakramentaler Zeichenhandlung an und damit auf die reale Präsenz des Göttlichen. Auf dem Religionsgespräch im Oktober 1529 in Marburg, zu dem Philipp von Hessen eingeladen hatte, konnte man sich in dieser Frage nicht mehr einigen. Versuche, wie derjenige des Straßburger Theologen Martin Bucer (1491-1551), eine Mittelposition einzunehmen, konnten sich nicht durchsetzen. In der Folge näherten sich die südwestdeutschen Städte dem Schmalkaldischen Bund und damit Wittenberg an. 1536 gelang es vor allem Philipp Melanchthon, eine Einigung, die „Wittenberger Konkordie“, zwischen den Lutheranern und den städtischen Theologen um Bucer zu erreichen, die sich so von der Schweizer Reformation lösten.

Stichwort

Abendmahl

Die Synoptiker und der 1. Korintherbrief überliefern, dass Jesus am Abend vor seinem Leiden mit seinen Jüngern ein Mahl gefeiert und als Gedächtnishandlung bis zu seiner endzeitlichen Wiederkehr gestiftet hat. Die ersten Christen versammelten sich am ersten Tag der Woche zur Feier des Herrenmahls und feierten den Opfertod und die Auferstehung Christi als endzeitlichen Bund Gottes mit den Menschen. Damit war anfangs noch ein Sättigungsmahl verbunden, zu dem ein Wortgottesdienst mit Schriftlesungen hinzukamen. Die Präsenz Christi im kultischen Lob- und Dankopfer der Gemeinde (Eucharistie) wurde bald mittels platonisch-symbolischem Denken gedeutet, nach dem Christus als Urbild im Abbild gegenwärtig sei. Symbolische Gegenwart stand dabei nicht im Gegensatz zu Realität, auch wenn diese mit unterschiedlichen Akzenten gedeutet wurde: Bei Ambrosius (339–397) eher als Umwandlung der Gaben, während Augustinus deren Zeichencharakter betont. Das Mittelalter sah hingegen zwischen Zeichen und Realität zunehmend einen Gegensatz, so dass der Streit um den Charakter der Realpräsenz Christi in den Gaben schließlich zur Lehre von der Wesensverwandlung (Transsubstantiation) von Brot und Wein in Leib und Blut Christi führte. Aus Ehrfurcht ging nicht nur die Häufigkeit des Kommunionempfangs durch die Laien zurück. Man beschränkte sich nun auch auf den Empfang des Leibes Christi in Gestalt des Brotes, in dem schon der ganze Christus zugegen sei. Die Praxis der Messstipendien seit dem Frühmittelalter führte zudem dazu, dass die Messe nicht nur als Vergegenwärtigung des Opfers Christi, sondern auch als das durch den Priester Gott dargebrachte Opfer der Kirche verstanden wurde, zwei Aspekte, deren Verhältnis theologisch nicht endgültig geklärt war.

2. Radikale Reformation: Die Täuferbewegung und der Spiritualismus

Die Täuferbewegung

Während der frühen Reformation in Zürich stellten sich radikale Anhänger Zwinglis, die eine grundlegende christliche Neugestaltung der Gesellschaft erstrebten, gegen ihn. Sie waren mit dem obrigkeitlichen Kurs und Zwinglis Rolle darin unzufrieden. In einem schwelenden Streit zwischen der Stadt und den Landgemeinden, die nach größerer Eigenständigkeit strebten, stellte man sich auf die Seite der letzteren. Zwingli war sich anfangs in Bezug auf die Säuglingstaufe, die von Karlstadt und Müntzer abgelehnt wurde, unsicher. Die Radikalen um Konrad Grebel (1498–1527) und Felix Manz (1500–1527) lehnten diese als nicht schriftgemäß ab und forderten die Glaubenstaufe. Auf einer Disputation in Zürich Anfang 1525 drangen sie nicht durch, so dass seither für die Täufer neben Glaubenstaufe und strenger Sittenzucht das Ideal einer abgesonderten und gewaltlos-leidenden Gemeinde bestimmend wurde. Die Absonderung von der Welt prägte auch die sieben Artikel der *Brüderlichen Vereinigung etlicher Kinder Gottes* von 1527, mit denen die frühen Täufer ein gemeinsames Bekenntnis aufstellten. Das Herrschen mit Gewalt und Zwang und das Schwören von Eiden wurde als unbiblisch abgelehnt.

Obrigkeitliche Verfolgung

Früh setzte die Verfolgung durch die Obrigkeit ein. Die Züricher Obrigkeit ließ 1527 Grebel und Manz gefangen nehmen. Manz wurde in der Limmat ertränkt, während Grebel floh und wenig später an der Pest starb. Es folgten auch andernorts Verbotsmandate und Verfolgungen, da die Täufer als bedrohlich für die gesellschaftliche Ordnung galten. So wurde auch der führende Täufer Balthasar Hubmaier (1480/85–1528), ehemals Domprediger in Regensburg, der sich erst der Reformation öffnete und dann die Bekenntnistaufe empfing, 1528 mit seiner Frau in Wien hingerichtet. Die verbliebenen Täufer zogen sich in ländliche Gebiete und vor allem nach Osteuropa (v.a. Mähren) zurück, wo der Verfolgungsdruck geringer war. Während die Mehrheit der Täufer friedliebend war und teilweise in Gütergemeinschaft lebte, waren manche wie Hans Hut (ca. 1490–1527) von einem apokalyptischen Bewusstsein geprägt, dass die Verfolgung ein Indiz für die anbrechende Endzeit sei und die Gottesherrschaft aktiv durchgesetzt werden müsse.

Täuferreich in Münster

Der aus Schwäbisch Hall stammende Kürschner Melchior Hofmann (ca. 1495–1543) entwickelte unter dem Einfluss Karlstadts seine spiritualistische Anschauung. In Straßburg ließ er sich taufen und berechnete für das Jahr 1533 die endzeitliche Ausrottung der Gottlosen und die Errichtung einer Gottesherrschaft mit König und Prophet an der Spitze. In den Niederlanden und Ostfriesland gewann er zahlreiche Anhänger. Diese sahen die Gottesherrschaft nun in der benachbarten Bischofsstadt Münster anbrechen. Dort hatte sich das Bürgertum inzwischen nicht nur der Reformation zugewandt. Dessen führender Geistlicher Bernd Rothmann (ca. 1495 – wohl nach 1535) öffnete sich dem melchioritischen Täufertum, nachdem Jan Matthys († 1534) aus Amsterdam Abgesandte geschickt hatte. Immer mehr Täufer zogen nach Münster, während Gegner dieser Entwicklung die Stadt verließen oder vertrieben wurden. Durch die Zerstörung der Bilder sollte die Stadt von Götzendienst gereinigt werden. Gütergemeinschaft und Polygynie sollten das „neue Jerusalem“

als Sammlungsort der Frommen der Endzeit prägen. Als der Bischof von Münster mit Verbündeten die Stadt einschloss und belagerte, fiel der prophetische Anführer Matthys bei einem Ausfall. Nun wurde mit Jan van Leyden († 1536) ein König an die Spitze der Stadt gestellt. Als diese im Juni 1535 von den bischöflichen Truppen eingenommen werden konnte, wurden die Anführer der Täufer grausam hingerichtet. Ihre Leichname wurden in Käfigen am Turm der St. Lamberti-Kirche als Abschreckung zur Schau gestellt.

Mennoniten

Zwar gab es mitunter auch bei anderen Täufergruppen Gewaltanwendung gegen Kirchen, Klöster und Rathäuser. Die meisten verbliebenen Täufer lebten aber entweder verborgen unter den Bürgern oder in streng abgesonderten reinen Gemeinden friedlich zusammen. Deren wichtigster Anführer wurde Menno Simons (1494-1561), so dass seine Anhänger, die es vor allem in den Niederlanden, Norddeutschland und Osteuropa gab, Mennoniten genannt wurden. Gegen eine Abgabe ließen sie sich vom Kriegsdienst befreien. Neben Osteuropa war - auch angesichts von Verfolgungen - im 18. Jahrhundert auch Nordamerika ein wichtiges Auswanderungsland.

Spiritualistische Strömungen

Auch andere Theologen und Gruppierungen in der frühen Reformation betonten das innere Wirken des Heiligen Geistes (Spiritualismus) und propagierten ein von der Welt und der Obrigkeit abgesondertes Gemeindeideal der wahren Gläubigen, ohne aber die Erwachsenentaufe zu praktizieren. Spiritualisten wie Hans Denck (ca. 1500-1527), der in verschiedenen süddeutschen Städten v.a. als Lehrer wirkte und schließlich in Basel an der Pest starb, lehnten alle äußeren Mittel wie Sakramente, Predigt oder die Hl. Schrift radikal ab. Der schlesische Adelige Caspar von Schwenckfeld (1489-1561) sah die Rettung des Menschen in einer Umgestaltung des alten Adam durch Christus, einer rein innerlichen Vergöttlichung durch den Hl. Geist, die nur den von Gott hierfür Erwählten zuteilwerde. Sebastian Franck (1499-1542) aus Donauwörth, der lange Zeit in Ulm als Drucker leben konnte, forderte, dass sich in jedem Menschen selbst innerlich Geburt, Leiden und Auferstehung Christi vollziehen müssen. Alle äußerlichen Heilsmittel hielt er für überflüssig und das Kirchenregiment der Obrigkeiten lehnte er ebenso ab wie ein äußerliches Vorgehen gegen dieselben. Die wahren Christen kenne nur Gott, auch wenn sie an Liebe und Leiden im Prinzip erkennbar seien.

Gemeinsamkeiten der „radikalen Reformation"

Bei allen Unterschieden sind die hier skizzierten täuferischen und nichttäuferischen Gruppierungen durch eine Ablehnung des konfessionellen Obrigkeitsstaates und damit eine Absonderung von der Mehrheitsgesellschaft gekennzeichnet. Frühzeitig hat man deshalb versucht, in ihnen einen eigenen Typus reformatorischen Christentums zu sehen. Zumal Ernst Troeltsch (1865-1923) in diesen Gruppierungen dann die zukunftsweisenden Vorboten der Moderne sah. Heinold Fast (1929-2015) teilte sie in vier Gruppen ein, indem er neben den Täufern, den Schwärmern und Spiritualisten auch noch die Antitrinitarier dazu zählte, Theologen, die seit etwa 1550 die altkirchliche Trinitätslehre ablehnten und im 17. Jahrhundert v.a. in Polen Gemeinden gründeten. Roland H. Bainton (1904-1984) sprach von diesen Gruppierungen dann als von einem „left wing" der Reformation. Solche Zusammenfassungen und Untergliederungen sind nicht unproblematisch, da sie tendenziell Entwicklungsstufen und Mischformen hin zu vermeintlicher Eindeutigkeit auflösen. Dennoch treten als Gemeinsamkeiten das radikale Erneuerungsstreben gemäß den biblischen Grundlagen, der Bruch mit der Mehrheitsgesellschaft und die Scheidung von Geist und Fleisch, Göttlichem und Äußerlichem als verbindende Linien hervor.

3. Jean Calvin und die Reformation in Genf und Westeuropa

Jean Calvin: Prägung und Berufung nach Genf

Jean Calvin (1509-1564) stammte aus Noyon in der Picardie in Nordwestfrankreich und studierte zunächst in Paris die *artes liberales*, dann Jura in Orléans und Bourges. Während dieser Zeit vertrat er einen reformfreundlichen Humanismus; die wahre Gottesverehrung sollte wiederhergestellt werden. Unter dem Einfluss der deutschen Reformatoren sprach er selbst für das Jahr 1533 von einer *subdita conversio* (plötzlichen Bekehrung). Da antiprotestantische Maßnahmen drohten, verließ er Paris und wollte sich nach einem Wanderleben in Basel niederlassen, als ihn Guillaume Farel (1489-1565), der in Genf die Reformation einführte, dorthin berief.

Genf und Straßburg

Farel und Calvin bemühten sich, Genf zu einer wahrhaft christlichen Stadt zu reformieren. Außenpolitisch wollte man sich vom Bischof als Stadtherren und den katholischen Herzögen von Savoyen abgrenzen und doch nicht zu sehr in die Abhängigkeit von Bern geraten. Calvin verfasste einen Katechismus sowie eine Gottesdienst- und Kirchenordnung. Dies führte bald zum Konflikt mit den führenden Genfer Familien, da er eine rigorose kirchliche, von der Stadtobrigkeit unabhängige Überwachung der Sittlichkeit und einen Ausschluss vom Abendmahl bei Verstößen durchsetzen wollte. Er verließ daraufhin Genf und ging nach Straßburg, wo er von 1538 bis 1541 die französische Flüchtlingsgemeinde betreute und am angesehenen Akademischen Gymnasium unterrichtete. Hier beeinflusste ihn Martin Bucer tiefgehend in seinem Ideal einer Kirchenordnung und in der zu errichtenden Ämterstruktur, die neben Pastoren und Diakonen auch Lehrer vorsah, zudem Älteste, die die Sittenzucht überwachen sollten.

Calvins Theologie und die Neugestaltung des Genfer Kirchenwesens

In Genf hatten inzwischen die Anhänger Farels und Calvins die Oberhand gewonnen und riefen letzteren zurück. Nun konnte er eine Kirchenordnung (*Les ordonnances ecclesiastiques*) nach seinen Vorstellungen einführen. Seine Theologie, die er seit 1536 in immer neuen Auflagen des Handbuchs *Institutio Christianae religionis* als systematische Darstellung der biblischen Lehre ausarbeitete, wurde verbindlich. Gegen Abweichler ging man strikt vor. Der Mensch war zur rechten Gotteserkenntnis und -verehrung geschaffen. Da er aufgrund der Sünde Gott und sich selbst nicht mehr recht erkennen könne, musste sich Gott in der Hl. Schrift offenbaren, aus der der Sünder Erkenntnis seiner selbst und der Erlösung in Jesus Christus gewinnen könne. Da der Mensch sich selbst nicht zu erlösen vermag, bleibt er auf Gottes Gnade angewiesen. Damit hängt es vom unerforschlichen Ratschluss Gottes ab, welche Sünder gerettet werden und welche nicht, da kein Anspruch darauf bestehen kann (Prädestination). Christus ist uns priesterlicher Erlöser, Lehrer und Hirt. Als Erlöste sollen die Christen dem Gesetz Christi folgen. Hier ergab sich ein folgenschwerer Unterschied zum Luthertum: Dieses habe mit der Reformation der Lehre begonnen, die Reformation des Lebens aber nur inkonsequent verwirklicht. Die Anhänger Calvins glaubten, diese in einer „zweiten Reformation“ erst umsetzen zu müssen, indem katholisierende Bräuche abgeschafft werden und die sittliche Besserung des Lebens gefördert und überwacht wird.

Schweizer Einigung und Westeuropa

Calvin und Genf blieben nach Frankreich hin ausgerichtet, von wo zahlreiche Flüchtlinge kamen. Nach Straßburger Vorbild wurde in den 1550er Jahren ein akademisches Gymnasium errichtet, das Geistliche für die französische Diaspora ausbilden sollte. In der Abendmahlslehre wollte man zwischen Zürich und Wittenberg vermitteln. Eine Realpräsenz Christi im Sinne einer Gegenwart im Hl. Geist konnte zugestanden werden. Zwar konnte eine Einigung mit dem Luthertum nicht erzielt werden, doch gelang es immerhin im *Consensus Tigurinus* die Schweizer Reformation 1549 weitgehend zu einen, also v. a. mit Zürich, wo Bullinger die Kirche leitete; diese Einigung betraf neben der Abendmahlsfrage vor allem die Kirchenzucht. Abendmahl und Kirchenzucht blieben gerade in Auseinandersetzung mit den Lutheranern auch in Zukunft Gegenstand von Auseinandersetzungen. Während die Reformierten in Frankreich („Hugenotten“) eine Minderheit blieben, wurden in den Niederlanden die Anhänger Calvins immer einflussreicher. Sie wurden zunächst verfolgt und ins Exil getrieben, dann aber innerhalb der ständischen, antispanischen Opposition zur vorherrschenden Lehre. In den nördlichen Provinzen, die sich in der Union von Utrecht (1581) zusammenschlossen, konnte das Reformiertentum das offizielle Glaubensbekenntnis werden, auch wenn sich nur eine Minderheit der Bevölkerung diesem anschloss. Auch in Schottland etablierte sich seit den 1560er Jahren eine calvinistische Kirche; zahlreiche reformierte Gemeinden entstanden überdies in Osteuropa, v.a. in Polen und Ungarn. Bullingers zweites Helvetisches Bekenntnis wurde 1566 gedruckt und einte nahezu alle deutschsprachigen und zahlreiche osteuropäische reformierten Kirchen, zudem auch diejenige von Schottland.

Die wichtigsten Differenzen zwischen Luthertum und Reformiertentum in schematischer Gegenüberstellung

Lutherische Kirchen	Reformierte Kirchen
Realpräsenz im **Abendmahl** und eher katholische Zeremonien.	Geistpräsenz Christi im **Abendmahl** und stärker entkatholisierte Riten und Gebete.
Kein *Tertius usus legis*: Das **Gesetz** ist für den Christen nicht heilsentscheidend, auch wenn er Christus im Leben nachfolgen soll und will.	Es gibt für die Christen einen **Tertius usus legis:** Die Reformation der Lehre muss durch eine Reformation des Lebens vollendet werden.
Ablehnung der Spekulation über die **Prädestination** Gottes: Gottes Wille für mich nur an Christi Liebe ablesbar.	Die Lehre von der **Prädestination** ist die Konsequenz aus der Ungeschuldetheit der Rechtfertigung, da das Heil dann nicht vom Wollen des Sünders, sondern von Gottes Willen abhängt.
Häufig, nicht immer: **Konsistoriale Kirchenverfassung** mit Notbischofsamt der Landesherrn und Konsistorium als Leitungsbehörde.	Häufig eher **synodale Kirchenverfassung,** da Diasporagemeinden sich von unten zu einer kirchenleitenden Synode zusammenschlossen.
Kirchenausstattung mit Kanzel, Altar und Bildern und Totenmemoria auf Friedhöfen	Meist **Kirchenausstattung** ohne Altar und Bilder, Abendmahlfeier auf Tisch; tendenziell Ablehnung des Totengedenkens auf Friedhöfen.

4. Die Reformation in England

Englands eigener Weg

Kirchenpolitik Heinrichs VIII.

In England nahm die Reformation einen deutlich anderen Verlauf als auf dem Kontinent. Wie in einigen anderen europäischen Staaten gab es ein ausgeprägtes königliches Kirchenregiment. Strömungen, die die kontinentale Reformation rezipierten, wurden von König Heinrich VIII. (1491/1509-1547) und seinem Ratgeber, Kardinal Thomas Wolsey (1472/74-1530), strikt abgelehnt. Der Konflikt, der den König vom Papst entzweite, erwuchs aus seiner Ehe mit Katharina von Aragon (1484-1536), die der König mit päpstlicher Dispens geheiratet hatte, da es sich um die Witwe seines Bruders handelte. Sie hatte mehrere Totgeburten und Heinrich so nur eine Tochter, Maria (1516/1555-1558), lebend geboren, die nicht legitim den Thron erben konnte. Der König wollte deshalb die Hofdame Anne Boleyn (wohl 1507-1536) zur Frau nehmen und einen legitimen Thronfolger zeugen. Wolsey versuchte beim

Papst die Nichtigkeitserklärung der rechtlich umstrittenen ersten Ehe zu erreichen, doch wusste der Neffe Katharinas, Kaiser Karl V., dies zu verhindern. Um Gutachten gebetene Universitäten waren uneins. Daraufhin ließ der König sich 1532 zum obersten Gesetzgeber der Kirche von England erklären und machte seinen Rat Thomas Cranmer (1486-1556) zum Erzbischof von Canterbury, der die erste Ehe für nichtig erklärte. Im *Act of Supremacy* sagte sich die englische Kirche 1534 formell von Rom los. In der Folge wurden die Klöster aufgehoben und deren Besitz von der Krone eingezogen; insgesamt blieb das Kirchenwesen aber weitgehend unverändert und von Bischöfen geleitet. Anne Boleyn, die keinen Sohn gebar, wurde wegen angeblichen Ehebruchs hingerichtet und ihre Tochter Elisabeth (1533/1558-1603) für illegitim erklärt. Schließlich gebar ihm Jane Seymour (1507-1537) den Thronfolger Eduard (1537/47-1553).

Protestantisierungs- und Rekatholisierungsversuch

Als der vom Papst exkommunizierte König 1547 starb, existierte ein äußerlich weitgehend katholisches Kirchenwesen, doch stand Eduard VI. unter dem Einfluss protestantischer Lehrer. Protestantische Flüchtlinge vom Kontinent wie Martin Bucer gewannen an Einfluss. Bucer überarbeitete das 1549 erstmals erschienene *Book of Common Prayer* bis 1552 mit einer weitgehend protestantischen Liturgie. Ein Jahr später starb Eduard und Heinrichs älteste Tochter Maria, eine katholische Halbspanierin, konnte ihren Erbanspruch durchsetzen. Kardinal Reginald Pole (1500-1558) sollte die Rekatholisierung durchführen. Jedoch weigerte sich das Parlament, das Kirchengut zu restituieren. Die Ehe mit dem spanischen König Philipp II. (1527-1598) und die Hinrichtung protestantischer Anführer hatten Maria viel Feindschaft eingebracht, auch wenn sie sich auf den niederen Adel stützen konnte. Noch ehe die Rekatholisierung effektiv durchgesetzt werden konnte, starb sie jedoch.

Kompromiss Elisabeths I. und der Puritanismus

Nachfolgerin wurde ihre Halbschwester Elisabeth I. Sie musste in der Religionsfrage einen Kompromiss finden. Protestantisch erzogen wollte sie stärker an die gemäßigte Position ihres Vaters anknüpfen. Liturgie und bischöfliche Kirchenverfassung knüpften wieder mehr an die katholische Tradition an: 1559 erfolgte die Weihe von Matthew Parker (1504-1575) zum Erzbischof von Canterbury, so dass man sich wieder in der bischöflichen Sukzession sah. Dagegen entwarfen die Bischöfe 1563 mit den 39 Artikeln eine Glaubensnorm, die auch an reformierte kontinentale Traditionen anknüpfte. Was eine *via media* sein sollte, die das religiöse Pulverfass entschärfen wollte, wurde mit dem Konsens der ersten fünf christlichen Jahrhunderte gerechtfertigt, an deren Kirchenwesen die englischen Bischöfe wieder anknüpfen würden. Opposition erwuchs in den radikalen Puritanern, die das Land von den katholisierenden Bräuchen der königlichen Kirche befreien wollten, aber auch von Seiten der katholischen Kirche, von der man eine geheime Einwanderung von im Ausland ausgebildeten Priestern und auch Anschläge auf die Königin fürchtete. Gegen beide ging die Königin rigoros vor. Die Puritaner, die überwiegend eine presbyterale Kirche und eine strenge Sonntagsheiligung gemäß des Sabbatgebots in Ex 20 forderten, wurden zwar aus den Ämtern gedrängt, blieben aber einflussreich. Im 17. Jahrhundert entlud sich diese Spannung nach dem Tod der Königin in den englischen Bürgerkriegen.

Irland und Schottland

Unter Elisabeth I. verbreitete sich der anglikanische Protestantismus auch in Irland, wo der alteingesessene Adel und Teile der Bevölkerung Widerstand leisteten und am katholischen Glauben festhielten. Dagegen hatte sich in Schottland mit der *Confessio scotica* 1560 neben dem katholischen Kirchenwesen eine eigenständige presbyteral geleitete, reformierte Kirche etabliert. Die schottischen Stuart-Könige versuchten, in diese schottische Kirche eine Bischofsverfassung zu implementieren und sie so stärker unter Kontrolle zu bekommen. 1603 wurde der schottische König Jakob I. (1566–1625) auch König von England. ■

Auf einen Blick

Ausgehend von Zürich entwickelte sich im Reformiertentum ein eigenständiger Zweig der Reformation, der theologisch zunächst stark von Zwingli und dann von Calvin geprägt wurde. In der gottesdienstlichen Praxis wollte man konsequenter die katholischen Bräuche ablegen und das Leben der Christen strenger als in Wittenberg am Gesetz Gottes orientieren. Hinzu kamen die Differenzen in der Abendmahls- und Prädestinationslehre, die eine Einigung mit dem Luthertum unmöglich machten. Dagegen blieben täuferische und spiritualistische Strömungen, die eine Gemeinde der Reinen jenseits des obrigkeitlichen Konfessionsstaats anstrebten, meist verfolgte Minderheiten. Die eigene Prägung der Reformationsgeschichte in England führte schließlich zum Anglikanismus, der eine nahezu katholische Kirchenverfassung und Liturgie mit einer eher protestantischen Glaubensüberzeugung verband, die den dortigen puritanischen Strömungen aber als unzureichend erschien.

Literaturhinweis

Arthur Geoffrey Dickens, The English Reformation, London ^{2}1999. *Standardwerk zur englischen Reformationsgeschichte.*

Bernd Hamm, Zwinglis Reformation der Freiheit, Neukirchen-Vluyn 1988. *Stringente Zwingli-Deutung vor dem Hintergrund der spätmittelalterlichen Religiosität.*

Thomas Kaufmann, Die Täufer. Von der radikalen Reformation zu den Baptisten, München 2019. *Konzise, neue Gesamtdarstellung.*

Hubertus Lutterbach, Das Täuferreich von Münster. Wurzeln und Eigenarten eines religiösen Aufbruchs, Münster 2007. *Neuere Darstellung des Münsteraner Täuferreichs in dezidiert religionsgeschichtlicher Fragestellung.*

Christoph Strohm, Johannes Calvin. Leben und Werk des Reformators, München 2009. *Kenntnisreiche, knappe Einführung in Calvins Leben und Denken.*

V. Katholische Reform und Erneuerung

Überblick

Auch in den katholischen Gebieten entwickelten sich aus der Frömmigkeitsdynamik des Spätmittelalters heraus zahlreiche Reformströmungen. In diesem Zuge entstanden neue Ordensgemeinschaften wie die Jesuiten, die bald eine wichtige Rolle im katholischen Bildungswesen einnehmen sollten, oder auch neue Frauengemeinschaften zur Mädchenerziehung. Das Konzil von Trient (1545–1563) zielte einerseits auf eine Reform der Kirche, andererseits auf eine lehrmäßige Abgrenzung zum Protestantismus. Es konnte erst nach der Überwindung starker Widerstände zusammentreten. Auf dem Konzil rangen unterschiedliche Strömungen und Konzepte miteinander; als es zu Ende ging, gelang es dem Papsttum aber, ein Interpretationsmonopol über dessen Beschlüsse durchzusetzen und einen Teil der Reformansätze zu marginalisieren.

1522	Generalbeichte des Ignatius von Loyola im Kloster Montserrat
1536/38	Gescheiterte Konzilsberufung nach Mantua bzw. Vicenza
1540	Bestätigung des Jesuitenordens
1542	Gründung der römischen Inquisitionskongregation (*Sanctum Officium*)
13.12.1545	Eröffnung des Konzils in Trient
1564	Bestätigung des Konzils durch den Papst und Gründung der Konzilskongregation
1588	Kurienreform durch Papst Sixtus V.

1. Ansätze und Dynamiken einer Kirchenreform

Kleruskritik und Reformmaßnahmen

Die reformatorische Predigt löste unterschiedliche Reaktionen aus. Neben begeisterter Zustimmung und strikter Ablehnung herrschte auch eine abwartende, interessierte Neugier. Gerade jene Fürsten und Obrigkeiten, die sie als Neuerung ablehnten, fragten nach den Gründen, weshalb die Anhänger Luthers und Zwinglis so viel Zulauf bekamen und wie man dies unterbinden könne. Im Sommer 1524 trafen sich Österreich, Bayern und zahlreiche süddeutsche Bischöfe auf Einladung des päpstlichen Gesandten Lorenzo Campeggio (1474-1539) in Regensburg und schlossen sich zu einem ersten antireformatorischen Bündnis zusammen. Beschlossen wurden restriktive Maßnahmen, Verbote, Kontrolle und gegenseitiger Beistand. Die weltlichen Fürsten gaben dem Klerus die Schuld, dass sich die neuen Lehren ausbreiten konnten. Mit dessen Lebensweise sei das Volk unzufrieden und fordere eine Reform. So wurde eine Reformordnung beschlossen, die die Normen des kirchlichen Rechts in Bezug auf die Lebensweise der Kleriker einschärfte und dessen Abgabenforderungen gegenüber den Laien reglementierte. Die Überzeugung, dass die Unzufriedenheit mit den Geistlichen der wahre Grund für die Ausbreitung der Lehren Luthers sei, kehrte seither immer wieder und führte zu zahlreichen Reformmandaten.

Gründe für die Kleruskritik

Von Seiten der Bischöfe und des Klerus wurden diese Vorwürfe meist zurückgewiesen. Tatsächlich wird die Lebenspraxis der Geistlichen nicht schlechter gewesen sein als die in den vorigen Jahrhunderten. Die erhöhten finanziellen Forderungen gegen die Laien lassen sich durch sinkende Einnahmen des Klerus aus den Benefizien erklären. Dennoch offenbart die Kleruskritik eine grundlegende Dynamik: Zwar mag die Lebensweise des Klerus sich im Vergleich zu früheren Zeiten kaum verändert haben, die Ansprüche an diesen wuchsen aber. Vielen Gläubigen war es wichtig, dass der Geistliche, der das Messopfer und das Stundengebet für sie vollzog, selbst so lebte, dass es Gott wohlgefällig war. Hinzu kam, dass immer mehr Menschen, vor allem in den Städten, Lesen und Schreiben konnten und damit auch die Ansprüche an die Bildung der Geistlichen stiegen. Diese hatten nicht mehr nur stellvertretend für die Gemeinde zu beten, das Messopfer darzubringen und die Sakramente zu spenden, sondern sollten auch predigen und unterrichten, bei wichtigen Lebensfragen Orientierung geben und zu einem vertieften christlichen Leben anleiten und Vorbild sein.

Klerusreform als Bildungsreform

Um diesem neuen Anspruch gerecht werden zu können, musste der Klerus eine bessere Bildung erhalten. Bislang hatte es für viele genügt, die lateinische Sprache zu beherrschen und damit die Riten für die Gemeinde korrekt sprechen zu können. Eine Klerusreform ließ sich de facto kaum durch Gebote und Mandate, sondern nur durch eine verbesserte Ausbildung erreichen, die es aber erst einmal zu finanzieren und zu institutionalisieren galt. Die altgläubige Reaktion auf die reformatorische Lehre knüpfte an die vielen Postulate an, die im späten 14. und im 15. Jahrhundert eine Reform der Kirche an Haupt und Gliedern forderten und einen intensiven Reformdiskurs hervorgebracht haben. Reformen erwartete man vom Papst und seiner Kurie, von den Bischöfen, den einfachen Geistlichen und von den weltlichen Institutionen, ebenso von jedem Einzelnen in seinem persönlichen Leben.

Reformen und Neuaufbrüche im Bereich der Orden

Observanzbestrebungen

Debatten um eine Reform betrafen nicht nur den Weltklerus, sondern auch die Ordensgeistlichen. Bei diesen, etwa auch in Luthers Orden der

Augustinereremiten, hatten sich schon im Spätmittelalter Reformströmungen und Reformverbünde gegründet, die die Rückkehr zu strenger Regeltreue (Observanz) forderten. Häufig kam es zu schweren Verwerfungen innerhalb des Ordens, teilweise sogar zu Spaltungen. Inhaltlich forderten die Reformer dabei meist den strengen Verzicht auf jede Form von Privateinnahmen und -vermögen, strengere Fasten- und Essensvorschriften und die Rückkehr zu striktem Gemeinschaftsleben. Schon diese Forderungen machen deutlich, dass auch die Reformunwilligen nicht einfach nur durch Laxheit und Bequemlichkeit motiviert waren: Neben den Aufgaben des Gebets und der asketischen Selbstheiligung haben die Orden seit dem Mittelalter immer mehr auch Predigt und Seelsorge übernommen. Dies erforderte eine gewisse Flexibilität im Umgang mit der Regel, etwas was den zeitweisen Aufenthalt außerhalb der Gemeinschaft betraf. Bereits die Bettelorden des Mittelalters hatten im Dienst an der Seelsorge auf gewisse monastische Lebensformen der alten Mönchsgemeinschaften verzichtet.

Die Ansprüche der Seelsorge führten im 16. Jahrhundert aber auch zur Entstehung neuer Orden. Das Bedürfnis nach intensivierter Seelsorge wurde in ihnen auf eine neue Weise mit dem alten Ideal der besonderen Nachfolge Jesu in Ehelosigkeit, Armut und Gehorsam verknüpft.

Ignatius von Loyola

Die wohl wichtigste dieser neuen Ordensgemeinschaften wurden die Jesuiten. Eine Kriegsverletzung hatte den baskischen Adeligen Ignatius (Íligo) von Loyola (1491–1556) an das Krankenbett gefesselt, wo ihn die Lektüre christlicher spiritueller Literatur zu dem Entschluss brachte, anstatt für weltliche Ehre künftig für die größere Ehre Gottes zu kämpfen. Anfangs dachte Ignatius dabei vor allem an die Überfahrt ins Heilige Land und die Verteidigung der dortigen Heiligen Stätten. Nach einer Beichte über sein bisheriges Leben (Generalbeichte) im Kloster Montserrat musste er in Manresa monatelang auf eine Gelegenheit zur Überfahrt warten. Skrupeln und Anfechtungen, die seine Beichte und seinen Entschluss in Frage stellten, begegnete er mit einer „Unterscheidung der Geister“: Gedanken, die Frieden und Heiterkeit im Inneren erzeugten, stammten von Gott, während solche, die depressiv und unruhig machten, teuflischen Ursprungs waren und abgewiesen werden sollten. Methodisch die Seele von schlechten Impulsen und Affekten zu reinigen, war ein Ziel, das daraus erwuchs und in die Praxis der Exerzitien (geistliche Übungen; *exercitia spiritualia*) mündete. Diese erprobte Ignatius sowohl an sich selbst als auch an anderen und arbeitete sie schließlich in seinem Exerzitienbuch schriftlich aus.

Gesellschaft Jesu

Ignatius entschloss sich schließlich zum Universitätsstudium, nachdem die Fahrt ins Hl. Land dort keine wirkliche Aufgabe für ihn erschloss. Während seiner Studien gab er weiterhin die Exerzitien an Interessierte, was den Argwohn der Inquisition nährte, so dass er schließlich an die Pariser Universität auswich. Am 15. August 1534 schwor er dort auf dem Montmartre mit sechs Gefährten einen Eid, arm und ehelos zu leben und zur Mission ins Hl. Land aufzubrechen. Dies sollte von Venedig aus geschehen, erwies sich aber als unmöglich, so dass sie sich stattdessen in die Verfügung des Papstes begaben, der sie dorthin senden sollte. Auf dem Weg nach Rom erhielt Ignatius in einem seiner vielen visionären Erlebnisse Klarheit darüber, dass die Gemeinschaft der Gefährten „Gesellschaft Jesu" (*Societas Jesu*, abgekürzt SJ) heißen sollte. Nach längerem Ringen an der Kurie wurde diese 1540 offiziell vom Papst bestätigt und Ignatius wurde bald darauf zu deren ersten Ordensgeneral gewählt.

Aufbau und Spiritualität

Der Aufbau des neuen Ordens unterschied sich von den bisherigen Gemeinschaften. Im Interesse von Apostolat und Seelsorge wurde auf das Gemeinschaftsleben, gemeinsames Stundengebet und gemeinsame Kleidung verzichtet. Der Aufbau erfolgte strikt hierarchisch: Der Ordensgeneral wurde auf unbegrenzte Zeit gewählt und sollte umfassende Entscheidungskompetenz haben. Ihm stand ein elaboriertes System der Beratung, aber auch der Information zur Verfügung, nach dem die Jesuiten in der Peripherie über ihre Mitbrüder gegenseitig Bericht erstatteten. Kennzeichnend wurde eine Spiritualität, die Gott in allen Dingen, nicht nur in einem monastischen, von der Welt unterschiedenen Bereich, finden wollte. Alle Kräfte sollten auf das Apostolat im Gehorsam gegen die Oberen konzentriert werden. Die Bereitschaft hierzu erwuchs auch aus der Spiritualität der Exerzitien. Sie zielten auf eine Umgestaltung des Seelenlebens, die gegenüber allen irdischen Dingen indifferent werden ließ, um zu einem *sentire cum ecclesia* (so wie die Kirche fühlen) und den gehorsamen Verzicht auf den Eigenwillen geführt zu werden.

Kolleg- und Bildungssystem

Die schnell wachsende Gesellschaft Jesu übernahm ab 1547 vielerorts die gymnasiale und universitäre Lehre und Erziehung und erfüllte so das Anliegen zahlreicher Fürsten. Die Gründung von Kollegien, deren Patres Seelsorge ausübten und kostenlos akademischen bzw. gymnasialen Unterricht erteilten, erwies sich als Erfolgsgeschichte, auch weil meist keine anderen Lehrkräfte zur Verfügung standen. Die Gründung solcher Jesuitenkollegien bedeutete für die Landesherren einen erheblichen finanziellen Aufwand, der vielerorts nur durch die Einziehung des Besitzes ehemaliger Klöster der alten Orden möglich wurde. Daneben wirkten „Jesuiten", wie die Mitglieder der Gesellschaft Jesu bald bezeichnet wurden, auch als Missionare und Seelsorger, auch an Fürstenhöfen, und als theologische Schriftsteller. Die umfangreiche Ausbildung war durch Unterbrechungen und Experimente gekennzeichnet, die den Eigenwillen des Einzelnen zugunsten eines sich ganz der Kirche zur Verfügung Stellens aufbrechen sollten. Bald besaßen die Jesuiten in katholischen Gebieten mit ihren Kollegien vielerorts eine Art Monopol in Bezug auf das höhere Bildungswesen.

Weitere neue Seelsorgsorden

Seelsorge als Zweck der Gemeinschaft prägte auch andere Gründungen der Zeit. Viele gingen aus Bruderschaften bzw. Gemeinschaften hervor, die zusammen ein intensiveres christliches Leben der Selbstheiligung und des Gebetes führen wollten. So entstand beispielsweise das Oratorium um Filippo Neri (1515–1595) aus einer von ihm gegründeten Bruderschaft zur Unterstützung von armen Rompilgern und Kranken. Ähnlich entwickelten sich die Theatiner in Rom und die Somasker in Venedig, die bald als Priestergemeinschaften, ähnlich wie die in Mailand gegründeten Barnabiten, Seelsorge mit Gemeinschaftsleben in Armut, Keuschheit und Gehorsam verbanden und auf ein gemeinsames monastisches Leben verzichteten. Für die Seelsorge bildete sich in der Frühen Neuzeit faktisch eine Zweiteilung aus: Das Pfarreien- und Benefiziennetz wurde in der Regel mit Weltpriestern besetzt, während Schulen, Wallfahrtsorte, Predigt- und Beichtkirchen in den Städten vielfach von Ordensleuten betreut und unterhalten wurden. Zahlenmäßig waren hier die Niederlassungen der Bettelorden am wichtigsten, wobei die Franziskaner die größte Gruppe stellten. Für diese war nicht nur die endgültige Aufspaltung von 1517 in einen reformierten (Franziskanerobservanten) und einen nichtreformierten Zweig (Minoriten) prägend, sondern auch die franziskanische Neugründung der Kapuziner. Diese wollten in Italien ursprünglich das Leben des Franziskus (1181/82–1226) und seiner Gefährten strikt erneuern und trugen deshalb anfangs auch stark einsiedlerische Züge. Im 17. Jahrhundert wurden sie neben den übrigen Franziskanern der wichtigste Seelsorgeorden, der neben Predigt und Beichte vor allem Bruderschaften von Laien und die Verehrung des Kreuzes und des Kreuzwegs des Herrn propagierte. Viele Wallfahrtsorte wurden von ihnen und den Franziskanern betreut.

Neue Frauenorden zwischen selbstbestimmtem Apostolat und kontrollierter Klausur

Zwischen Zwang zur Klausur und Emanzipation

Auch christliche Frauen suchten nach neuen Formen für ihr religiöses Leben. Hier gab es zwei gegenläufige Tendenzen. Im Spätmittelalter entstanden zahlreiche ordensähnliche Zusammenschlüsse von Frauen, die ein vertieftes religiöses Leben in Gemeinschaft anstrebten, jenseits der traditionellen, streng von der Welt geschiedenen Welt der monastischen Nonnenklöster. Mit diesen Formen halbinstitutionalisierten Ordenslebens (Semireligiosentum) verbanden sie ein Wirken in der Gesellschaft und für den eigenen Unterhalt, besonders beim Totengebet und der Totenmemoria für Stifter und Wohltäter, oder bei der Herstellung und dem Verkauf von Textilien. Hinzu kamen mitunter die Krankenpflege, das Erteilen von Unterricht oder ein Glaubenszeugnis in Wort und Beispiel. Dem gegenläufig war das Streben der kirchlichen Amtsträger nach Regulierung und Kontrolle der Frauengemeinschaften, die nach Möglichkeit unter eine Ordensregel gestellt und durch Klausur von der Welt geschieden werden sollten. Dennoch gelang es in der Frühen Neuzeit Frauengemeinschaften, Frauen im Lesen, Schreiben und Rechnen, auszubilden, sie im Katechismus zu unterweisen und selbst im Apostolat tätig zu sein. Ihr auf die Gottes- und Nächstenliebe ausgerichtetes Wirken hatte damit durchaus eine emanzipatorische Wirkung.

Ursulinen, Katharinenschwestern und Englische Fräulein

In Brescia sammelte sich um Angela Merici (1474–1540) eine Gruppe von Frauen, die weiter in der Welt lebten, aber gemeinsam beteten und Kranken- und Armenfürsorge betrieben. Nach dem Tod der Gründerin, die eine erste Regel verfasst hatte, wurde die nach der hl. Ursula benannte Gemeinschaft (Ursulinen) in die Bahnen bisheriger Orden mit Klausur, Ordenshabit und bischöflicher Aufsicht gelenkt. Zu ihren Aufgaben gehörte die Betreuung von Waisenmädchen, woraus sich mit der Zeit die Unterrichtung von Mädchen entwickelte. Im 17. Jahrhundert gründeten sie zahlreiche Mädchenschulen. 1639 entstand in Köln das erste deutsche Ursulinenkloster.

Auch die in Braunsberg (Ermland/Ostpreußen) von Regina Protmann (1552–1613) gegründete Gemeinschaft der Katharinenschwestern lebte anfangs nicht in Klausur und engagierte sich in der Armen- und Krankenpflege sowie im Erteilen des Katechismusunterrichts. Seit dem 17. Jahrhundert gründeten sie eigene Mädchenschulen. In der 1602 approbierten Regel wurden ihnen diese Tätigkeiten außerhalb des Klosters erlaubt. Auch Mary Ward (1585–1645), aus englischem katholischen Adel stammend, gelang es nicht, eine Frauengemeinschaft, die ohne Klausur ganz dem Apostolat gewidmet sein sollte, zu etablieren. Ihr Ideal eines weiblichen Pendants zu den Jesuiten, die Mary spirituell während ihres Aufenthalts in Flandern geprägt hatten, stieß auf den Widerstand des Papstes und der Kurie; sie wurde mehrere Wochen in Rom eingesperrt und von der Inquisition verhört. Trotzdem gelang es ihr, in München eine Niederlassung mit Pensionat und Schule zu etablieren. Die Gemeinschaft der „Englischen Fräulein“ wurde erst 1703 vom Papst bestätigt, wobei man auch ihnen die Klausur aufnötigte und sie unter klerikale Kontrolle stellte. Obwohl dadurch ein selbstbestimmtes religiöses Leben und ein aktives Apostolat reguliert und beschnitten worden sind, gab es in diesen und vielen anderen Ordensgemeinschaften, etwa den 1597 in den Vogesen gegründeten „Chanoinesses de Saint-Augustin de la congrégation Notre-Dame“, doch eine Lebensform, die Kenntnisse und Professionalität erforderte und eine in gewissem Rahmen selbstbestimmte und aktive Berufsausübung ermöglichte.

Auch im katholischen Bereich dominierte das Rollenideal, nach dem Frauen für das Haus und die Familie zuständig seien und deshalb – abhängig vom gesellschaftlichen Stand – andere und weniger Kenntnisse benötigten als Männer. Mädchenschulen mit weiblichen Lehrerinnen aus dem Ordensstand wurden im 17. Jahrhundert dennoch zu einer katholischen Eigenheit. Die evangelischen Mädchenschulen, an denen Lehrerinnen unterrichteten, wurden nach 1600 oft kritisch gesehen und die Lehrerinnen oft durch Lehrer abgelöst. Frauen hatten außer ihrer Rolle im Haus als Hausmutter hier kaum noch Alternativen, auch wenn ein partnerschaftliches Geschlechterideal propagiert wurde.

2. Das Ringen um ein Reformkonzil

Die Forderung nach einem Konzil

Der Gedanke einer Reform der Kirche war seit dem Spätmittelalter eng mit der Forderung eines Konzils verbunden. Konzilien wurden als höchste gesetzgeberische Instanz der Kirche verstanden und – anders als der Papst, dessen Interessen einer Reform im Wege stünden – als die entscheidende gesamtkirchliche Reforminstanz angesehen. Es war naheliegend, dass die Päpste ein Konzil vermeiden wollten, da sie ein Wiederaufleben des Konziliarismus fürchteten. Umso mehr wurde ein „freies", christliches Konzil schon in den 1520er Jahren von den Anhängern Luthers gefordert. Dieser hatte bereits gegen die päpstliche Verurteilung an ein allgemeines Konzil appelliert. Auch der Kaiser und viele Katholiken schlossen sich dem Konzilswunsch an, sahen sie doch Reformbedarf und wollten die Einheit der Kirche bewahren.

Widerstände und Scheitern

Einem Konzil standen zunächst politische Gründe entgegen. Solange sich der Habsburger Kaiser mit Frankreich im Krieg befand, war ein allgemeines Konzil, das von allen Nationen beschickt werden sollte, kaum möglich. Frankreich und der auf dessen Seite stehende Papst Clemens VII. (1523–1534) hatten zudem wenig Interesse daran, dass der Kaiser die religiöse Zwietracht im Reich beilegte und dadurch seine Macht stärkte. So sperrte sich der Papst als Instanz, die das Konzil einzuberufen hatte. Erst sein Nachfolger, Papst Paul III. (1534–1549), wollte sich – noch immer wenig überzeugt – dem kaiserlichen Drängen nicht mehr verschließen. Er berief ein Konzil für 1537 zunächst nach Mantua, dann nach Vicenza ein. Jedoch erschienen kaum Teilnehmer und die halbherzige Einberufung wurde wieder zurückgenommen. Gegen den kaiserlichen Willen wollte der Papst unbedingt an Italien als Austragungsort festhalten, um leichter die Kontrolle behalten zu können. Schließlich einigte man sich auf das weiter nördlich gelegene Trient, das noch Teil des Hl. Römischen Reiches war. Eine Einberufung dorthin für das Jahr 1542 musste noch einmal verschoben werden. Am 13. Dezember 1545 konnte das zunächst nur sehr spärlich besuchte Konzil in Trient eröffnet werden.

Evangelismo versus Inquisition

In Italien standen sich verschiedene Strömungen gegenüber. Die eine war überzeugt, dass ernsthafte Reformen dringend nötig seien. Sie war vom sog. *Evangelismo* beeinflusst. Darunter versteht man fromme Kreise, die durch den Humanismus, etwa Erasmus von Rotterdam (ca. 1467–1536) mit seiner Orientierung an den Anfängen, aber auch durch die Gnadenlehre des Paulus und des Augustinus geprägt waren und durch volkssprachliche Bibeln eine Erneuerung und Vertiefung des Glaubens auch der Laien wollten. Weit verbreitet war in Italien das Betrachtungsbuch Beneficio di Cristo (1543) des Benediktiners Benedetto Fontanini (1495–1556). In Neapel hatte sich um den aus Spanien geflohenen Humanisten Juan de Valdés (1490–1541) ein geistlicher Reformkreis gesammelt, der nach dessen Tod teilweise beim päpstlichen Kardinallegaten von Viterbo, Reginald Pole, eine Heimat fand. Dass allein die Gnade Christi uns rechtfertigt, war die Entdeckung des Venezianers Gasparo Contarini (1483-1542), der wie Pole (1535) zum Kardinal erhoben wurde. Zeitgenössisch wurden die Anhänger dieser Richtung oft *spirituali* genannt. Andere wie Gian Pietro Carafa (1476-1559), der Gründer der Theatiner und spätere Papst Paul IV., sahen in solchen Maßnahmen den ersten Schritt hin zu einer Protestantisierung Italiens, zumal die Schriften der Reformatoren ins Land eindrangen. Von Nöten sei eine strengere Überwachung. So wurde 1542 eine Oberbehörde für die vielen lokalen Inquisitionsgerichte gegründet, die, geleitet von Kardinälen, die Reinheit des Glaubens überwachen sollte (*Sanctum Officium*). Humanistische Schriften, auch die des **Evangelismo** und sogar die Bibeln in der Volkssprache, müsse man wie die protestantischen Bücher verbieten.

Stichwort

Evangelismo/Evangelismus

Evangelismus ist ein Forschungsbegriff, den der Historiker Pierre Imbart de la Tour (1860–1925) geprägt hat, um kirchenreformerische Strömungen in Frankreich zu bezeichnen, die weder klar protestantisch noch katholisch zu sein schienen. Vor einem ähnlichen Problem standen bald spanische und italienische Forscher. Innerhalb der dortigen Strömungen gab es eine große Bandbreite. Als Gemeinsamkeiten ließen sich eine Orientierung am Humanismus, v.a. an Erasmus von Rotterdam, das Streben nach einer spirituellen Erneuerung der Kirche, die Orientierung an der Bibel, der Kampf für Bibelübersetzungen in der Volkssprache und schließlich auch die (paulinische) Entdeckung, dass es nicht unsere Werke sind, sondern die Gnade Christi ist, durch die wir erlöst werden, nennen.

Kaiserliche versus päpstliche Konzilsidee

Ein ähnlicher Antagonismus bestimmte auch die Konzilsideen von Kaiser und Papst. Ersterer wollte Reformen und ein Aufgreifen von berechtigten Anliegen der Protestanten, um die Glaubenseinheit wiederherzustellen. Letzterer fürchtete eine Protestantisierung durch Kompromisse und wollte die Kontrolle über das Konzil behalten. Vor allem sollten sich die Reformen nicht gegen die Amtsausübung des Papstes und seiner Kurie richten, die auf ihre vielfach kritisierten und als Ursache vieler Missbräuche identifizierten Einnahmen angewiesen waren. Auch sollte verhindert werden, dass das Konzil sich gegen die Stellung des Papstes wenden könnte. So setzte der Papst bei der Konzilseinberufung Sicherungs- und Kontrollmechanismen durch. Das Konzil sollte von päpstlichen Legaten geleitet werden, die ständig in Rom Bericht erstatteten und von dort Weisungen erhielten. Nur sie hatten das Recht, die Tagesordnung festzulegen. Überdies behielt sich der Papst ausdrücklich die Bestätigung der Beschlüsse vor. Hier kann man die Frage stellen, wie frei die Konzilsväter wirklich waren; ob das Konzil nicht ein letztlich vom päpstlichen Rom aus dirigiertes Marionettentheater war, wie es der erste Geschichtsschreiber der Versammlung, der venezianische Servitenpater Paolo Sarpi (1552–1623) behauptete. Zu konstatieren ist, dass der Kaiser und die übrigen Fürsten von der eigentlichen Konzilsberatung erstmals ausgeschlossen wurden. Ihr Einfluss und derjenige der mit ihnen verbundenen Bischöfe war aber groß genug, dass die Päpste darauf Rücksicht nehmen mussten. Ein gewisser Freiheitsspielraum blieb und die heikle Frage nach einer Verhältnisbestimmung von Papst und Konzil (Bischöfen) vermied man, einer der Gründe, weshalb das Konzil keine offizielle Geschäftsordnung bekommen hat.

Das Konzil von Trient: Verlauf und Ergebnisse

Debatte um die Hl. Schrift

Ein erster Kompromiss zwischen kaiserlicher und päpstlicher Partei bestand darin, Kirchenreform und Glaubenslehre (mithin Brückenbau zu den Protestanten und Abgrenzung von diesen) parallel zu behandeln. Die Debatten wurden zunächst meist von den anwesenden Theologen, vor allem aus den Orden, geführt, auch wenn nur die Bischöfe und wenige Ordensgenerale beschließendes Stimmrecht bekamen. Man entschied sich, zunächst über die Hl. Schrift als die Norm und die Grundlage des Glaubens zu verhandeln. Die Vulgata, die bislang gebräuchliche lateinische Bibelübersetzung, wurde als legitime Grundlage der kirchlichen Verkündigung bestätigt. Auch der Umfang des alttestamentlichen Kanons wurde bestätigt. Humanisten und Protestanten hatten Kritik an dieser Übersetzung und an einigen, scheinbar „apokryphen“, also nicht authentischen, alttestamentlichen Büchern geübt, die zwar Teil der Septuaginta waren, aber nicht in den hebräischen Kanon aufgenommen worden waren. Immerhin wurde weder das Forschen am Originaltext verboten noch das Anfertigen von Bibelübersetzungen in die Volkssprachen in den Ländern, in denen sie bereits gebräuchlich waren. Geregelt wurde auch, dass Bibelstellen im Sinn der Kirche, d.h. nicht gegen den Konsens der Kirchenväter, ausgelegt werden müssen. Außer durch die Hl. Schrift komme die göttliche Offenbarung auch durch die mündliche Überlieferung zu uns, die faktische Glaubensweitergabe in der Kirche. Diese sei deshalb genauso wie die Bibel zu verehren, ohne dass das Verhältnis der beiden zueinander genauer bestimmt wurde.

Sünde und Rechtfertigung

Das Konzil wandte sich dann den zentralen und umstrittenen Fragen von Sünde und Gerechtmachung des Menschen zu. Der Vorwurf, dass nach der katholischen Kirche die Menschen durch eigene gute Werke das Heil selbst erarbeiten können, sollte entkräftet werden. Vielmehr sei es dem Sünder unmöglich, sich aus eigener Kraft die Gerechtigkeit vor Gott zu verdienen, da die Sünde des ersten Menschen durch Abstammung auf alle Menschen übergegangen sei. Hier wurden Lehraussagen altkirchlicher Synoden bekräftigt, die sich wiederum auf die Lehre des Augustinus stützten. Die Erbsünde wurde dann aber vor allem als ein Mangel an der heiligmachenden Gnade gedeutet, jener geschenkten Eigenschaft (Gerechtigkeit), die den Menschen vor Gott wohlgefällig mache. Der Prozess, in dem der sündige Mensch vor Gott durch Glauben und Taufe bzw. Bußsakrament wieder gerecht werden konnte, wird als Rechtfertigung bezeichnet. Hier sollte gegen die Vorwürfe der Protestanten erklärt werden, dass der Anfang des Heils und die Gnade nicht durch Verdienste aus eigenen Kräften bewirkt werden konnten. Dennoch wollte man auch ein Verständnis vermeiden, als ob es keiner Mitwirkung der Menschen bedürfe. Auch die Vorstellung, als sei Gerechtmachung nicht mit einem grundlegenden Statuswechsel im Menschen verbunden und nur rein forensisch, sollte ausgeschlossen werden. Die Entwürfe des Generals der Augustinereremiten Girolamo Seripando (1493-1563), nach denen auch der Gerechtfertigte noch so unvollkommen sei, dass er nach dem Tod noch auf die Barmherzigkeit Gottes hoffen müsse, um bestehen zu können, da seine Taten nur teilweise gerecht seien (Lehre von der doppelten Gerechtigkeit), wurden umgeschrieben. Heilsgewissheit könne auch der Gerechtfertigte nicht haben, da er niemals mit Gewissheit sagen könne, im Stand der göttlichen Gnade zu sein.

Quelle

Konzil von Trient, Sessio VI, 13. Januar 1547, Dekret über die Rechtfertigung (Auszug)

Kirchen- und Theologiegeschichte in Quellen III, 254–256

Kap. 5: Diese Rechtfertigung hat bei den Erwachsenen von der durch Christus Jesus zuvorkommenden Gnade ihren Anfang zu nehmen, d.h. von seinem Ruf, womit sie ohne jedliche vorliegende Verdienste gerufen werden. … Kap. 6: Disponiert werden sie zu dieser Gerechtigkeit dadurch, dass sie geweckt und unterstützt durch die göttliche Gnade, den Glauben aus dem Hören aufnehmen und so frei zu Gott bewegt werden, gläubig für wahr zu halten, was göttlich geoffenbart und verheißen ist … Kap. 7: … Die einzige formelle Ursache schließlich ist die Gerechtigkeit Gottes, nicht die, durch die er selbst gerecht ist, sondern die, durch die er uns gerecht macht, … durch die … wir … nicht bloß als gerecht angesehen werden, sondern wirklich gerecht … sind, die wir in uns empfangen, jeder die Seine nach dem Maß, das der Heilige Geist den einzelnen zuteilt, wie er will, und entsprechend der eigenen Bereitung und Mitwirkung eines jeden. Denn obwohl niemand gerecht sein kann, dem nicht die Verdienste des Leidens unseres Herrn Jesus Christus mitgeteilt werden, geschieht das in dieser Rechtfertigung des Gottlosen dadurch, dass durch das Verdienst seines heiligsten Leidens die Liebe Gottes durch den Heiligen Geist in die Herzen derer, die gerechtfertigt werden, ausgegossen wird (Röm 5,5) und ihnen anhaftet [inhaeret]. Daher empfängt der Mensch in der Rechtfertigung mit der Vergebung der Sünden zugleich dies alles eingegossen durch Jesus Christus, dem er eingepflanzt wird: Glaube, Liebe und Hoffnung.

Sakramente, Reform und Verlegung

In der Folgezeit ging man dazu über, die Sakramente näher zu bestimmen und die Lehre von ihrer Siebenzahl, die sich seit dem 12. Jahrhundert ausgebildet hatte, zu bestätigen. Die Debatten um eine Reform der Kirche kreisten um eine verbesserte Predigerausbildung, die Stärkung der Bischöfe, die ihre Diözesen überwachen und deshalb immer präsent sein sollten und um den Zusammenhang, dass kirchliches Einkommen (*beneficium*) möglichst immer der Seelsorge (*officium*) dienen sollte. Nach dem Sieg des Kaisers über den Schmalkaldischen Bund, sollten auch die Protestanten teilnehmen. Die päpstliche Partei wollte letzteres aber unbedingt verhindern; man fürchtete Neuverhandlungen und eine Schwächung des Papsttums. Unter dem Vorwand einer Seuchengefahr verlegten die Legaten das Konzil deshalb in den Kirchenstaat nach Bologna. Die kaiserlichen Bischöfe protestierten, während die Mehrheit dem Konzil folgte. Man verhandelte dort weiter über die Sakramente, ehe das Konzil ganz vertagt wurde und der Kaiser 1548 auf dem Reichstag in Augsburg das Interim erließ.

Zweite Periode und Fürstenaufstand

1550 wurde der ehemalige Konzilspräsident del Monte als Julius III. (1550–1555) Papst, der das Konzil 1551 erneut nach Trient einberief. Unter dem Druck des Kaisers trafen im Herbst protestantische Delegationen aus Brandenburg, Württemberg (bzw. dem Südwesten des Reichs) und Kursachsen ein. Die beiden letzteren bestanden darauf, dass alles bislang Entschiedene – an den Sakramenten hatte man inzwischen weiterverhandelt – völlig neu behandelt werden müsse von einem Konzil, das nicht päpstlich kontrolliert sei. Als der Fürstenaufstand 1552 losbrach, musste das Konzil ohnehin erneut vertagt werden. Lange Zeit blieb es in der Folge ungewiss, ob die Synode überhaupt abgeschlossen werden würde und deren Dekrete Gesetzeskraft erlangten. Papst Paul IV. Carafa (1555–1559), Nachfolger Julius' III., wollte alle Reformen in der Kirche selbst durchführen. Rigorosen Reformeifer und Ketzerinquisition verband er mit einer antihabsburgischen Politik und Verwandtenbegünstigung. Nach seinem Tod versuchte Papst Pius IV. (1559–1565) dessen Politik zu korrigieren, indem er das Konzil doch noch fortsetzte. Frankreich hatte vorher gedroht, Reformen ansonsten eigenständig auf einer Nationalsynode zu beschließen.

Dritte Konzilsperiode

In der nun tagenden dritten Periode (1562/63) konnte das Konzil trotz massiver Spannungen doch zu einem Abschluss gebracht werden. Die Behandlung der sieben Sakramente wurde zu Ende geführt. In der Frage des Messopfers wurde nicht nur gelehrt, dieses sei die vergegenwärtigende Erinnerung an das Kreuzesopfer Christi, das auf unblutige Weise dargestellt werde. Es sei zugleich dessen *applicatio* (konkrete Zuwendung), da den Gläubigen durch dieses die Verdienste Christi zugeeignet würden. Letzteres sprach für die quantitative Vermehrung der Messstipendien, die die Reformatoren als Schmälerung des einen Erlösungsopfers Christi kritisierten. Schon in der zweiten Periode wurde die Bezeichnung „Transsubstantiation“ als überaus passend zur Deutung der realen Gegenwart Christi bezeichnet. Die Entscheidung darüber, ob auf Bitten Bayerns und Österreichs den Laien die Kelchkommunion in diesen Ländern erlaubt werden soll, überließ das Konzil dem Papst. Die Verehrung der Reliquien, der Bilder und der Heiligen wurde als legitim bestätigt, wenn auch eine bestimmte missbräuchliche Praxis ebenso kritisiert wurde wie ein Fiskalismus bei den Ablässen, die ebenfalls bestätigt wurden. Offen gelassen wurden vor allem ekklesiologische Fragen, so Wesen und Umfang der päpstlichen Gewalt, das Verhältnis von Bischöfen und Presbytern und insbesondere die Frage, ob auch der Papst nicht von der Pflicht zur Residenz von Geistlichen entbinden könne. Dieser dispensierte etwa viele italienische Bischöfe, die mit den Einnahmen aus ihrem Bistum für ihn an der römischen Kurie Dienst taten und vor Ort einen Vikar als Vertreter bezahlten.

Trienter Reformprogramm

An der Frage, ob die Residenzpflicht der Bischöfe und anderer Seelsorger ein Gebot qua göttlichen Rechts sei, wäre das Konzil beinahe zerbrochen. Die papale Partei fürchtete eine Limitierung der Gewalt des Papstes. Der Kaiser und Spanien, aber auch Frankreich, fürchteten hingegen ein Unwirksamwerden der Reformbeschlüsse. Diese wurden vor allem in der dritten Tagungsperiode ausgearbeitet. Im Zentrum der Reform sollte der Bischof stehen, der selbst Seelsorger sein sollte. Seine Aufgaben sollten es sein, zu predigen, die Sakramente zu spenden, Synoden als Gesetzgebungsorgane regelmäßig einzuberufen und die Exekution dann mittels Visitationen zu kontrollieren. Der Versuch, die Rechte des Bischofs gegenüber den Fürsten und innerkirchlich gegen vom Papst für exemt erklärte Institutionen (v.a. Orden und Kapitel) durchzusetzen, gelang nur teilweise. All dies macht deutlich, dass man die kleinen Diözesen südlich der Alpen hierbei im Auge hatte, während im Heiligen Römischen Reich eine derartige Reform umgedeutet werden musste. Um den Seelsorgeklerus zahlenmäßig zu vergrößern und besser auszubilden, sollten die Bischöfe Seminare (*seminaria*) gründen, wo die wichtigsten (eher praktischen) Fähigkeiten weitgehend unentgeltlich vermittelt werden sollten. Für religiöse Frauengemeinschaften wurde eine der Ordensregeln, meist diejenigen der Franziskaner- oder der Dominikanerinnen, und die Klausur, die vor der Welt abschotten sollte, für verpflichtend erklärt. Zwei Entscheidungen wirkten lange fort: Ehen sollten künftig bei Katholiken nur gültig sein, wenn sie vor einem Priester und zwei Trauzeugen geschlossen würden. Eheschließungen der Brautleute im Geheimen, die später nicht mehr nachweisbar waren, sollten dadurch vermieden werden. Auch schrieb man vor, Kirchenbücher über alle Taufen, Eheschließungen und Beerdigungen anzulegen, ein Ansatz für eine bürokratische Professionalisierung der Pfarrseelsorge.

3. Das Papsttum: Motor oder Bremsklotz einer Kirchenreform?

Konzilsbestätigung und Interpretationsmonopol

Konzilienkongregation

Die Spannungen zwischen einem papal-monarchischen und einem episkopal-kollegialen Verständnis der Kirchenleitung hatte das Konzil nur zu überspielen, nicht aber zu lösen vermocht. Ein Streitpunkt war bereits, ob die Konzilsbeschlüsse erst durch den Papst in Kraft gesetzt werden mussten oder aus sich schon Rechtskraft besaßen. Die päpstliche Bestätigung, die dann doch eingeholt werden sollte, ließ auf sich warten und erfolgte erst im Sommer 1564, fast ein Jahr nach Konzilsende. Hintergrund war ein Machtkampf an der römischen Kurie. Die rigide antiprotestantische Partei um die Inquisitionskongregation verdächtigte den Papst der Häresie, da er den Laienkelch in den Grenzgebieten zum Protestantismus (v.a. Österreich und Bayern) zugestehen wollte. Zudem bestand für den Papst die Gefahr, dass die Konzilsbeschlüsse als Instanz gegen ihn und die Praxis der Kurie dienen würden. Deshalb verband Pius IV. mit der Bestätigung der Beschlüsse zugleich die Neugründung einer Kardinalskongregation, der Konzilienkongregation, die künftig allein das Recht haben sollte, die Beschlüsse verbindlich auszulegen. Dieses Interpretationsmonopol bedeutete ein Ausschalten aller antipäpstlichen Instrumentalisierungsversuche und damit verbunden eine teilweise Entmachtung der Inquisitionskongregation.

Verfolgung des *evangelismo*

Der Teilerfolg der gemäßigten Reformströmung an der Kurie, die Impulse des *evangelismo* bewahrte, war nur von kurzer Dauer. Mit Pius V. (1565-1572), dem ehemaligen Sekretär der Inquisitionskongregation, wurde wiederum ein Rigorist Papst. Inhaltlich unterschieden sich beide Strömungen in der Frage, ob der Laienkelch konzediert werden könne und an den Themen, ob die Schriften der Humanisten wie diejenige des Erasmus von Rotterdam zu verbieten seien und ob Bibelübersetzungen in der Volkssprache erlaubt sein sollten. Konnte durch Bibelübersetzungen, wie humanistische Strömungen meinten, der Glaube vertieft und gegen den Protestantismus immunisiert werden oder waren das die ersten Schritte hin zu einer Protestantisierung, die es zu eliminieren galt? Auch manche Symbolfigur für eine geistliche Erneuerung der katholischen Kirche geriet nunmehr in die Fänge der Inquisition: 1567 wurde der Humanist Pietro Carnesecchi (1508-1567) in Rom wegen „protestantischer Neigungen“ von der Inquisition hingerichtet. Der reformeifrige Dominikanererzbischof von Toledo, Bartolomé de Carranza (1503-1576), war in Spanien und Rom rund 17 Jahre lang eingesperrt.

Die Bischöfe als Motor der Reformen?

Das Reformprogramm in Trient setzte vor allem auf die Bischöfe als die ersten Seelsorger und Hirten ihrer Diözese, die Gesetzgeber sein und die Durchführung der Normen überwachen und sanktionieren sollten. Deren Jurisdiktion war nicht nur durch die vielen Exemtionen etwa von Ordensgemeinschaften, die direkt dem Papst unterstellt waren, beschränkt, sondern vor allem auch durch die weltlichen Herrscher, die Abgaben und Gerichtsrechte allein für sich beanspruchten. Zum vielleicht wirkmächtigsten bischöflichen

Kirchenreformer wurde Carlo Borromeo (1538-1584), der als Nepot des Papstes zunächst in Rom mit diesem die Kirche leitete, nach dem Tod seines Onkels aber 1566 in seine Erzdiözese Mailand zurückkehrte, um dort persönlich zu residieren und den Klerus zu reformieren. Unermüdlich führte er Synoden und Visitationen durch, gründete Seminare und ließ Predigtkampagnen durchführen, lebte selbst asketisch und blieb bei der großen Pestwelle 1576-1578 in der Stadt bei seinen Gläubigen. Dabei achtete er auf die traditionelle Eigenständigkeit Mailands gegenüber einer zu starken Abhängigkeit vom päpstlichen Rom, von dem er sich in der Auseinandersetzung mit den spanischen Statthaltern um die Jurisdiktion zu wenig unterstützt fühlte. Seine Reformstatuten wurden gedruckt und wirkten als Vorbild weit über seine Kirchenprovinz hinaus. Er galt bei seinem Tod als heiligmäßiger Asket und vorbildlicher Bischof. Bereits 1610 erfolgte die Heiligsprechung Borromeos. Die

Abb. 2 Carlo Borromeo als Kardinal, Gemälde von Giovanni Ambrogio Figino (1548–1608)

römische Weisung der zuständigen Ritenkongregation, dass er nur mit dem römischen Kardinalsornat und nicht als Bischof dargestellt werden sollte, zeigt, wie sehr man in Rom darauf bedacht war, die völlige Kontrolle über den Episkopat zu erlangen.

Vollzugsdefizite und Umdeutungen

Trotz der Impulse, die von Gestalten wie Borromeo ausgingen, scheiterten viele Reformversuche an den sozialen und finanziellen Gegebenheiten. Priesterseminare wurden nicht überall und oft nur für wenige Studenten errichtet, da die Mittel fehlten. Viele Reformpostulate, die das Bischofsamt angingen, scheiterten an den viel größeren Diözesen und den anders gearteten Diözesanverhältnissen nördlich der Alpen. Dafür gab es Ersatzformen. So übernahmen die Kollegien der Jesuiten einen Teil der Funktionen, die das Konzil den bischöflichen Seminaren zugedacht hatte. Die vormodernen Strukturen der Verflechtung bestimmten nach wie vor auch die Aufstiegsmöglichkeiten nicht nur an den Fürstenhöfen, sondern auch in der Reichskirche und auch an der römischen Kurie, wo die Päpste sich durch Gunsterweise und Ämterverleihung loyale Klienten und Unterstützer der Familie des Papstes schaffen mussten. Umgekehrt verdankten die Päpste ihren Aufstieg selbst solchen Netzwerken der Verwandtschaft, Landsmannschaft und Freundschaft, so dass man Dankbarkeit und Gunsterweise erwarten konnte. Klientelbeziehungen und familiäre Loyalitäten bestimmten also auch nach Trient das Denken am Papsthof. Immer wieder gab es Reformversuche, die sich gegen diese Loyalitätslogiken wandten. So wurde 1622 die Papstwahl auf einen geheimen, schriftlichen Wahlmodus umgestellt, um die Wahl des würdigsten Kandidaten losgelöst von Loyalitätsverpflichtungen, zu ermöglichen. In Grundzügen blieben die Patronagenetzwerke aber weiterhin bestimmend und waren selbst nach 1800 in Rom noch wichtig.

Elemente einer Zentralisierung

Kurienreform

Die Kongregation der Inquisition und die Indexkongregation (1571) zur Überwachung des Glaubens und des Buchmarktes sowie die Konzilienkongregation blieben nicht allein. Während das Kardinalskollegium zu Lebzeiten des Papstes in der Vollversammlung des Konsistoriums nur noch wenig Mitregierungsrechte hatte, waren die neuen Kongregationen als kuriale Regierungsorgane von Kardinälen geleitet, in der Regel unter einem Kardinalpräfekten. Papst Sixtus V. (1585-1590) erhöhte die Zahl dieser Kongregationen 1588 auf 15, die entweder Belange der Gesamtkirche oder des Kirchenstaates als Aufgabengebiete bekamen. Die damit einhergehende Bürokratisierung und Professionalisierung der Kirchenregierung stärkte den Zentralismus in der Kirche, auch wenn die alten Klientelstrukturen unter den Kardinälen und ihren Familien weiterhin bestehen blieben. Sixtus V. versuchte 1585, die Bischöfe alle fünf Jahre zu Rechenschaftsberichten nach Rom zu zitieren, was nur in den papstnahen Gebieten Italiens funktionierte, während die Reichsbischöfe in der Folge meist eher lustlos formale Berichte nach Rom schickten und sich vertreten ließen.

Nuntiaturen und römisches Kollegsystem

Eine weitere Entwicklung stärkte den Einfluss Roms in den Ortskirchen. Im 16. Jahrhundert baute das Papsttum wie andere Staaten ein System ständiger Gesandter (Nuntien) an den wichtigsten Herrscherhöfen auf. Diese sollten nicht nur Bericht erstatten und für den Papst dort agieren, sondern immer mehr auch innerkirchliche Kontroll- und Reformfunktionen übernehmen. Unter Papst Gregor XIII. (1572–1585) wurden sogar Nuntiaturen errichtet, bei denen die innerkirchliche Zielsetzung an erster Stelle stand. Bestimmte rechtliche Vollmachten sollten die Bischöfe über die Nuntien immer wieder neu auf Zeit erbitten. Unter diesem Papst wurden zahlreiche neue Kollegien in Rom gegründet, um für Führungspositionen in den Ortskirchen in Rom Kleriker auszubilden. Andere wurden, wie das *Collegium Germanicum* für das Reich, das seit seiner Gründung 1552 von Jesuiten geleitet wurde, besser ausgestattet und in diesem Fall mit dem ungarischen Kolleg vereinigt. Ohne dass damit bereits an jene effektive Kontrolle Roms über die Ortskirchen zu denken war, die das päpstliche Kirchenrecht vorsah, die aber am Gewohnheitsrecht und an den faktischen Möglichkeiten der Durchsetzung und Kontrolle ihre Grenzen fand, wurde so in nachtridentinischer Zeit die innerkirchliche Stellung des Papsttums stärker. Das Konzil von Trient hatte daran insofern Schuld, als es dort (und in der Folge durch die Konzilienkongregation) den Päpsten gelang, eine Reform und ein Programm zu verhindern, das die Bischöfe gegenüber der römischen Kurie gestärkt hätte. ■

Auf einen Blick

Seit dem Spätmittelalter war das Christentum von einer Reformdynamik erfasst, die ihr Ziel in einer Intensivierung des religiösen Lebens, der Predigt und der Seelsorge und damit in einer verbesserten Klerikerausbildung hatte. Aus dieser gingen neue Orden wie die Jesuiten hervor, die wiederum das kirchliche Leben veränderten. Reformhoffnungen verbanden sich vor allem mit einem Konzil, das jedoch erst ab 1545 in Trient zusammenkam und in dem sich die Kirche zugleich von der protestantischen Reformation abgrenzen wollte. Auf dem Konzil rangen unterschiedliche theologische und kirchenpolitische Optionen miteinander und dem Papsttum gelang es erst nach Beendigung des Konzils 1563 mittels eines Interpretationsmonopols Reformforderungen zu unterlaufen, die die eigene Stellung in der Kirche beschnitten hätten.

Literaturhinweis

Markus Friedrich, Die Jesuiten. Aufstieg-Niedergang-Neubeginn, München-Berlin-Zürich 2018. *Neue Gesamtdarstellung.*

Klaus Ganzer, Die religiösen Bewegungen in Italien im 16. Jahrhundert (= KLK 63), Münster 2003.

Hubert Jedin, Geschichte des Konzils von Trient. I–IV/2, Freiburg 1949–1975. *Standardwerk zu Vorgeschichte und Verlauf des Konzils.*

Peter Walter/Günther Wassilowsky (Hg.), Das Konzil von Trient und die katholische Konfessionskultur (1563–2013). Wissenschaftliches Symposium aus Anlass des 450. Jahrestages des Abschlusses des Konzils von Trient (= RST 163), Münster 2016. *Neuere Forschungsbeiträge anlässlich des 450-jährigen Konzilsjubiläums.*

VI. Das Europa der Konfessionsstaaten

Überblick

Das Ideal des konfessionell einheitlichen Staates wurde in Europa auf unterschiedliche Weise verwirklicht und konnte nicht überall vollständig umgesetzt werden. Am Ende des konfessionellen Zeitalters ist Europa in die großen Konfessionen eingeteilt. Diese konfessionelle Einteilung entlud zu Beginn des 17. Jahrhunderts ihre Spannung im Dreißigjährigen Krieg, der als Konfessionskrieg begann und in dem schließlich fast ganz Europa einbezogen war. Die Dynamik zielte auf Disziplinierung und konfessionelle Vereindeutigung und richtete sich auch gegen Aberglauben und Magie, so dass es vielerorts zu systematischen Hexenverfolgungen kam. Max Weber stellte zu Beginn des 20. Jahrhunderts die These auf, dass die Protestanten durch ihre selbst- und sozialdisziplinierte Lebensweise zur Entwicklung und Verbreitung des Kapitalismus beigetragen haben. Diese Theorie ist im Nachgang kontrovers diskutiert worden.

1563	Heidelberger Katechismus
23./24.8.1572	Pogrom gegen die Protestanten in der Pariser Bartholomäusnacht
1577	Konkordienformel im Luthertum
1598	Toleranzedikt von Nantes
1609	Zugeständnis religiöser Toleranz in Majestätsbriefen an den böhmischen und schlesischen Adel durch den Habsburger Kaiser
1618	Beginn des Ständeaufstands in Böhmen
1629/30	Restitutionsedikt und Eintritt Gustavs II. Adolf von Schweden in den Krieg
24.10.1648	Feierliche Unterzeichnung der Friedensverträge von Münster und Osnabrück

1. Bekenntnisbildung, Konfessionalisierung und das Ideal des konfessionellen Einheitsstaates

Ausbildung von Konfessionsstaaten

Religion galt als bedeutender Teil des Gemeinwesens, für das die Regierenden Verantwortung trugen. Dabei stärkte in vielen Fällen die Religion die Staaten, indem sie die Bevölkerung zu gottgefälligem Verhalten anleitete und disziplinierte, während umgekehrt die Staaten die wahre Religion fördern wollten und deshalb abweichende Lehren unter Strafe stellten. Das Ideal war so der frühmoderne, konfessionelle Einheitsstaat, in welchem der Staat das Gewaltmonopol in einem fest umrissenen Gebiet innehatte und eine Konfession, die für die wahre Form der Gottesverehrung angesehen wurde, herrschte. Über zentrale Ämter und lokale Amtsinhaber vor Ort gelang es dem Staat, in immer weitere Lebensbereiche vorzudringen, wobei den Fürsten in der Regel die „Landschaft" gegenüberstand, die das Land repräsentierte und besonders bei der Bewilligung von Steuern zustimmen musste. Ihr gehörten der grundbesitzende Adel, die grundbesitzenden Klöster und die Städte an; mitunter waren auch die ländlichen Gemeinden repräsentiert, etwa in Tirol.

Konfessionalisierung

Die Ausbildung klar distinkter konfessioneller Identitäten war keine Selbstverständlichkeit und vollzog sich schleichend. Anfangs mag vielerorts eine Art *patchwork*-Religiosität vorgeherrscht haben. Katechismusunterricht, Predigt und staatlicher Druck führten zu einer allmählichen Vereindeutigung. Die konfessionellen Identitäten waren jeweils exklusiv und gegen die anderen gerichtet. Die Prozesse der Konfessionsbildung liefen im Wesentlichen in den großen Konfessionen, den Lutheranern, den Reformierten und den Katholiken, parallel, auf ähnliche Weise und ungefähr auch zur selben Zeit ab. Der Prozess der Formung der Untertanen zu einem konfessionell einheitlichen, vom Staat geleiteten und disziplinierten Sozialverband wird als Konfessionalisierung bezeichnet. So sehr die Staaten Akteure dieses Prozesses waren, so sehr entsprach die konfessionelle Vereinheitlichung vielfach auch einem Bedürfnis von unten. Diese Prozesse waren durchdringend, dennoch gab es Bereiche, die gleichsam als neutral galten und so Kontakte und Zusammenleben über die Konfessionsgrenzen hinaus ermöglichten. Neben Handel und Wirtschaft ist hier vor allem an den Austausch unter Gelehrten und in der Kunst zwischen den Konfessionen zu denken, auch wenn diese Bereiche noch nicht völlig ausdifferenziert und deshalb auch nicht losgelöst von den Konfessionen waren. Einer der großen Unterschiede zwischen diesen bestand darin, dass etwa die katholische Konfession viel stärker vom mittelalterlichen Herkommen bestimmt blieb als die Protestanten.

Antagonismen

Nicht überall konnte sich der frühmoderne Staat als abgeschlossenes Territorium (*territorium clausum*) durchsetzen. Manche Gegenden blieben im Konkurrenzfeld differenter Herrschaftsansprüche, so dass dort keine Geschlossenheit hergestellt werden konnte (*territorium non clausum*): Hier konnten die unterschiedlichen Interessen verschiedener konkurrierender Mächte auch religiöse Pluralität begünstigen. Dies geschah auch dort, wo die Zentralgewalt, der Fürst oder König, gegenüber den Repräsentanten des Landes eine schwache Stellung hatte, so dass der Adel in religiöser Hinsicht eigene Spielräume hatte und damit eine religiöse Pluralisierung möglich werden konnte. Religiöse Uniformierung und soziale Disziplinierung der Untertanen zu einem einheitlichen Staatsvolk galt als erstrebenswert. Nicht immer lief das Zusammenwirken von weltlicher und geistlicher Gewalt unter dem Vorzeichen der Konfessionalisierung harmonisch ab. In allen Konfessionen strebten kirchliche Amtsträger nach Unabhängigkeit von den weltlichen Gewalten. Gerade in den katholischen Gegenden forderten die Bischöfe, gestützt auf das Trienter Konzil und unterstützt vom Papsttum, die Unabhängigkeit der kirchlichen Ordnung. Die Folge einer solchen Entwicklung war, dass Staat und Machthaber, die keine Geistlichen waren, als rein weltliche Mächte angesehen wurden, die sich nicht in die kirchlichen Angelegenheiten mischen sollten, und es so auf lange Sicht zu einer Säkularisierung der politischen Ordnung kam.

2. Aspekte der konfessionellen Landkarte Europas

Konfessionelle Identitätsbildungsprozesse

Am Ende der Konfessionalisierung stand ein konfessionell gespaltenes Europa. Lutheraner, Reformierte und Katholiken grenzten sich voneinander ab, gestalteten auf je eigene Weise das Kirchenwesen aus und formten zunehmend das Selbstverständnis und die Identität der Bevölkerung in einem strikt konfessionellen Sinn. Es war das erklärte Ziel der Obrigkeiten, das Ideal der religiös einheitlichen Gesellschaft zu verwirklichen, da sie sich für das Heil der Untertanen und der gesamten Gesellschaft verantwortlich fühlten. Auch wenn immer wieder gewaltsame Konflikte drohten, duldeten sich Anhänger unterschiedlicher Konfessionen im alltäglichen Leben zumeist dort, wo sie zueinander Kontakt hatten. Gerade weil die religiösen Differenzen seelisch tief eingegraben waren, mussten sie im Alltag nicht immer wieder neu ausgefochten werden. Vielmehr waren Kontakt und Auskommen möglich, auch wenn gemischtkonfessionelle Ehen ebenso wie Glaubensübertritte tabuisiert waren und vermieden werden sollten.

Bekenntnisse: Integration und Vereindeutigung

Im katholischen Bereich dienten die Beschlüsse des Trienter Konzils der Präzisierung und Bewusstmachung der Glaubenslehre in Abgrenzung zu den anderen Konfessionen. Sie waren vom Papst im November 1564 als Glaubenseid zusammengefasst (*professio fidei Tridentina*) und weiter entwickelt worden im *Catechismus Romanus* von 1566. Dieser sollter als Handbuch die normative Grundlage für die Abfassung aller neuen Katechismen sein. Bei den Reformierten kam dem Heidelberger Katechismus von 1563 eine hohe lehrmäßige Autorität zu, der ausgearbeitet wurde, nachdem die Kurpfalz mit ihrer Universität zum Calvinismus übergegangen war. Kurz vorher, 1561, war das Niederländische Glaubensbekenntnis (auch *Confessio Belgica* genannt) mit seinen 37 Glaubenssätzen aufgestellt worden. In der Debatte, ob die strenge calvinistische Vorherbestimmungslehre in dem Sinn gemildert werden könne, dass der freie Wille des Menschen und nicht das freie Dekret Gottes über Heil oder Unheil entscheide (Remonstranten), bekräftigte 1618/19 die Synode im niederländischen Dordrecht die Unbedingtheit der göttlichen Prädestination. Auch im Luthertum führten innerkonfessionelle Debatten zu weiterer Bekenntnisbildung. Nach Luthers Tod wurde Philipp Melanchthon von einer Gruppe von Theologen (sie bezeichneten sich selbst als „Gnesiolutheraner“) der Vorwurf gemacht, im Interim zu viel als nicht heilsentscheidend zu betrachten (*Adiaphora*). Bald folgten Debatten über Luthers Rechtfertigungslehre, sein Verständnis der Erbsünde und die Bedeutung der guten Werke sowie die Frage, ob Melanchthon und seine Schüler den Calvinisten und Katholiken zu sehr entgegenkämen. Schließlich gelang es Theologen verschiedener Universitäten 1577, eine Konkordienformel (*Formula concordiae*) auszuarbeiten, in der sich die meisten lutherischen Territorien finden konnten. Sie wurde neben *der Confessio Augustana*, Luthers Katechismen, seinen Schmalkaldischen Artikeln von 1537 und den altkirchlichen Glaubensbekenntnissen Teil des Konkordienbuchs von 1580. Dieses prägte seither die konfessionelle Identität des größten Teils des Luthertums, wirkte also nach innen integrierend und nach außen abgrenzend. Die Prozesse der Konfessionsbildung und Konfessionalisierung erfassten die Bevölkerung und die Staaten in ganz Europa, wenn auch in unterschiedlicher Intensität.

Das Europa der Konfessionen

Iberische Halbinsel

In Spanien und Portugal konnten die staatlichen und kirchlichen Kontrollmechanismen frühzeitig konfessionelle Eindeutigkeit herstellen. Seit dem Spätmittelalter entwickelte der iberische Katholizismus moderne Reformstrukturen, die ihn zu einem einflussreichen Exponenten entschiedener Katholizität machten. Kriege vor allem gegen England, Frankreich und die aufständischen niederländischen Provinzen standen am Beginn eines allmählichen machtpolitischen Niedergangs Spaniens. Der dortige Katholizismus war seit der Einigung von Kastillien und Áragon durch starke staatliche Institutionen (königliches Bischofsernennungsrecht; der Krone unterstellte Inquisition usf.) und vom König geförderte Reformen geprägt, was zu zahlreichen Jurisdiktionskonflikten mit der päpstlichen Kurie, auch im zu Spanien gehörenden süditalienischen Vizekönigtum und im Herzogtum Mailand führte.

Italien

Von einem einheitlichen italienischen Katholizismus kann kaum gesprochen werden, obwohl der katholischen Religion überall exklusive Geltung zukam. Die lange Zeit prosperierenden Städte und Wirtschaftszentren Norditaliens wurden von der Verlagerung der Haupthandelswege vom Mittelmeer zum Atlantik geschwächt. Für die meisten italienischen Staaten ist die Verflechtung mit dem kurialen System kennzeichnend, in dem die Familien der adeligen Eliten für ihre Söhne den Aufstieg an der römischen Kurie planten. Als Einnahmequellen für die Kurienämter dienten vor allem die italienischen Bischofssitze und Abteien. Dabei wurden die Bistümer de facto meist von Angehörigen der Bettelorden geleitet, die häufig für eine intensivierte Seelsorge sorgten. Mehr oder weniger in allen italienischen Staaten waren in nachtridentinischer Zeit Jurisdiktionskonflikte zu verzeichnen, bei denen die nach dem Trienter Konzil selbstbewussteren Bischöfe mit ihren Theologen und Juristen stärkere Unabhängigkeit von den weltlichen Gewalten forderten, von denen man traditionellerweise weitgehend abhängig war. Am erbittertsten kämpfte man in Venedig 1606/07, wo sich die Republik und das Papsttum gegenüberstanden, das über die Serenissima ein Interdikt, also eine Gottesdienstsperre, verhängte. Neben den Bischöfen war in den meisten größeren Städten auch ein Inquisitor aktiv, der direkt der römischen Inquisitionskongregation unterstellt war. Eine effektive Kontrolle des Glaubens- und Sittenlebens wurde dadurch kaum erzielt; vielmehr öffneten sich durch überschneidende Gerichtskompetenzen auch Schlupflöcher.

Frankreich

Frankreich wurde im Laufe des 17. Jahrhunderts immer mehr zur führenden katholischen Großmacht. Seit 1534 hatte das Königtum protestantische Strömungen bekämpft, die so vor allem ein Exil- und Untergrundphänomen wurden. Der zentralisierte Staat geriet jedoch nach dem Tod Heinrichs II. (1519-1559) in den Sog erbitterter Adelskämpfe, deren Parteien sich mit konfessionellen Netzwerken verbanden: katholisch unter der Führung der Guise, hugenottisch um das Haus Navarra, jeweils mit internationalen Verbindungen. Diese mündeten in einen als Religionskrieg geführten Bürgerkrieg, die Hugenottenkriege (1562-1598). Berüchtigtes Fanal war die Bartholomäusnacht 1572: Bei den Hochzeitsfeierlichkeiten Heinrichs von Navarra wurde der anwesende calvinistische Adel um Gaspar de Coligny (1519-1572) gemeuchelt. Heinrich von Navarra konnte nach seiner Konversion 1593 zur katholischen Kirche für sich und sein Haus die Nachfolge im Königtum sichern und gewährte im Edikt von Nantes 1598 den protestantischen Gemeinden, Kult- und private Gewissensfreiheit. Seit den 1620er Jahren wurde dieses Edikt immer restriktiver ausgelegt, und zahlreiche Religionsgespräche sollten einen Konversionsdruck zum Katholizismus erzeugen. Der immer rigidere Druck gipfelte im Edikt von Fontainebleau, in dem Ludwig XIV. (1638-1715) im Jahre 1685 das Toleranzedikt widerrief. Daraufhin emigrierten viele Hugenotten; jedoch leisteten einige Widerstand, so dass sich einige wenige protestantische Gemeinden schließlich behaupten konnten.

Niederlande

In den ökonomisch florierenden Niederlanden hatte sich dagegen der konfessionelle Gegensatz mit dem Kampf gegen die spanische Herrschaft verbunden. Deren repressiver Antiprotestantismus drängte die vielgestaltigen protestantischen Strömungen in den Untergrund; seit den 1560er Jahren erhielten diese vom Süden her eine calvinistische Ausrichtung. 1566 eskalierte die Situation. Die Adelsopposition der Geusen um Wilhelm von Oranien (1533-1584) kämpfte gegen die spanische Krone. Nach langen Kämpfen konsolidierte sich im Süden die spanische Herrschaft, während sich die sieben Nordprovinzen 1581 von Spanien lossagten. Mit Hilfe des internationalen Protestantismus konnten sie als die „Generalstaaten", also eine Art Staatenbund, ihre Unabhängigkeit bewahren und militärisch sichern; es entstand eine reformierte Öffentlichkeitskirche, die anderen Bekenntnissen weitgehende Kultfreiheit gewährte.

Skandinavien und Polen-Litauen

In den skandinavischen Ländern hatte die Einführung der Reformation (Schweden mit Finnland ab 1527; Dänemark mit Norwegen und Island 1536/37) eine Stabilisierung der königlichen Gewalt gegenüber dem Adel zur Folge. Vorherrschend wurde ein konservatives Luthertum, das in Schweden die Episkopalverfassung beibehielt. Deutsche Einflüsse waren für das skandinavische Luthertum noch im 17. und 18. Jahrhundert wichtig. Das polnisch-litauische Reich war nicht nur multiethnisch und multikulturell, sondern auch multikonfessionell, wobei für die regionalen Entfaltungsmöglichkeiten der Kirchen vor allem jeweils Magnaten und Adel ausschlaggebend waren. Das Wahlkönigtum musste in der Wahlkapitulation von 1573 Toleranz zusichern, allerdings konnte es seit Ende des 16. Jahrhunderts einen allmählichen Prozess der Rekatholisierung durchsetzen, verbunden mit einer Polonisierung des litauischen und ruthenischen Adels. Das Luthertum konnte sich in Preußen und Livland halten, der Calvinismus teilweise in Litauen.

In Polen war es auch den Antitrinitariern, die wegen ihrer Ablehnung der altkirchlichen Trinitätslehre sonst überall verfolgt wurden, gelungen, Gemeinden zu gründen; ihr Zentrum wurde Raków. Im 17. Jahrhundert verloren aber auch sie immer mehr ihre Privilegien und damit die Duldung. Eine Minderheit blieb auch das Judentum. Nach den Vertreibungswellen des Spätmittelalters waren die jüdischen Gemeinschaften aus vielen Städten und Territorien West- und Mitteleuropas vertrieben worden. Viele waren nach Osten ausgewandert. Die westlich verbliebenen Juden durften meist nur untertags befristet zum Handel in die Städte kommen. Seit dem 17. Jahrhundert verschlechterte sich die Lage der jüdischen Minderheit aber auch in Polen.

Osmanisches Reich und Russland

In der Frühen Neuzeit lebten zahlreiche Christen im Osmanischen Reich, das den Religionsgemeinschaften als Gliederungsprinzip wichtige Verwaltungsfunktionen zuwies; diese hatten damit eine gewisse Selbstverwaltung (*millet*-System). Da die Christen rechtlich und steuerlich benachteiligt waren (*dhimmi*), gab es eine kontinuierliche Islamisierungstendenz, besonders dort, wo die osmanische Herrschaft fest etabliert war, etwa in Serbien, Bulgarien, Albanien und Thrakien. In ökonomischer Hinsicht litten die Christen unter der lang andauernden Krise des Osmanischen Reichs, das diese mit einer gewissen Toleranz, aber immer wieder auch mit feindseliger Brutalität behandelte. Konversionen auf der einen Seite, Beteiligung an Widerstandshandlungen auf der anderen waren die Folge. Unter diesen Bedingungen wandten sich viele Christen unter osmanischer Herrschaft der stärksten orthodoxen Macht, Russland, zu. Dort zielte die Kirche zu Beginn des 17. Jahrhunderts in antipolnischer Abwehr auf eine noch engere Symbiose mit der russischen Nation unter den Zaren als dem einzig wirklich christlichen Gemeinwesen. Nach liturgischen Reformen des Patriarchen Nikon (1605–1681) spalteten sich die Altgläubigen ab. Die russische Expansion unter Zar Peter dem Großen (1672–1725) und das damit verbundene Modernisierungsstreben griffen erheblich in das Kirchenwesen ein: Besteuerung von Kirchengut, Reformen der Disziplin und des Kalenders sowie das Ersetzen des Patriarchen durch den »dirigierenden Synod« (1721) führten die Kirche in eine drückende Abhängigkeit vom Staat. Die Altgläubigen (*raskolniki*), die sich als die authentischen Wahrer der Spiritualität Russlands verstanden, wurden verfolgt. Gegenüber den Nichtchristen in den neueroberten Gebieten im Süden und Osten des Reichs ging Russland in den nächsten Jahrzehnten zu einer Politik der Toleranz über.

Großbritannien und Irland

Auf der britischen Insel schließlich stand im 17. Jahrhundert die anglikanische Bischofskirche einer reformierten Opposition gegenüber, die gegen

Die konfessionelle Landkarte in Europa um 1650

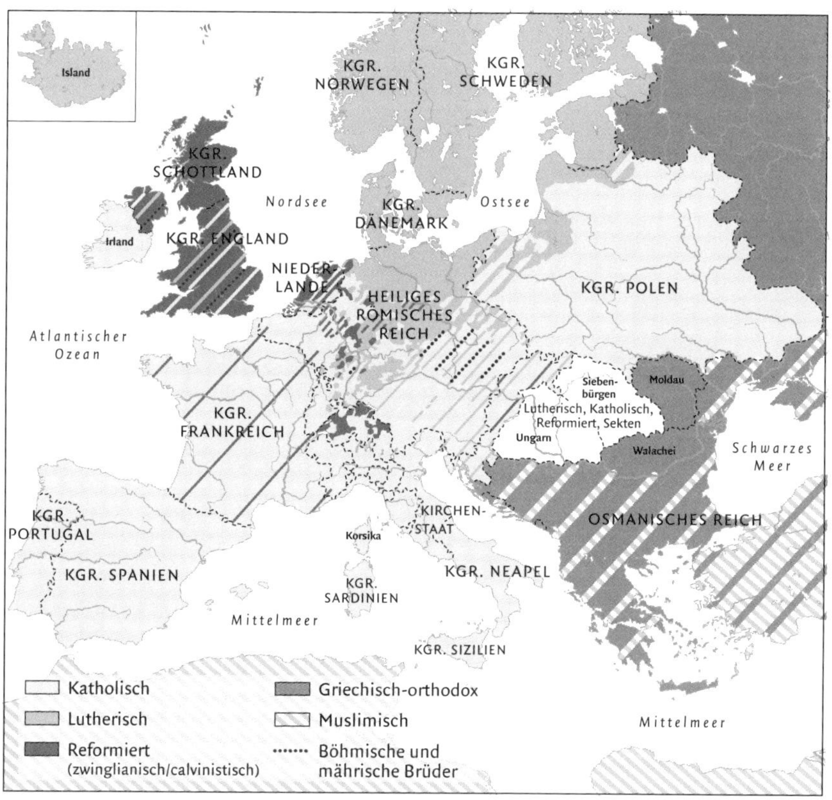

Bischofsverfassung, katholisierende Bräuche und angeblichen Aberglauben agierte. Die daraus hervorgehende Frömmigkeitsbewegung der Puritaner strebte nach konsequenter Erfüllung der göttlichen Gebote, Selbsterforschung und nach Abkehr von aller als heidnisch interpretierten Weltlichkeit. In Schottland wurde die calvinistisch-presbyterale Kirche vorherrschend. In den politischen Auseinandersetzungen des Jahrhunderts und den Bürgerkriegen verband sich die puritanische Strömung weithin mit dem Ziel der Stärkung des Parlaments, der Anglikanismus mit den Interessen des Königtums. Die zu einem großen Teil katholisch gebliebene irische Bevölkerung revoltierte ebenfalls gegen das englische Königtum, dem man seit Heinrich VIII. unterstand, und die anglikanische Kirche, die durch englische Siedler eingepflanzt (*plantations*) werden sollte; Irland wurde jedoch bis 1652 von den Engländern brachial zurückerobert.

Konfessionelle Theologien

Auf der Grundlage der Bekenntnisse bildete sich in den Konfessionen an den jeweiligen Hochschulen und Lehreinheiten eine theologische Reflexion und Buchproduktion aus, der spätere Epochen zu Unrecht die Originalität abgesprochen haben. Für den protestantischen Bereich spricht man meist vom Zeitalter der Orthodoxie, im katholischen Bereich von einer Renaissance der Schultheologie (Anfänge der Barockscholastik). Erhebliches Gewicht legte man auf die Kontroverstheologie, in der katholischerseits Robert Bellarmin (1542-1621) und auf der Seite des Luthertums Johann Gerhard (1582-1637) herausragen. Wichtige Aufgaben wurden immer mehr die Reflexion auf die Begründung der Glaubenslehren zur Generierung von Sicherheit im Glauben. Ebenso mussten die veränderten gesellschaftlichen und wirtschaftlichen Verhältnisse reflektiert und die traditionellen Wissensbestände mit diesen vermittelt werden. Gerade innerhalb der Konfessionsgrenzen kam es zu einem regen Austausch. In den Debatten um die Stellung des Aristoteles oder des Humanismus machte die Reflexion auf die theologische Methodologie Fortschritte. Herausgefordert durch die Entdeckung der Neuen Welt wurde etwa im spanischen Salamanca über die Frage eines Naturrechts debattiert, das vor aller staatlicher Ordnung und unabhängig von der Annahme der Offenbarung die grundlegenden Rechte und Pflichten der Menschen untereinander zu regeln beanspruchte.

Gnadenstreit im Katholizismus

In Spanien brach auch der sog. Gnadenstreit aus, bei dem vor allem Dominikaner (Thomisten, nach Thomas von Aquin [1224-1274]) und Jesuiten im Gefolge des Luis de Molina (1535-1600) (Molinisten) über die Frage debattierten, wie Gott die freien menschlichen Willensentscheidungen von Ewigkeit her schon wissen könne. Während die Thomisten den Jesuiten vorwarfen, das göttliche Wissen, das seiner schöpferischen Ursächlichkeit folge, unberechtigterweise zu verendlichen, kritisierten die Molinisten im Gegenzug an den Dominikanern, dass deren Modell die Willensfreiheit des Menschen aufhebe. Zur Klärung des Gnadenstreits wurde in Rom 1597 eine Kardinalskongregation eingesetzt, die beinahe die Jesuiten verurteilt hätte, aber 1605 die Frage für unentschieden erklärte. Debatten darüber wurden verboten.

Verurteilung des heliozentrischen Weltbilds

Als der Frauenburger Domherr Nikolaus Kopernikus (1473-1543) erstmals in seinem posthum erschienenen Werk das heliozentrische Weltbild lehrte, galt es vor allem dank der Vorrede von Andreas Osiander (1496/98-1552) als mathematisch-hypothetisches Berechnungsmodell für die Bewegung der Planeten. Trotz vielfacher Ablehnung in allen Konfessionen konnte es doch relativ frei gelehrt und auch in die theologischen Wissenskulturen ohne größeres Aufsehen von einzelnen Denkern integriert werden. Für die katholische Kirche änderte sich dies in der Auseinandersetzung mit und um Galileo Galilei (1564-1642). Hintergrund war dessen scharfe Auseinandersetzung mit den Aristotelikern in Pisa und Padua, die ihm Feindschaften einbrachte. Durch Beobachtungen mit dem neuartigen Teleskop glaubte Galilei schließlich den empirischen Beweis für die Theorie des Kopernikus zu besitzen, die auch nicht im Widerspruch mit der Bibel stehe, da diese ein geistlich-ethischer Führer zum Himmel, aber kein naturwissenschaftliches Lehrbuch sei.

Es kam zu zwei Prozessen und Verurteilungen vor der römischen Inquisition. 1616 wurden die heliozentrischen Schriften auf den Index der verbotenen Bücher gesetzt und Galilei deren Lehre als Tatsachenwahrheit verboten. 1633 wurde er zu Widerruf und lebenslänglichem Hausarrest verurteilt, da er gegen diese Auflage verstoßen habe. Zwei Dinge scheinen hier, außer persönlichen Rivalitäten, zusammengewirkt zu haben: Sein neuartiges Verständnis der Astronomie, die sich nicht mehr nur mit mathematischen Modellen, sondern mit physischen Wahrheiten – ihrem Anspruch nach – befasste. Dann die verschärfte Norm für die Bibelauslegung durch das Trienter Konzils, nämlich, dass diese nur gemäß der Kirche und nicht gegen den Konsens der Kirchenväter erfolgen dürfe. Bis zu Beginn des 19. Jahrhunderts blieb so die Lektüre heliozentrischer Schriften für Katholiken zumindest offiziell verboten. Antiklerikale Historiker seit der Aufklärung versuchten daraus die wissenschaftliche und wirtschaftliche Rückständigkeit katholischer Länder zu begründen, doch waren hierfür – soweit zutreffend – andere Faktoren entscheidender. Ohne das Verbot zu widerrufen gingen sogar die römischen Zensurbehörden in späteren Jahrhunderten mit demselben flexibel um. Gegen rein naturwissenschaftliche Werke, die nicht das philosophische Menschenbild berührten, griff man faktisch nicht mehr ein. So herrschte in diesen Fragen auch im Katholizismus eine weitgehende Freiheit, ohne dass die Kirche ihren Irrtum in Bezug auf Galilei bis ins 19. Jahrhundert hinein offiziell zugegeben hätte.

3. Der Dreißigjährige Krieg (1618–1648)

Von den konfessionellen Konflikten zum Konfessionskrieg

Im Hl. Römischen Reich hatte sich mit dem Religionsfrieden von 1555 eine starke Partei gebildet, die die konfessionellen Konflikte nicht eskalieren lassen wollte und im Interesse des Reichs für Ausgleich und Kompromisse stand. Dennoch blieb der Friede fragil, zumal wichtige Bestimmungen des Augsburger Friedenswerks zwischen den Konfessionen unterschiedlich ausgelegt wurden. Insbesondere die Frage, ob protestantische Herrscher Kirchengut, das sie nach 1552 erworben hatten, wieder restituieren mussten, war umstritten. Ab den 1580er Jahren wuchs eine neue Fürstengeneration heran, die die konfessionellen Interessen wieder schärfer vertrat. Auf katholischer Seite taten dies zunächst die bayerischen Herzöge, dann auch die Habsburger; diese Tendenz wurde durch die Politik Spaniens und der päpstlichen Kurie verstärkt. Auf protestantischer Seite verband sich mit dem Übergang der Kurpfalz zum Calvinismus eine gewisse Radikalisierung, da damit eine stärkere Bündnisorientierung nach Westeuropa, jenseits des Reichsverbandes, verknüpft war. Zudem war es reichsrechtlich umstritten, ob sich die Reformierten überhaupt auf den Religionsfrieden (und damit auf die *Confessio Augustana*) berufen konnten. Allmählich wurden die konfessionellen Gegensätze so stark, dass Institutionen des Reichs und die Reichsgerichte an ihnen auseinanderbrachen und keine Klammerfunktion mehr ausüben konnten.

Das benachbarte Donauwörth hatte in den Augen des bayerischen Herzogs Maximilian I. (1597-1651) die Rechte der katholischen Minderheit bei der Durchführung von Prozessionen missachtet. Im Vollzug der erwirkten Reichsacht annektierte er 1607 die Stadt und rekatholisierte sie. Das war der Anstoß zur Errichtung militärischer Konfessionsbündnisse: der protestantischen Union (1608) und der katholischen Liga (1609).

Ständeaufstand und kaiserliche Siege

Zum Krieg kam es, als der Habsburger Kaiser den 1609 an die böhmischen Stände ausgestellten sog. Majestätsbrief, der diesen religiös-konfessionelle Freiheit zugestand, zurücknahm und evangelischen Gottesdienst verbieten wollte. Es kam zum Übergriff auf die Amtsträger der kaiserlichen Kanzlei in Prag (Prager Fenstersturz); etabliert werden sollte eine Wahlmonarchie für Böhmen. Nach Ausbruch des Kampfes gegen die kaiserlichen Truppen wurde der calvinistische Anführer der protestantischen Union, Friedrich V. von der Pfalz (1596-1632), zum neuen böhmischen König von den Aufständischen gewählt, nachdem sie den Habsburger Ferdinand II. (1586/1619-1637) für abgesetzt erklärt hatten. Am Weißen Berg vor Prag kam es, nachdem Ferdinand die Katholische Liga zu Hilfe gerufen hatte, am 8. November 1620 zu einer vernichtenden Niederlage der Protestanten. Es folgten Strafaktionen gegen den Pfälzer Kurfürsten, dessen Kurwürde und dessen Oberpfälzer Gebiete Bayern übertragen wurden. Um das Erreichte zu sichern, waren die katholischen Truppen zu weiteren Kampfhandlungen gezwungen. Diese verliefen zunächst siegreich, so dass auch bislang kaiserferne Regionen in Norddeutschland unter stärkere kaiserliche Kontrolle zu geraten schienen. Der Kaiser erließ schließlich 1629 das Restitutionsedikt, das die Protestanten zwingen sollte, alle seit dem Religionsfrieden beschlagnahmten Kirchengüter wieder herauszugeben.

Ein europäischer Krieg und ein mühsamer Friedensschluss

Eingreifen Schwedens und Frankreichs

Dieser Erfolg der kaiserlichen Politik und der katholischen Interpretation des Religionsfriedens begünstigte freilich den Eingriff auswärtiger Mächte, die eine Wende des Kriegsverlaufs herbeiführten. 1630 trat Gustav II. Adolf von Schweden (1594–1632) in den Krieg ein, der die Gelegenheit ergriff, auf diese Weise eine schwedische Hegemonie im Ostseeraum errichten zu können. Der Befehlshaber der Ligatruppen Jean T'Serclaes von Tilly (1559–1632), der vorher noch blutig Magdeburg eingenommen hatte, wurde vernichtend geschlagen und starb 1632, ebenso wie Gustav Adolf im selben Jahr einige Monate später. Der Kaiser und der bayerische Kurfürst zweifelten an der Loyalität des kaiserlichen Generals Albrecht Wenzel von Wallenstein (1583–1634) und ließen ihn 1634 in Eger ermorden. Nach dem Sieg über die Schweden schlossen nahezu alle protestantischen Verbündeten in Prag einen Frieden mit dem Kaiser, der dafür das Restitutionsedikt für 40 Jahre aussetzte. Nun griff das eigentlich katholische Frankreich, das schon vorher den antihabsburgischen Aufstand unterstützte hatte, unter dem ersten Minister, Kardinal Armand Jean du Plessis Richelieu (1585–1642), zugunsten Schwedens und der Protestanten in den Krieg ein. Auch der Papst unterstützte dies nun offen, ein Zeichen, dass konfessionelle gegenüber machtpolitischen Interessen nun eine untergeordnete Rolle spielten. Die Konflikte im Reich waren mit anderen Kriegshandlungen verbunden, etwa der Spanier gegen die aufständischen Niederlande. In den 1640er Jahren zeichnete sich ab, dass eine Fortsetzung des Kriegs im Interesse keiner der Kriegsparteien liegen konnte, da ein endgültiger Sieg kaum zu erringen war. Ab 1643 kam es in Münster und Osnabrück zu Friedensverhandlungen, die erst 1648 in den Westfälischen Frieden (ein Bündel mehrerer Abmachungen) mündeten.

Westfälischer Friede

1648 wurde nicht nur der Calvinismus reichsrechtlich nunmehr offiziell als Konfession anerkannt, sondern auch der Grundsatz des *cuius regio, eius religio* durch eine Normal-(= Norm-)Jahr-Regelung, die die konfessionellen Verhältnisse zum 1. Januar 1624 in einem Territorium festschrieb (außer in den Habsburger Erblanden), ersetzt. Konfessionswechsel der Herrscher führten somit in der Regel nicht mehr zu einem solchen der Untertanen, die zudem nun das Recht zu einer „privaten“ (also nicht öffentlichen) Ausübung einer abweichenden Konfession bekamen. Bayern durfte die Kurwürde und die Oberpfalz behalten, für den Pfälzer (ehemaligen) Kurfürsten wurde eine neue, achte Kurwürde geschaffen. Die Unabhängigkeit der Niederlande und der Schweizer Eidgenossenschaft vom Reich wurde offiziell sanktioniert und Frankreich erhielt das Elsass und die lothringischen Bistümer. Zahlreiche ungeklärte Detailfragen sollten in Friedensexekutionskongressen in Nürnberg und dann auf Reichstagen in Regensburg weiterverhandelt werden. Zu einem Abschluss kam dies nicht, vielmehr entwickelte sich daraus dort 1663 der „Immerwährende Reichstag“ als ein ständiger Gesandtenkongress.

4. Orthodoxie, Volkskultur und Hexenprozesse

Reduktion von Ambiguität

Die Verdichtung von Herrschaft seit dem Spätmittelalter war mit dem Streben nach bewusster Verchristlichung und konfessioneller Rechtgläubigkeit eng verknüpft. Dieser Konfessionalisierungsprozess vollzog sich dabei nicht nur so, dass er von den Herrschern ausging und die Untertanen dessen Objekte waren. Vielmehr gab es auch die Konfessionalisierung von unten, die den Wünschen der Untertanen entsprach oder von diesen ausging und als Erwartung an die Politik der Herrschaft herangetragen wurde. So oder so, die Dynamik strebte nach christlicher Eindeutigkeit der Überzeugung und der Lebenspraxis, damit aber auch nach Eliminierung von Zweideutigkeit, Ambivalenz und Ambiguität.

Magie- und Synkretismusverdacht

Die traditionellen religiösen Kulturen des Mittelalters waren vielfach durch Mehrdeutigkeit und synkretistische Integration vorchristlicher Riten und Denkformen geprägt gewesen. Vorherrschend war die rituelle Kompetenz der Priester, an der die Laien durch Stiftungen Anteil erhalten konnten. Prozesse der Ethisierung und Intellektualisierung des Christentums erfassten eine christliche Elite in den Klöstern und im städtischen Milieu seit dem Hochmittelalter. Dennoch blieb eine Weltsicht bestimmend, die dem korrekt vollzogenen Ritus der Geistlichen die entscheidende Rolle für das Seelenheil der Menschen zumaß. In die christlichen Riten, die Messe, die Sakramente und die Sakramentalien, die Gebete und Segensformeln integrierte die Kirche viel von dem, was vorchristliche Religiosität ausmachte, da sie dem Bedürfnis nach Bewältigung von Krankheit und Tod, Schadereignissen in der Natur und anderen Katastrophen entsprach. Gleichzeitig stabilisierte die Übernahme der Riten die gesellschaftliche Ordnung, die durch das Haus (der Großfamilie) geprägt war. Daher stand die mittelalterliche Frömmigkeit schon bei zeitgenössischen Kritikern im Verdacht, mehrdeutig und synkretistisch zu sein: Die Riten der mittelalterlichen Kirche konnten christlich auf die eine Weise und heidnisch auf die andere Weise gedeutet werden. Seit dem Spätmittelalter wurden die Kräfte immer stärker, die der Ambiguität ein Ende bereiten wollten.

Die Verfolgung von Hexerei

Diese frömmigkeitsgeschichtlichen Prozesse sind eng mit den Wellen der Verfolgung von Hexerei verbunden. Diese wurde als ein Strafdelikt verstanden, durch Riten und Formeln Schadenszauber gegen andere auszuüben. Die Macht hierzu war nicht angeboren, sondern durch einen Pakt mit dem Teufel begründet, der für die Hingabe der Seele an ihn irdischen Vorteil und magische, übernatürliche Fähigkeiten gewährte. Dies war jedenfalls die Theorie des Kirchenvaters Augustinus. Im Mittelalter maß man der Hexerei noch keine allzu große Bedeutung bei: Teufelspakt und daraus resultierende Fähigkeiten wurden vielfach als Hirngespinste abgetan; für angeblichen Schadenszauber wurden meist nur kirchliche Bußen verhängt. Ab dem 15. Jahrhundert kam es hier zu einem folgenschweren Wandel, zunächst wohl in den Alpenländern. Nun wurde den Anklagen und Geständnissen wegen Teufelspakt und Teufelsbuhlschaft, nächtlichem Himmelsflug und Hexensabbat mit dem Teufel immer häufiger Realität beigemessen. Wo nun all diese Elemente für real gehalten wurden, spricht die Forschung vom „kumulativen Hexenkonzept“. Damit verbunden war die systematische Verfolgung, die auf Eliminierung des Bösen zielte, und insbesondere von weltlichen Juristen betrieben wurde.

Verfolgungswellen

Es kam nun – lokal stark unterschiedlich – zu massiven Verfolgungswellen, wobei in der Regel die Akteure vor Ort als Denunzianten und die juristisch gebildeten Amtsträger als obrigkeitliche Repräsentanten zusammenwirken mussten. Man wollte das Übel systematisch ausrotten und setzte dazu Folter und inquisitorische Verfahrensweisen ein, mittels derer andere Hexen entlarvt werden sollten. Die Mehrheit der Angeklagten, wohl über 75%, waren Frauen. Sie galten v.a. aufgrund der hochmittelalterlichen Aristoteles-Rezeption als weniger rational und damit als leichter durch Dämonen verführbar. Zudem waren sie meist auch für jene Riten und Bräuche zuständig, die nun als magisch gedeutet und teuflischen Kräften zugeschrieben wurden. Höhepunkte der Verfolgung gab es im letzten Drittel des 16. Jahrhunderts und auch noch einmal in den 1620er und 1630er Jahren. Die Hexen und Hexer wurden Opfer des frühmodernen Strebens nach christlicher Vereindeutigung, auch wenn sie selbst mitunter überzeugt waren, durch magische Riten die Natur beeinflussen zu können.

Regionale Differenzen

Die Hexenverfolgungen liefen in Wellen ab, deren Höhepunkte in der zweiten Hälfte des 16. und in der ersten Hälfte des 17. Jahrhunderts lagen. Erklären lässt sich dies durch einzelne lokale Ereignisse und Konstellationen; besonders die Nachahmung der Verfolgung in Nachbarterritorien spielte wohl eine große Rolle. Dabei gab es Kernzonen der Hexenverfolgung: neben vielen Territorien des Hl. Römischen Reichs auch Schottland, Frankreich, die Alpenländer, Böhmen und Polen. In Spanien sowie in Mittel- und Süditalien und im orthodox geprägten Osteuropa gab es hingegen kaum Verfolgungen. Entscheidend waren juristisch gebildete Amtsträger der Obrigkeiten, die den Hexerei-Anschuldigungen Gehör schenkten und diese zu verfolgen gewillt waren. Schadereignisse, auch klimatische Verschlechterungen (in der „kleinen Eiszeit" ca. 1580–1670 bedingte eine Abkühlung oft geringere Ernteerträge), waren vielfach wohl ein unmittelbarer Anlass. Kritik an der Hexenverfolgung kam aus allen Konfessionen. Kritisiert wurde dabei in der Regel nicht die Annahme magischer Fähigkeiten oder die Möglichkeit eines Teufelspakts, sondern das konkrete Verfahren, das durch Folter erst Anschuldigungen und Geständnisse, somit Hexen, schaffe. Insgesamt werden wohl etwa 50.000 Personen wegen Hexerei getötet worden sein, da sie ihre Nächsten geschädigt hätten und durch Teufelspakt vom wahren Glauben abgefallen seien. Erst als die Prozessflut stark zurückgegangen war, wurde im 18. Jahrhundert vermehrt auch eine grundsätzliche Kritik formuliert, die überhaupt Magie und Hexerei für unwirksam bzw. unmöglich erklärte.

5. Handelsgeist und Effizienz gegen Muße und Verschwendung?

Christliche Religion und Moderne

Seit der Formationsphase der wissenschaftlichen Soziologie zu Beginn des 20. Jahrhunderts ist immer wieder die Frage gestellt worden, inwiefern die Konfessionen und Religionen ein wichtiger Faktor für die Ausbildung der modernen Gesellschaft gewesen sind.

Ernst Troeltsch

Ernst Troeltsch (1865–1923), protestantischer Theologe und Pionier in religionssoziologischen Fragestellungen, hat die These vertreten, dass die Konfessionskirchen mit ihrer Synthese von Religion und Kultur noch der mittelalterlichen Epoche angehörten, während Täufer und Spiritualisten (Sozialform der Sekten bzw. Mystik) die Moderne mit ihrer Freiheits- und Toleranzforderung viel stärker vorbereitet hätten.

Max Weber

Beeinflusst war Troeltsch von der kurz vorher erschienenen Abhandlung Max Webers (1864–1920) aus dem Jahr 1904/05: *Die protestantische Ethik und der Geist des Kapitalismus*. Weber hatte sich unter dem Eindruck seiner großen USA-Reise die Frage gestellt, weshalb zu seiner Zeit es gerade die protestantisch-reformiert geprägten Länder besonders des angelsächsischen Raums waren, in denen die kapitalistische Wirtschaftsordnung am frühesten, am energischsten und am erfolgreichsten verwirklicht wurde. Der Kapitalismus sei durch eine ganz bestimmte rationale Planung, aber auch durch Bereitschaft zu Arbeit und innerweltlicher Askese, anstatt eines genussvollen Lebens in den Tag hinein, geprägt. Ein entscheidender Faktor für die Ausbildung dieser Haltung war für ihn die reformierte und besonders die puritanische Ethik, die Sparsamkeit und Tüchtigkeit, Askese, Selbstbesinnung und konsequente Gebotserfüllung forderte und dies auch als Anzeichen einer göttlichen Erwählung betrachtete, anstatt Askese nur hinter Klostermauern stellvertretend praktizieren zu lassen.

Die Debatte um die Protestantismus-These Max Webers

Frühzeitig wurden solche Konzepte kritisiert. Vor allem lutherische Theologen entwickelten Argumente, warum ihre Konfession mindestens ebenso grundlegend für die moderne Welt gewesen sei, wie die radikale Reformation oder die puritanische Selbstdisziplinierung. Bernhard Groethuysen (1880-1946) erforschte in den 1920er Jahren die französische Kultur- und Geistesgeschichte als Voraussetzung der Französischen Revolution. 1927 erschien sein Werk über die Entstehung der bürgerlichen Welt- und Lebensauffassung in Frankreich, die Arbeit und den Erwerb von Reichtum positiv wertete und deren Ausbildung er gerade durch die weniger sündenpessimistische Pastoral der Jesuiten ermöglicht sah. Trotz dieser alternativen Konzeptionen wurde gerade die Theorie Max Webers in den letzten Jahrzehnten immer wieder neu und kontrovers diskutiert. In modifizierter Form hat sie zuletzt der Schweizer Historiker Peter Hersche in seinem Werk *Muße und Verschwendung. Europäische Gesellschaft und Kultur im Barockzeitalter* aufgegriffen. Protestantische Territorien förderten viel stärker als die mehr von Adel und Bauern geprägten katholischen Gebiete Handel, Bankenwesen, Kaufmannschaft und Militär. In ihnen sei es auch frühzeitiger zu einer frühkapitalistischen Orientierung, etwa zur Gründung von Manufakturen, gekommen, während katholischerseits für Kult und Kunst Geld ausgegeben bzw. in einer innerweltlich-zweckrationalen Perspektive verschwendet wurde. Diese modifizierte Weber-These muss sich eine ähnliche Kritik gefallen lassen wie ihre Vorläuferin. Denn der Prozess einer „Verfleißigung“, also einer zunehmenden Arbeitsorientierung des Lebens, setzte bereits vor dem konfessionellen Zeitalter ein und war eng auch mit der aufkommenden Stadtkultur verbunden. Wichtige Prozesse der Disziplinierung und Normierung des Alltagslebens der Untertanen fanden in den Konfessionen zudem weitgehend parallel statt. Schließlich war es vielfach erst die Aufklärung, die zu einer positiveren Bewertung kapitalistischer Orientierungen auch in protestantischen Gebieten geführt hat. Die Zusammenhänge sind jedenfalls komplex. Stadtkultur, Protestantismus und Aufklärung begünstigten sich in gewisser Weise gegenseitig, die entscheidende Entwicklung zur Moderne und ihrer

Wirtschaftsform wurde aber auch dort vielfach gerade gegen die Normen der Religion vollzogen, deren Einfluss somit nicht überbewertet werden darf. ■

Auf einen Blick

Die Konfessionalisierung zielte in den Territorien auf Vereinheitlichung nach innen und Abgrenzung nach außen, verbunden mit einer Disziplinierung der Bevölkerung. Nicht überall gelang dies in vollem Maße. So gab es nicht nur Lebensbereiche, die sich der Konfessionalisierungsdynamik weitgehend entzogen, sondern auch Gebiete, in denen kein vollständiges Gewaltenmonopol einer einzigen Obrigkeit durchsetzbar war. Konfessionelle Abgrenzung nach außen bedeutete latentes Konfliktpotential, das der Religionsfriede im Reich relativ lange, wenn auch mit abnehmender Kraft, neutralisieren konnte. 1618 kam es doch zum Konfessionskrieg, der freilich immer mehr mit anderen, machtpolitischen Interessen aufgeladen wurde, ohne dass der konfessionelle Faktor bis zum Friedensschluss 1648 völlig verschwand. Ein indirekter Effekt der Disziplinierungsdynamik der frühneuzeitlichen Staaten sind die Wellen der Hexenverfolgung, die regional sehr unterschiedlich verteilt waren und für die in der Regel ein Zusammenwirken von Bevölkerung und juristischer Elite von Nöten war. Inwiefern konfessionelle Unterschiede langfristig differente Mentalitäten und Wirtschaftssysteme begünstigt haben, bleibt in der Forschung umstritten.

Literaturhinweis

Peter Hersche, Muße und Verschwendung. Europäische Gesellschaft und Kultur im Barockzeitalter. I–II, Freiburg im Breisgau 2006. *Breiter Überblick über die Konfessionskulturen in sozial- und mentalitätsgeschichtlicher Perspektive, geprägt von der modifizierten Max Weber-These.*

Christoph Kampmann, Europa und das Reich im Dreißigjährigen Krieg, Stuttgart 2008. *Kompetenter Überblick über den Krieg in politisch-religiöser Perspektive.*

Walter Rummel/Rita Voltmer, Hexen und Hexenverfolgung in der Frühen Neuzeit, Darmstadt 2007. *Differenzierte Einführung in die neuere Hexenforschung, die das Zusammenspiel von Bevölkerung und Amtsträgern/Obrigkeit betont.*

Max Weber, Die protestantische Ethik und der Geist des Kapitalismus, Vollständige Ausgabe. Hg. und eingel. von Dirk Kaesler, München [3]2010. *Kritische Neuausgabe des Klassikers mit kontextualisierender Einleitung.*

VII. Außereuropäisches Christentum in der Frühen Neuzeit

Überblick

Mit der Entdeckung Amerikas und der Institutionalisierung des Seewegs in den Fernen Osten kam es zur weltweiten Ausbreitung des Christentums. In Asien standen dem Christentum komplexe Hochkulturen gegenüber, die eine Missionsmethode nahelegten, die auf die gesellschaftlichen Eliten abzielte und sich durch Adaption und Akkomodation an die vorherrschenden Denk- und Lebensformen auszeichnete. Die amerikanischen Stammeskulturen hingegen waren den europäischen Siedlern bzw. Invasoren unterlegen, so dass es zu Kolonienbildung kam. Hier stellten sich die Ordensgemeinschaften aber im Interesse des Missionserfolgs vielfach energisch gegen die wirtschaftlichen Interessen der Eroberer. Mission war dabei lange Zeit ein katholisches Proprium, erst um 1700 erwachte auch im Protestantismus ein missionarischer Impetus.

1512	*Leyes de Burgos*: erste, zaghafte Schutzgesetze für die Indios
1519–1522	Spanische Eroberung des Aztekenreichs
1532–1536	Spanische Eroberung des peruanischen Inkareichs
1541/42	Aufbruch Franz Xavers von Lissabon ins indische Goa
1542	*Leyes nuevas*: Versuch der Abschaffung der *Encomienda*
1546	Errichtung dreier lateinamerikanischer Kirchenprovinzen
1583	Einreiseerlaubnis der ersten Jesuitenmissionare nach China
1614	Verbot des Christentums in Japan
1692	Toleranzedikt für das Christentum in China

1. Die Mission in Indien, Japan und Südostasien

Portugiesische Mission in Indien

Nachdem Vasco da Gama in portugiesischem Auftrag Indien auf dem Seeweg erreicht hatte, kam es nicht nur darauf an, für den lukrativen Gewürzhandel Hafenstützpunkte zu errichten. Vielmehr benötigte man auch Verbündete gegenüber den überwiegend feindlich gesinnten muslimischen

Häfen und Städten an der Küste Afrikas. 1510 konnten die Portugiesen mit Unterstützung der dortigen Hindus in Goa die Muslime vertreiben und den bedeutenden Hafen an der indischen Westküste in Besitz nehmen. Ein Jahr später wurde mit Malakka ein wichtiges Handelszentrum erobert. 1533 wurde Goa der erste indische Bischofssitz, der 1558 zum Erzbistum mit mehreren Suffraganbistümern erhoben wurde, in Indien Cochin im südlichen Kerala. Die Mission erfolgte zunächst in den von den Portugiesen eroberten Städten durch Franziskaner, Dominikaner und Jesuiten. Die Entscheidung zur Taufe bedeutete zunächst auch eine Entscheidung für die portugiesische Lebensart und erfolgte meist unter antimuslimischen Vorzeichen. An der südindischen Malabar-Küste gab es bereits seit dem vierten Jahrhundert ostsyrische Christen, die sich auf den Apostel Thomas zurückführten. Auf sie wurde nun Druck ausgeübt, eine Union mit Rom und eine Unterwerfung unter den Papst zu vollziehen. Wieder zerbrochen ist diese Union rund 100 Jahre später, 1653. Ein Teil der „Thomaschristen" blieb mit Rom uniert oder unterwarf sich diesem wieder.

Jesuitische Akkomodation

Auf Bitten des portugiesischen Königs veranlasste der Papst, dass Ignatius 1542 einen seiner ersten Gefährten, Franz Xaver (1506-1552), nach Indien entsandte. Erfüllt vom Verlangen, die Seelen der Inder zu retten, fand Franz Xaver die Mehrzahl der bereits Getauften völlig unwissend vor. Bekehrungen erreichte er vor allem bei den Kastenlosen, da der Religionswechsel für diese zugleich sozialen Aufstieg bedeutete. Jesuiten setzten sich später auch am gebildeten Hof des muslimischen Mogulherrschers im nordindischen Akbar fest, von wo aus Erkundungsreisen in entferntere Gebiete unternommen wurden. Seit 1606 wirkte der Jesuit Roberto de Nobili (1577-1656) im religiösen, innerindischen Zentrum der Hindus, Madurai. Er erlernte die dortigen Sprachen, Tamil und Sanskrit, und lebte das Leben eines brahmanischen Asketen, der auch Jünger um sich scharte. Indem er sich an die Brahmanen wandte, musste er die unteren Kasten meiden. Auch andere Hindu-Bräuche wurden übernommen, soweit sie nicht in direktem Gegensatz zum christlichen Glauben standen. Der Papst billigte 1623 die neuartige Missionsmethode, die bald Nachahmer fand, jedoch immer wieder angefeindet wurde. Mitte des 18. Jahrhunderts erging ein päpstliches Verbot dieser „malabarischen Riten". Die Präsenz des Christentums in Indien ging in der Folge zurück.

Das Christentum in Japan und Südostasien

Japan

Franz Xaver hatte 1549 erstmals Japan betreten; er hielt die Japaner für das zivilisierteste und ethischste Volk, das bisher entdeckt worden sei. Nun musste die Missionsmethode umgestellt und philosophische Überzeugungsarbeit geleistet, nicht nur Riten und Gebete eingepflanzt werden. Die Macht lag damals faktisch bei den lokalen Machthabern (*daimyôs*), die sich teilweise selbst dem Christentum öffneten. Nagasaki entwickelte sich zum wichtigsten Anlaufpunkt der Jesuitenmissionare. Alessandro Valignano SJ (1533-1600) als Visitator bejahte die dort vollzogene Anpassung an die Sitten der Zen-Meister. Freilich kippte 1587 die Stimmung gegen den portugiesischen Einfluss. Es kam zur (zunächst nicht exekutierten) Ausweisung der Missionare und zu Zerstörungen von Kirchen, obwohl noch 1588 in Funay ein japanischer Bischofssitz errichtet werden konnte. 1597 wurden 26 Missionare mit ihren Helfern in Nagasaki hingerichtet. Nach der neuen Einigung Japans durch ein starkes Shogunat ab 1603 wurde 1614 das Christentum komplett verboten, zumal mit den Niederländern ein alternativer europäischer Handelspartner zur Verfügung stand. Es kam zu einer allgemeinen Verfolgung von Christen, die mittels Spitzel ausfindig gemacht werden sollten, verbunden mit einem Misstrauen gegen alles Europäische, von dem man sich immer mehr abschottete. Ohne Priester überlebte das Christentum in Japan im Untergrund bis ins 19. Jahrhundert, wobei die starke Marienverehrung oft synkretistisch mit andersreligiösen Vorstellungen vermischt war.

Südostasien

Mit der Eroberung Malakkas durch Portugal fand das Christentum auch Eingang in die malaysische Inselwelt. Jedoch verdrängten 1602 die Niederländer mit ihrer Ostindienkompanie den katholischen Einfluss weitgehend wieder. Auch nach Vietnam kam das Christentum schon im frühen 16. Jahrhundert, doch entwickelte sich eine systematische Mission erst rund 100 Jahre später, im Südreich vor allem durch den Jesuiten Alexandre de Rhodes (1593-1660), der vietnamesisch lernte und seine Kleidung an die der Einheimischen anglich. Das Christentum kam trotz der Schwierigkeiten wegen des Verbots der Ahnenverehrung und der Polygamie der einheimischen Kultur entgegen. Großen Einfluss am Königshof hatte der Jesuit Johann Siebert (1708-1745), nach dessen Tod es zu Rückschlägen und Verfolgungen kam. Anders als bei den übrigen Inseln des malaiischen Archipels gelang es Spanien, die nordöstlich gelegene und von Ferdinand Magellan († 1521) entdeckte Gruppe der „Philippinen“ als Kolonie zu behalten und zu missionieren. 1578 wurde das Bistum Manila errichtet. Die Orden teilten sich die Missionsarbeit, bei der sie vorchristliche Riten vielfach aufgriffen und christlich umformten, regional auf, wobei in den schwerer zugänglichen Gebieten auch eine muslimische Minderheit überdauerte.

2. Die Chinamission und das Problem der jesuitischen Akkomodation

Die Anfänge

Bereits Franz Xaver war in Japan klargeworden, dass die hochstehende buddhistische Kultur dort unter dem Einfluss Chinas stand. Auf dem Weg nach China starb er auf der Insel Sanchuan. Von der portugiesischen Basis in

Macao aus erhielten 1583 schließlich die beiden Jesuiten Matteo Ricci (1552–1610) und Michele Ruggieri (1543–1607) die Erlaubnis zur Einreise. Direkte Mission war unmöglich, aber sie erkannten schnell, dass es die konfuzianisch geprägte Beamtenelite war, die man gewinnen musste, und die buddhistischen Mönche – anders als in Japan – weniger Ansehen genossen.

Quelle

Matteo Ricci, Brief vom 12.10.1596 (Auszug)

Kirchen- und Theologiegeschichte in Quellen VI, 26

Da die Gelehrten und die wichtigsten Leute hier die Bonzen wenig schätzen, habe ich das Aussehen ihrer gelehrten Prediger übernommen, damit ich den Bonzen nicht ähnlich sehe. … Ich denke, wir werden vorläufig keine Kirche eröffnen, sondern nur ein Haus zum Predigen, … wobei ich fruchtbarer durch Gespräche als in der eigentlichen Predigtform predige.

Strategie und Methode

Man knüpfte also an den Konfuzianismus und dessen Vorstellungen an und versuchte durch Gelehrsamkeit, besonders in der Mathematik und mittels Geräten wie Uhren und Musikinstrumenten, Ansehen zu erwerben. Der Konfuzianismus galt den Jesuiten als gute Vorbereitung auf das Christentum, als eine Art der natürlichen philosophischen Ethik, während man Ahnenverehrung und rituelle Elemente als rein zivil oder als sekundär interpretierte.

Quelle

Matteo Ricci, Brief vom 15.2.1609 (Auszug)

Kirchen- und Theologiegeschichte in Quellen VI, 26

In alter Zeit haben die Chinesen das natürliche Gesetz ebenso genau befolgt wie in unseren Ländern. Während 1500 Jahren hat dieses Volk kaum die Götzen verehrt oder nur solche, die nicht so verwerflich sind wie jene im alten Ägypten, in Griechenland und Rom. Gewisse Gottheiten waren sogar sehr tugendhaft und für ihre guten Werke bekannt. In der Tat verehren sie in den einflussreichsten und ältesten Büchern ihrer Gelehrten nur den Himmel und die Erde und den Herrn beider. Bei genauer Untersuchung findet man in ihren Büchern weniges, was dem Licht der natürlichen Vernunft widerspricht, und vieles, was ihr gemäß ist. Außerdem sind ihre Naturphilosophen nicht schlechter als andere.

Seit etwa 1600 gewannen die Jesuiten so Zugang zum Kaiserhof in Peking als Astronomen und Mathematiker. Einer von diesen hochangesehenen Gelehrten, die den Rang eines Mandarins, also eines hohen Beamten am Kaiserhof, erreichten, war der Jesuit Adam Schall von Bell (1591–1666). Er war 1630 mit der Reform des chinesischen Kalenders betraut worden. Am Ende seines Lebens wäre er freilich beinahe einem Komplott seiner Gegner zum Opfer gefallen.

Abb. 3 Adam Schall von Bell im Mandaringewand

Scheitern

Trotz des Misstrauens einiger chinesischer Kreise erließ der Kaiser 1692 ein allgemeines Toleranzedikt für den christlichen Kult der Europäer. Das 18. Jahrhundert sah dann aber das Scheitern der missionarischen Erwartungen: Zum einen drangen vor allem von den Philippinen Missionare anderer Orden ein, die sich direkter an die unteren Bevölkerungsschichten wandten, die Akkomodation der Jesuiten an die konfuzianischen Gelehrten ablehnten und umgekehrt das Christentum bei der chinesischen Elite in Verruf brachten. Zum anderen kritisierten Missionare, die der römischen Propaganda-Kongregation unterstellt waren, die Jesuiten, so dass deren Methoden 1704 und 1742 von Rom verurteilt wurden. Dies führte zu einer Abwehrreaktion des Kaiserhofs gegen das römische Christentum, auch wenn die dortigen Jesuiten hoch angesehen blieben. Ohnehin wird man fragen müssen, ob eine größer angelegte Mission Chinas nicht aus Mangel an geeigneten Missionaren hätte scheitern müssen.

3. Zwischen Genozid und Inkulturation: Eroberung und Christianisierung Lateinamerikas

Mission im Gefolge des Kolumbus

Kolumbus erreichte den lateinamerikanischen Kontinent an der karibischen Inselgruppe. Schon bei den ersten Entdeckungsfahrten war das zentrale wirtschaftliche Motiv, Gold zu finden, mit christlichen Expansionsplänen verbunden. Die folgenden Fahrten waren vor allem von den Interessen der Kolonisatoren geprägt, die ein enormes wirtschaftliches Risiko eingingen und deshalb Handelsinteressen bei der Unterwerfung der neuen Gebiete hatten und nach Bodenschätzen suchten. Doch wollte die spanische Krone die Oberhoheit behalten und zugleich die Missionierung forcieren. Zu diesem Zweck sicherte sie sich die Kirchenzehnten in den neuen Gebieten und etablierte eine streng vom spanischen Königtum kontrollierte Kirchenorganisation, etwa auch das Ernennungsrecht für die Bischofssitze (1508 wurde den Königen formell das Patronatsrecht durch den Hl. Stuhl übertragen), die ab 1509 zunächst in Haiti und Puerto Rico, dann auch auf Kuba, errichtet wurden. Der Klerus bestand vor allem aus Angehörigen der Bettelorden, besonders der Franziskaner und Dominikaner.

Aztekenreich in Mexiko

Mit dem Aztekenstaat in Mittelamerika und dem Inkareich im Andengebiet gab es auch zwei größere, komplexere und zentralisiertere Gemeinwesen als es die übrigen Stammeskulturen auf dem Kontinent waren. Das aztekische Großreich war um 1200 mit der Hauptstadt Tenochtitlán im mexikanischen Raum entstanden. Erobert wurde es von Hernán Cortés (1485-1547) 1519-1522. Die Begegnung beider Kulturen war von schweren Missverständnissen geprägt. Die Azteken glaubten, die Prophetie vom wiederkehrenden Schlangengott Quetzalcoatl erfülle sich, so dass sie in ihren Augen wertvollen Federschmuck und Menschen opfern wollten. Die Spanier wollten hingegen Gold erbeuten, die Menschen taufen und töteten die aztekischen Krieger schon im Kampf. Die Mission war in der Folge vor allem das Werk der Franziskaner, die konsequent eine indigene Kirche errichten wollten und unter denen Bernardino di Sahagún (1500–1590) die Geschichte der Azteken niederschrieb und im Interesse einer Inkulturation des Christentums die vorchristlichen Riten erforschte. In Guadalupe erschien 1531 die Gottesmutter in der Gestalt einer „dunkelhäutigen" einheimischen, mütterlichen Frau. Dieses Ereignis war der Ursprung einer der größten Wallfahrtsorte der Welt und Zeichen für die Integration vorchristlicher Religiosität, die auch darüber hinaus in die christliche Festkultur Mexikos einging.

Inkareich in Peru

Das Großreich der Inka, die ihre Herrschaft und ihren Sonnen- und Mondkult über ein weites Gebiet unterworfener Stämme im Andenraum mit der Hauptstadt Cusco ausgedehnt hatten, wurde ab 1532 von Francisco Pizarro (1476/78–1541) und Diego de Almagro (1475/80–1538) von Panama aus erobert. In den Kämpfen verbündeten sich mitunter unterjochte Stämme mit den Spaniern, für die vor allem die rituellen Kinderopfer der Inkas ein Gräuel waren. Die Konquistadoren wurden vor allem von den reichen peruanischen Gold- und Silbervorkommen angelockt. Nach der Ermordung Almagros und Pizarros in Aufständen errichtete die Krone dort ein Vizekönigreich mit der von den Spaniern gegründeten Hauptstadt Lima, während das Vizekönigreich Neu-Spanien mit Mittelamerika und den Philippinen bereits vorher mit Mexiko als Hauptstadt errichtet worden war. Die peruanischen Gebiete bildeten bald das Herz der südamerikanischen Kolonialkirche. 1546 wurde Lateinamerika vom Metropolitanverband mit Sevilla gelöst und in drei Kirchenprovinzen, Santo Domingo, Mexiko und Lima, eingeteilt. Die überwiegende Mehrzahl der Kleriker waren Ordensangehörige, mehr als die Hälfte waren Franziskaner, später folgten die Jesuiten (erst ab 1568) und die Dominikaner; wichtigster Wallfahrtsort wurde Copacabana am Titicacasee, wo die Marienverehrung den Kult der Patchamama integrieren konnte. Führender Theoretiker der Inkamission wurde der Jesuit José de Acosta (1540–1600), der eine Geschichte der Indios schrieb und das Erlernen von deren Sprachen für zentral erklärte, zugleich aber das Verhalten der Spanier als größtes Hindernis für eine erfolgreiche Mission erkannte.

Brasilien

Die Eroberung und Mission Brasiliens stellt einen Sonderfall dar. Es lag im portugiesischen Bereich und wurde zwar frühzeitig von Pedro Alvárez Cabral (1467/69-vor 1520) entdeckt, stieß aber erst auf größeres Interesse, als erfasst wurde, dass dortige Gebiete ideal für den Zuckerrohranbau waren. Hierzu wurde nun eine große Anzahl an schwarzafrikanischen Sklaven importiert, die für die harte körperliche Arbeit geeigneter erschienen als die Indios. Auch Orden und kirchliche Institutionen bewirtschafteten ihre Güter als Einnahmequellen mit Sklavenarbeit, was wenig Anstoß erregte, zumal man sich um Seelsorge an ihnen bemühte, Relikte schwarzafrikanischer Religiosität aber nicht völlig verdrängen konnte. Bis 1676 blieb Salvador de Bahia der einzige brasilianische Bischofssitz. Die Tropen galten ohnehin als Ort der Permissivität und das Amazonas-Gebiet war schwer zugänglich. Die Jesuiten und andere Missionare suchten dort die einheimischen Stämme vor Ausbeutung zu schützen.

Die Encomienda, die Kolonialwirtschaft und das Bemühen der Orden um Schutz und Seelsorge

Wirtschaftsinteressen und Schutzforderungen

Die Ankunft der Europäer in Amerika bedeutete für die indigene Bevölkerung von Beginn an Zwangsarbeit, Ausbeutung und Verschleppungen. Besonders schlimm wirkte sich auch das Einschleppen von lebensgefährlichen Epidemien aus, die ungewollt viele Opfer forderten. Erstmals 1511 in Santo Domingo klagten Antonio Montesino (ca. 1480–1540) und andere Dominikaner die spanischen Eroberer wegen der schlechten Behandlung der Indios scharf an und drohten, die Beichtabsolution und die Sakramente zu verweigern, was bei den Siedlern Empörung hervorrief.

Quelle

Adventspredigt des Antonio Montensinos (1511) (Auszug)

Kirchen- und Theologiegeschichte in Quellen VI, 222f.

Als der Sonntag und die Stunde der Predigt gekommen waren, bestieg der erwähnte Fray Antón Montesino die Kanzel, und als Thema und Grundlage seiner Predigt, die er schon geschrieben hatte und die von den übrigen mitunterzeichnet war, nahm er: Ego vox clamantis in deserto (Joh 1,23). Diese Stimme, sagte er, verkündet Euch, dass ihr alle der Grausamkeit und Tyrannei wegen, die ihr gegen diese unschuldigen Menschen gebraucht, in Todsünde seid und in ihr lebt und sterbt. Sagt, mit welchem Recht und mit welcher Gerechtigkeit haltet ihr diese Indios in solch grausamer und entsetzlicher Knechtschaft? Mit welcher Machtbefugnis habt ihr solche verabscheuungswürdigen Kriege gegen diese Menschen geführt, die ruhig und friedlich in ihren Ländern lebten, in denen ihr so unendlich viele von ihnen getötet und mit unerhörten Verheerungen ausgerottet habt? Wie bedrückt und plagt ihr sie, ohne ihnen Essen zu geben oder sie in ihren Krankheiten zu pflegen, die sie sich durch die übermäßigen Arbeiten zuziehen, die ihr ihnen auferlegt und durch eure Schuld sterben sie, oder, besser gesagt, ihr tötet sie, um täglich mehr Gold herauszupressen und zu gewinnen? Und wie sorgt ihr für jemanden, der sie in der christlichen Lehre unterweist, damit sie ihren Gott und Schöpfer erkennen, getauft werden, die Messe hören, die Sonn- und Feiertage in Ehren halten? Sind sie etwa keine Menschen? Haben sie keine vernunftbegabten Seelen? Seid ihr nicht verpflichtet, sie wie euch selbst zu lieben? Versteht ihr das nicht? Fühlt ihr das nicht? Wie könnt ihr in einen so tiefen, so bleiernen Schlaf versunken sein? Haltet ihr es für gewiss, dass ihr euch in dem Zustand, in dem ihr euch befindet, nicht besser retten könnt als die Mauren oder Türken, denen der Glaube an Jesus Christus fehlt und die ihn nicht haben wollen.

Die Klagen der Ordensleute am Königshof führten zu einer Kommission, die die *Leyes de Burgos* 1512 als Schutzgesetze ausarbeitete. Auf der einen Seite wurde den Indios Leben, körperliche Unversehrtheit und Eigentum garantiert, auf der anderen Seite wurden sie zu Arbeit und Gehorsam der spanischen Krone gegenüber verpflichtet. Dazu sollten sie missioniert werden, wobei das Lebensbeispiel der Europäer ein gutes Vorbild sein müsse. Dies entsprach der Wirtschaftsform der **Encomienda**, die von Pedro von Córdoba OP (ca. 1460-1525) und anderen Ordensleuten weiterhin kritisiert wurde, da die erzwungene Arbeit und das schlechte Beispiel der Siedler alle Schutzmaßnahmen und auch die missionarischen Anstrengungen unterliefen.

Stichwort

Encomienda

Die spanische Krone hatte das Ziel, die neuen Gebiete wirtschaftlich durch exportorientierte Landwirtschaft zu nutzen, die einheimische Bevölkerung zu kontrollieren und zu missionieren, aber auch die Ausbildung von zu unabhängigen Machtstrukturen zu verhindern. So verlieh man seit 1503 Konquistatoren große Landgebiete im Auftrag der Krone (encomienda = das Anvertraute), die zur Bewirtschaftung die einheimische Bevölkerung zwangsweise heranziehen durften, die formell aber nicht versklavt wurde, sondern für ihren Lebensunterhalt entlohnt und zugleich missioniert werden sollte. Faktisch etablierte sich ein Zwangsarbeitssystem. Die Handelsströme mussten hingegen alle über die königliche *Casa de Contratación* in Sevilla laufen, so dass die Krone die Kontrolle behielt.

Kampf der Kirche gegen die *Encomienda*

1502 war Bartolomé de Las Casas (1484-1566) nach Haiti gekommen und *Encomienda*-Besitzer geworden. Als sein dominikanischer Beichtvater ihm 1513 die Absolution verweigerte, ging ihm auf, dass das *Encomienda*-System Unrecht vor Gott sei und gab seinen Besitz auf. Mit Pedro de Córdoba reiste er nach Spanien, um den Plan für einen Systemwechsel in den neuen Ländern zu entwerfen. 1520 wurde er beauftragt, seine Vorstellung eines friedlichen Zusammenlebens an der Küste Venezuelas umzusetzen, doch scheiterte dies an spanischen Sklavenjägerschiffen und Racheaktionen der Indios. 1521 trat Las Casas selbst in den Dominikanerorden ein und drängte die Krone immer wieder dazu, einzugreifen. 1537 erreichte er vom Gouverneur in Guatemala die Zusage, dass die von den Dominikanern betreuten Quiché-Indios nicht zu Zwangsarbeit gezwungen und vom Kontakt mit Spaniern ferngehalten würden. Inzwischen hatte 1537 der Obere der mexikanischen Dominikaner die päpstliche Bulle *Sublimis Deus* erwirkt, die das Freiheits- und Besitzrecht der Indios einforderte, da sie als Menschen eine unsterbliche Seele hätten und alle Menschen eine Einheit bildeten. 1541 hatte Las Casas die Gelegenheit, in Spanien bei Karl V. und dem Indienrat vorstellig zu werden. Er erreichte die *Leyes Nuevas* (1542), die die *Encomiendas* mit dem Tod der Inhaber für erloschen erklärten. Las Casas wurde 1544 zum Bischof von Chiapas ernannt, doch scheiterte die Abschaffung des *Encomienda*-Systems vorerst am Widerstand der Kolonisten, so dass Las Casas ab 1547 wieder in Spanien wirkte.

Reduktionen

Die Strategie, die Indios in einer Art Reservatdörfer vom Umgang mit den Europäern fernzuhalten, verfolgten auch andere Ordensgemeinschaften, besonders die Jesuiten. In den Reduktionen, so seit 1576 am Titicacasee in Peru, lebten die Indios in Dörfern mit den Patres abgeschirmt zusammen. Aufgabe der Patres war es, sie in deren Sprachen zu Ackerbau (v.a. Mate-Tee) und Handwerk, aber auch religiös zu erziehen und nach außen hin zu schützen. Faktisch kam ihnen eine Rolle ähnlich den Schamanen und Ältesten zu. 1608/9 wurden solche Reduktionen zur Mission auch in Chile und in den Guaraní-Missionen in Paraguay (später auch in Ostbolivien) errichtet. In Paraguay entstand in den folgenden Jahrzehnten ein ganzes Netz an Jesuitenmissionen, die immer wieder durch Überfälle von Sklavenjägern bedroht waren, so dass man sich zur Aufstellung von bewaffneten Milizen entschied. Die Guaraní praktizierten eine Art Gütergemeinschaft, ließen sich aber nur schwer zu Vorratswirtschaft und Gewinnstreben erziehen.

Milderung der *Encomienda*

Die Kritik der Missionare aus den Ordensgemeinschaften hat im Zusammenwirken mit der Krone in der zweiten Hälfte des 16. Jahrhunderts eine faktische Überwindung des *Encomienda*-Systems zumindest für die Kernzonen spanischer Herrschaft erreicht, auch jenseits der Reduktionen. Häufig wurde es von Formen der zeitweisen Stellung von Arbeitskräften aus Indio-Siedlungen an die Grundherren abgemildert, die sich europäischen Formen der Arbeitsleistung stärker anglich. In religiöser Hinsicht führte die Sorge der Missionare um echte Bekehrungen einerseits zu einer Abschaffung der vorchristlichen Riten, andererseits zu Studien und Beschreibungen über die Sprache und Kulte der indigenen Völker.

Aufbau kirchlicher Strukturen

Frühzeitig gründete die spanische Krone in den neueroberten Gebieten Bischofssitze, die mit Angehörigen der missionierenden Orden besetzt wurden. Erzbischofsitze wurden Santo Domingo und Mexiko, auch in Lateinamerika entstanden vier Kirchenprovinzen, Santa Fe de Bogotá, Lima, Charcas und Saõ Salvador. Zur normativen Ausgestaltung des kirchlichen Lebens wurden Provinzialkonzilien ein wichtiges Instrument, etwa in Mexiko oder in Lima. In der Kirchenprovinz Lima wurden solche Synoden 1551/52, 1567/68 und 1582/83 abgehalten. Die Bistümer waren dabei unterschiedlich wohlhabend. In den reicheren wurden zahlreiche Pfarreien errichtet. Auch ein System von höheren Bildungsinstitutionen wurde etabliert, 1551 etwa die Universität in Lima. Für die Indios in den Städten wurden, ähnlich wie für die Afroamerikaner, meist separierte, sehr einfache Pfarrkirchen gegründet. Bruderschaften waren ein beliebtes Instrument der Seelsorge. In Brasilien blieb hingegen Salvador de Bahia von 1551 bis 1676 der einzige Bischofssitz. Erst dann wurde es zum Erzbistum und Mittelpunkt einer von Funchal unabhängigen Kirchenprovinz.

Die kirchliche Einteilung Lateinamerikas im 17. Jahrhundert in Kirchenprovinzen

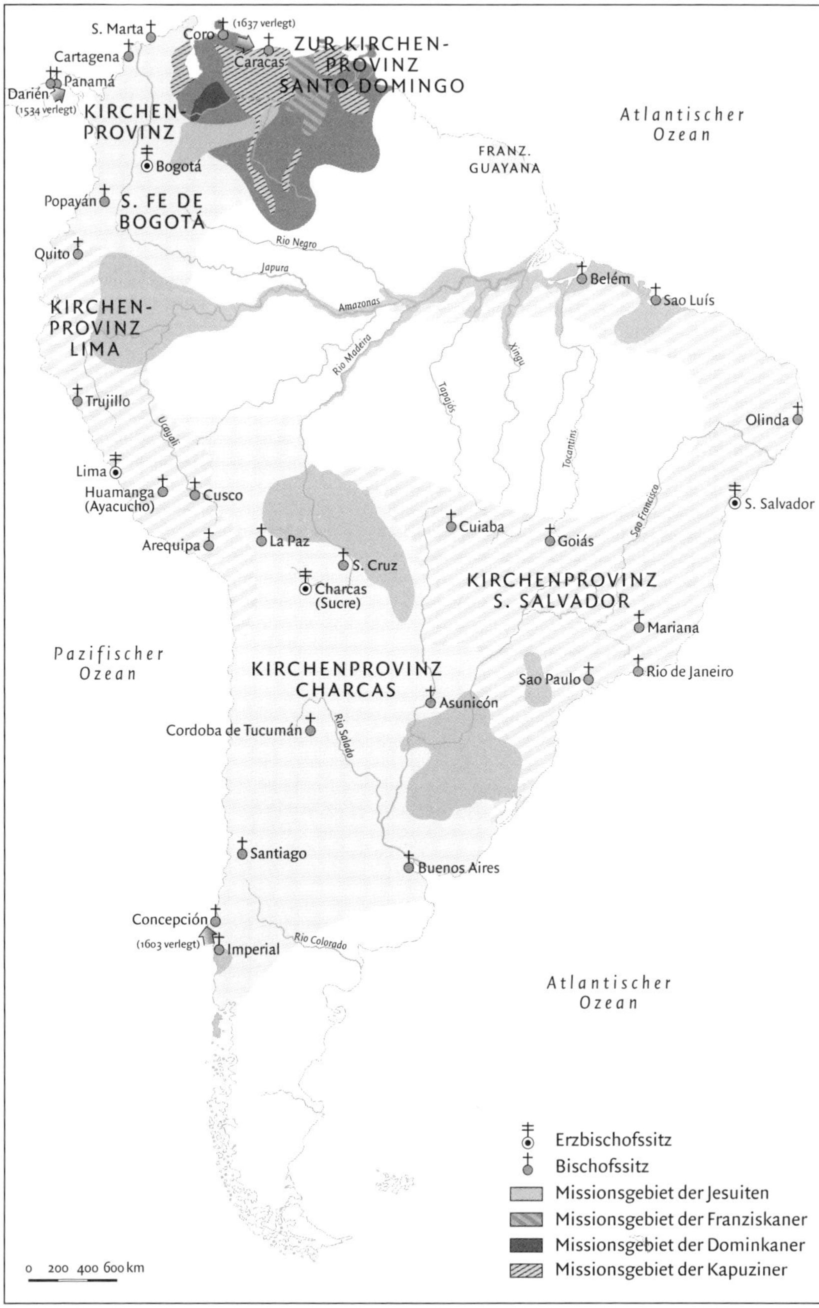

Mission in Nordamerika

In Nordamerika war eine französische Kolonialkirche mit Québec als Mittelpunkt entstanden; von dort aus unternahmen die Ordensgemeinschaften großangelegte Missionsanstrengungen bei der indigenen Bevölkerung, etwa den Irokesen und Huronen. Diese scheiterten vielfach an den wirtschaftlichen Interessen protestantischer Siedler, die die Indios mit Waffen gegen die störenden Missionare ausstatteten. Im 18. Jahrhundert eroberten die Engländer die französischen Kolonien in Nordamerika. Während die Missionen eher sprach- und kulturbewahrend wirkten, kam es durch die englische Siedlungstätigkeit im Kampf um Land zu einer regelrechten Vernichtung der indianischen Kultur in Nordamerika. Auch hier zeigt sich der signifikante konfessionelle Unterschied, nach dem die Überzeugung von der Heilsnotwendigkeit der katholischen Kirche, das Potential der Orden und vor allem die Fähigkeit, indigene Religiosität zu integrieren ein differentes Kolonisationsmodell ermöglichten, das fremde Kulturen leichter missionieren konnte und sie nicht völlig absorbieren musste.

4. Protestantische Mission

Im Gegensatz zu den Katholiken waren die Protestanten an der Überseemission zunächst nicht interessiert. Es waren zunächst katholische Staaten, die die Seefahrt nach Ostasien und Amerika beherrschten. Dazu fehlten im Protestantismus die Ordensgemeinschaften als Träger der missionarischen Anstrengungen. Als die Niederlande und andere protestantische Mächte im 17. Jahrhundert dann vermehrt Niederlassungen vor allem in Asien gründeten, waren diese in Handelsgesellschaften organisiert. Seelsorger wirkten dort zwar für die Europäer selbst, aber es gab kaum Bemühungen bzw. staatliche Anreize dafür, die einheimische Bevölkerung zu missionieren. Erst der Hallenser (1706 von Tranquebar an der Koromandelküste in Indien, das kurz vorher Dänemark erworben hatte, ausgehend) und der Herrnhuter Pietismus (in Grönland, Westindien, Nordamerika und Südafrika) begannen mit einer systematischen Missionsarbeit. Auch in der anglikanischen Kirche gründete sich im 18. Jahrhundert eine Missionsgesellschaft. ■

Auf einen Blick

Mit der europäischen Expansion nach Amerika und Asien war auch die weltweite Ausbreitung des katholischen Christentums verbunden. Katholische Theologen deuteten dies vielfach als providentielle Kompensation für die Verluste durch die Reformation. In Indien, Japan und China wollten vor allem die Jesuiten durch Adaption an die Bräuche der Brahmanen, der buddhistischen Mönche und der konfuzianischen Gelehrten überzeugen und Vertrauen schaffen. Langfristig scheiterten diese anspruchsvollen Unternehmungen ohne militärische Unterwerfung. In Lateinamerika standen die Interessen von Orden und Kirche hingegen vielfach in Widerspruch zu den wirtschaftlichen Interessen der Eroberer und Siedler. Hier konnten Ordensleute im Lauf der Zeit Schutzrechte für die eingeborene Bevölkerung erreichen, die dennoch zu einem großen Teil Opfer der europäischen Expansion wurde. Im Protestantismus erwachte der Missionsgedanke hingegen erst ab etwa 1700 im Pietismus und wurde dann von Missionsgesellschaften getragen.

Literaturhinweis

Urs Bitterli, Die Entdeckung Amerikas. Von Kolumbus bis zu Alexander von Humboldt, München 2006. *Gesamtüberblick zur Entdeckung und Eroberung des amerikanischen Kontinents.*

Jacques Gernet, Christus kam bis nach China. Eine erste Begegnung und ihr Scheitern, Zürich-München 1984. *Darstellung der interkulturellen Begegnungsgeschichte zwischen Christentum und chinesischer Kultur.*

Johannes Meier, Bis an die Ränder der Welt: Wege des Katholizismus im Zeitalter der Reformation und des Barock, Münster 2018. *Auf langjähriger Forschungsarbeit beruhende Gesamtdarstellung v. a. der katholischen frühneuzeitlichen Mission.*

Klaus Schatz, „... dass diese Mission eine der blühendsten des Ostens werde ...“. P. Alexander de Rhodes (1593–1660) und die frühe Jesuitenmission in Vietnam, Münster 2015. *Aus den Quellen gearbeitete neue Darstellung der frühen Mission der Jesuiten in Vietnam.*

VIII. Seelsorge und Strategien der Glaubensintensivierung im 17. Jahrhundert

Überblick

In den Konfessionsgesellschaften bewirkte Konformitätsdruck von oben und unten, dass das Christentum zwar überall Geltung hatte, aber in unterschiedlicher Intensität gelebt wurde. Strömungen, die die Religion der Mehrheitsgesellschaft als zu äußerlich kritisierten oder mehr als einen konventionellen Minimalismus einforderten, gab es deshalb in allen Konfessionen. Im Protestantismus entwickelten sich der Pietismus und die Erweckungsbewegungen im angelsächsischen Raum. Aber auch im Katholizismus gab es Versuche, die religiöse Praxis der Barockgesellschaft, für die besonders die Jesuiten standen, zu vertiefen oder umzuformen. Im Jansenismus verband sich eine strenge Moral mit der Orientierung an der augustinischen Gnadenlehre; eine Allianz aus französischem Königtum und jesuitischen Gegnern erwirkte dessen römische Verurteilung.

1567	Verurteilung von 76 augustinistischen Sätzen aus den Schriften des Michael Bajus
1609	Gründung der ersten Baptistengemeinde in Amsterdam
1609	François de Sales veröffentlicht sein Werk *Philothea* als Anleitung zu einem frommen Leben.
1610	Johann Arndts *Vier Bücher vom wahren Christentum* erscheinen.
1653	Römische Verurteilung von fünf Sätzen zur Gnadenlehre des *Augustinus* von Cornelius Jansen
1675	Speners Werk *Pia desideria* erscheint.
1692	August Hermann Francke wird Pfarrer in Glaucha bei Halle.
1713	Die Bulle *Unigenitus* will den Jansenismus und falsche Mystik bekämpfen.
1722	Graf Zinzendorf beginnt in seinem später Herrnhut genannten Rittergut, Glaubensflüchtlinge aus Böhmen aufzunehmen.
Ab 1731	Jonathan Edwards Predigten stehen am Beginn des *Great Awakenings* in den britischen Kolonien Nordamerikas.
1738	John Wesleys Bekehrungserlebnis in London und Reise nach Herrnhut

1. Predigt, Seelenführung und Verchristlichung der Gesellschaft

Die Konfessionsstaaten waren um Abgrenzung nach außen ebenso bemüht wie um Verchristlichung der Bevölkerung. Das Ideal war ein im wahren Glauben geeintes Gemeinwesen, das Frevel und Sünde möglichst aus seinen Reihen eliminiert hatte. Dies geschah nicht allein durch Mandate, Verbote und Kontrolle. Vielmehr waren es Seelsorge und Unterricht, die die möglichst uniforme, christliche Konfessionsgesellschaft schaffen und verbessern sollten. Der Unterricht im Katechismus war in allen Konfessionen fest etabliert und durch Predigt und Kirchenzucht sollte eine bewusst christliche Gesellschaft geformt werden. In allen Konfessionskulturen gab es eine große Bandbreite an kirchlicher Partizipation und Konsequenz in der christlichen Lebensführung. Das konfessionelle Christentum, die christliche Gesellschaft war von oben her bestimmt, entsprach aber auch dem Bedürfnis von unten, also weiter Kreise der Bevölkerung. Es prägte tiefgehend die Kultur, war aber dadurch etwas, was eine weitgehende Symbiose mit Staat, Gesellschaft und Kultur einging. Formen bewusster Areligiosität und religiösen Dissenses waren selten.

Kritik an Minimalismus, Aberglauben und Anpassung

Häufig waren hingegen ein gewisser Minimalismus und ein Misstrauen gegenüber einem zu starken Ausgreifen der Geistlichen auf alle Bereiche der Lebensführung. Insbesondere dort, wo das familiäre Herkommen tangiert war, gab es vielfach antiklerikale Gegenreaktionen. Christliche Riten und Feiern konnten mit anderen Sinngehalten aufgeladen werden, als es die konfessionellen Eliten erwarteten. Diese Praxis wurde von diesen oft als Aberglaube kritisiert. Von der Seite der kompromisslos Frommen regte sich grundsätzliche Unzufriedenheit mit der Konfessionsgesellschaft. Förderte diese nicht Heuchelei und Veräußerlichung? Mussten die Strategien der Seelsorge nicht überdacht werden, weg von äußerem Druck und konventioneller Anpassung? Anstatt einer christlichen Formung aller sollte zunächst die Gruppe der wahrhaft und freiwillig Frommen in Distanz zur Welt aufgebaut und gefördert werden. Diese könne dann auf die Restgesellschaft ausstrahlen, auch wenn wahres Christentum nie der Welt gleich werden könne und deshalb immer in Distanz zu Konvention und gesellschaftlichem Mittelmaß sein werde. Derartige Strömungen gab es in allen konfessionellen Kulturen.

2. Der Pietismus

Die Anfänge des Pietismus

Speners Pia desideria

Seit 1666 wirkte der Elsässer Philipp Jacob Spener (1635-1705) als Senior der Frankfurter Pfarrerschaft. 1670 begann er in seinem Pfarrhaus zusammen mit dem Juristen Johann Jakob Schütz (1640-1690) private Erbauungsversammlungen (*collegia pietatis*) zu veranstalten. Prägend wurde die gemeinsame Bibellektüre. 1675 verfasste Spener sein Werk *Pia desideria oder Herzliches Verlangen nach gottgefälliger Besserung der wahren evangelischen Kirche*: Programmatisch wurde gefordert, dass private Erbauungsversammlungen als Heilmittel gegen die Defizite der Großkirche eingerichtet werden sollen. Gemeinsame Bibellektüre sollte die praktische Frömmigkeit stärken und Luthers Lehre vom gemeinsamen geistlichen Priestertum aller Gläubigen mit Leben füllen. Im selben Jahr veröffentlichte Schütz sein Geistliches Gedenkbüchlein, das geistliche Selbstprüfung und Heiligung des Alltags befördern wollte.

Quelle

Philipp Jakob Spener, Pia Desideria (1675) (Auszug)

Kirchen- und Theologegeschichte in Quellen IV, 36

Das Vornehmste aber achte ich dieses zu sein: Weil ja unser ganzes Christentum besteht in dem inneren oder neuen Menschen, dessen Seele der Glaube und seine Wirkungen die Früchte des Lebens sind, dass dann die Predigten insgesamt dahin gerichtet werden sollten; einerseits zwar die teuren Wohltaten Gottes, wie sie auf den inneren Menschen zielen, also vorzutragen, dass daher der Glaube und in demselben solcher innere Mensch immer mehr und mehr gestärkt werde; andererseits aber die Werke also zu treiben, dass wir beileibe nicht zufrieden seien, die Leute allein zur Unterlassung der äußerlichen Laster und Übung der äußerlichen Tugenden zu treiben und also gleichsam nur mit dem äußerlichen Menschen es zu tun zu haben – was die heidnische Ethik auch tun kann, sondern dass wir den Grund recht im Herzen legen, zeigen, es sei lauter Heuchelei, was nicht aus diesem Glauben geht … Also, dass es nicht genug sei, getauft zu sein, sondern dass unser innerlicher Mensch, worin wir Christus vermittels derselben [= der Taufe] angezogen, ihn auch müssen anbehalten und Zeugnis davon an dem äußerlichen Leben zeigen. … Darauf, weil darin die rechte Kraft des ganzen Christentums steht, sind billig insgemein die Predigten zu richten. Und würde gewisslich, wenn solches geschehen würde, viel mehr Erbauung, als auf diese Weise bei vielen geschieht, erfolgen …

Pietistische Konventikelbildung

Diese Gedanken knüpften an die bisherige Frömmigkeitsliteratur, vor allem an Johann Arndts (1555-1621) einflussreiche *Vier Bücher vom wahren Christentum* an, die 1610 erschienen waren. Arndt, der zuletzt Generalsuperintendent in Celle war und selbst auch aus der mittelalterlichen Mystik schöpfte, vermittelte dadurch mystische Traditionen weit über das norddeutsche Luthertum hinaus. Bereits vor Spener wurden so häusliche Andachten und Predigtmeditationen praktiziert und die Menschen zur Buße aufgerufen. Dennoch bildete sich mit Spener eine neue Bewegung, die bald hoch umstritten war. Zu ihr gehörte auch die Forderung nach einem mehr auf die persönliche Frömmigkeit ausgerichteten Theologiestudium und die Wiedereinführung der nicht mehr praktizierten Konfirmation. Häufig war wie bei Spener ein endzeitliches Bewusstsein vorherrschend. Als die pietistische Bewegung in Frankfurt zerfiel, ging Spener als Oberhofprediger 1686 nach Dresden. In seinen Predigten, zu denen die Gläubigen ihre Bibeln mitbringen sollten, wollte er belehren, zu christlicher Lebensführung anleiten und Trost zusprechen. Unter Speners Einfluss bildeten sich Konventikel in Städten wie Hamburg, Tübingen und Gießen, später in ganzen Territorien wie Brandenburg oder Hessen-Darmstadt. 1691 wurde er in Berlin Propst von St. Nicolai und Konsistorialrat. Die Konventikel wurden vielerorts als „Sektierertum" angefeindet. Der Name „Pietismus" war zunächst eine abwertende Fremdbezeichnung der Gegner Speners für ihn und seine Anhänger.

Differente Ausprägungen des Pietismus

Von Beginn an gab es im Pietismus unterschiedliche Strömungen. Man kann eine kirchliche Richtung, die sich als Teil der Großkirche verstand und auf diese zurückwirken wollte, von einer radikalen bzw. separatistischen unterscheiden, die die Volkskirchen für irreformabel hielt und glaubte, dass man sich deshalb von ihnen trennen müsse. In Württemberg wurden die Pietisten anders als in Brandenburg weniger vom Landesherrn als von den Landständen unterstützt. Auch hier gab es unter den Pfarrern radikale Strömungen, so dass um 1700 zwei antipietistische Edikte des Landesherrn erschienen, ehe der Pietismus ab 1743 geduldet wurde.

Auch innerhalb der reformierten Kirchen bildeten sich zahlreiche pietistische Gruppierungen, zunächst vor allem unter dem Einfluss des Pfarrers von Mülheim an der Ruhr, Theodor Undereyck (1635-1693). In den Niederlanden war es die *Nadere Reformartie*, die ab 1665 in Fortführung von Impulsen der reformierten Tradition eine Besserung und Reform in allen Lebensbereichen erstrebte. Sie war vom Puritanismus beeinflusst und wurde vielfach als niederländische Spielart des Pietismus gedeutet. Radikale, apokalyptische und separatistische Strömungen innerhalb des Pietismus knüpften zudem auch an spiritualistische Strömungen im Reformationsjahrhundert an. Rezipiert wurde etwa das Geistchristentum jenseits von festen Strukturen und jenseits der Konfessionen (Philadelphismus). Prophetie und chiliastische Erwartungen (des 1000-jährigen Reichs vor dem Anbruch der Endzeit nach Offb 20, 4f.) spielten oft eine wichtige Rolle. Zentren waren das Wittgensteiner Land und die Wetterau.

2. Pietistische Zentren und Strömungen: Halle und Herrnhut

August Hermann Francke

Eine bedeutsame, eigene Form des Pietismus entwickelte sich in Halle um August Hermann Francke (1662-1727). Der aus Gotha stammende Francke rang schon in seiner Studienzeit um eine Verbindung von exakter exegetischer

Arbeit am biblischen Urtext und geistlicher Bibellektüre. Im sog. Lüneburger Bekehrungserlebnis von 1687, das er selbst schildert, ging ihm in existentiellen inneren Kämpfen auf, dass im Ringen mit Glaubenszweifeln nicht die Berufung auf die traditionellen Autoritäten, sondern das Gebet und Gottes gnadenhafter Selbsterweis im Inneren die Gewissheit brächten. Das für Francke typische Motiv von Bußkampf und Gnadendurchbruch ist hier vorgebildet.

Quelle

August Hermann Francke, Bekehrungsbericht (1690/91) (Auszug)

Kirchen- und Theologiegeschichte in Quellen IV, 66f.

Ich kam also von der Meditation der Predigt ab und fand genug mit mir selbst zu tun. Denn solches, dass ich noch keinen wahren Glauben hatte, kam mir immer tiefer zu Herzen. Ich wollte mich hier- und damit aufrichten und gleichsam die traurigen Gedanken damit verjagen, aber es wollte nichts hinlänglich sein. Ich war bisher nur gewohnt, meine Vernunft mit guten Gründen zu überzeugen, weil ich im Herzen von dem neuen Wesen des Geistes wenig erfahren hatte. ... Ich meinte, an die Hl. Schrift würde ich mich doch halten, aber bald kam mir in den Sinn: wer weiß, ob auch die Hl. Schrift Gottes Wort ist, die Türken geben ihren Koran und die Juden ihren Talmud auch dafür aus, wer will nun sagen, wer Recht hat. Solches nahm immer mehr die Überhand, bis ich endlich von dem allen, was ich mein Leben lang, insonderheit aber in dem über acht Jahre getriebenen studio theologico von Gott und seinem geoffenbarten Wesen und Willen gelernt, nicht das geringste mehr übrig war, das ich von Herzen geglaubt hätte ... In solcher großen Angst legte ich mich nochmals am erwähnten Sonntagabend nieder auf die Knie und rief an den Gott, den ich noch nicht kannte noch glaubte, um Rettung aus solchem elenden Zustande, wenn anders wahrhaftig ein Gott wäre. Da erhörte mich der Herr, der lebendige Gott, von seinem heiligen Thron, als ich noch auf meinen Knien lag. So groß war seine Vaterliebe, dass er mir nicht nach und nach solchen Zweifel und Unruhe des Herzens wieder wegnehmen wollte, woran mir wohl hätte genügen können, sondern damit ich desto mehr überzeugt würde und meiner verirrten Vernunft ein Zaum angelegt würde, gegen seine Kraft und Treue nichts einzuwenden, so erhörte er mich plötzlich. Denn wie man eine Hand umwendet, so war mein Zweifel hinweg; ich war versichert in meinem Herzen der Gnade Gottes in Christo Jesu; ich konnte Gott nicht allein Gott, sondern meinen Vater nennen, alle Traurigkeit und Unruhe der Herzens wurde auf einmal weggenommen, hingegen wurde ich wie mit einem Strom der Freude plötzlich überschüttet ...

Francke wirkte in Leipzig und in Erfurt im Geiste Speners, wurde aber seines Amtes enthoben, nachdem es unter den Studenten zu Konventikelbildungen gekommen war. 1692 erhielt er daraufhin eine Pfarrstelle in Glaucha bei Halle. In den nächsten Jahren baute er dort, unterstützt von seiner sehr eigenständigen Ehefrau Anna Magdalena (1670–1734), die Glauchaschen Anstalten (bald Franckesche Stiftungen genannt) auf, mit deren Hilfe er durch Erziehung eine neue christliche Gesellschaft schaffen wollte.

Frankesche Anstalten

Zunächst wurde mit Spendengeldern eine Armenschule eröffnet. Es folgte ein Pädagogium für die höhere Bildung der oberen Schichten, eine vorbereitende Lateinschule, eine Mädchenschule, dazu wurden ein Waisenhaus, ein Lehrerseminar und eine Bibliothek aufgebaut; eine Apotheke, ein Naturalienkabinett und ein Verlag mit Buchhandlung und Druckerei wurde ebenfalls errichtet. 1710 konnte der Freund Speners Carl Hildebrand Freiherr von Canstein (1667–1719) hier die erste Bibelanstalt gründen, die möglichst preiswert Bibeln verbreiten wollte. Programmatisch wollte Francke mit all dem eine „Generalreformation", eine Bekehrung der Welt bewirken. Das gesamte, von der Berliner Regierung wohlwollend unterstützte Erziehungssystem zielte auf eine kindgerechte anschauliche Pädagogik, aber auch auf eine strikte Methodik und Disziplin, verbunden mit Selbsterforschung, zur Schaffung wahrhaft christlicher Persönlichkeiten. Durch die Berufung von Franckes Mitstreitern wurde die noch junge Hallesche Reformuniversität ein Zentrum des Pietismus, der das Studium auf die Förderung des frommen Subjekts (*habitus practicus*) ausrichtete. Das 1702 errichtete *Collegium Orientale Theologicum* wollte Begabte in philologisch-biblischen Studien fördern.

Medien und Mission

Der Hallesche Pietismus wurde von vielen Faktoren geprägt und populär gemacht: Bibelkreise zur geistlichen Bibellektüre und Predigten, die Bußkampf, Wiedergeburt und Heiligung des Alltags evozieren wollten, aber auch Gesangbücher wie das „Geistreiche Gesangbuch" des Johann Anastasius Freilinghausen (1670–1739) ab 1704 und das Berliner Gesangbuch des Johann Porst (1688–1728) von 1708 und die Erbauungszeitschrift „Sammlung" (1731–1761). Er breitete sich auch nach England und nach Nordamerika aus. Zudem entsandte man erstmals Missionare nach Indien, durch die sich nun auch das Luthertum systematisch des Missionsgedankens annahm. Der Orientalist Johann Heinrich Callenberg (1694–1769) initiierte seit Ende der 1720er Jahre auch eine systematische Juden- und Muslimmission, was nicht unumstritten war.

Nikolaus Graf von Zinzendorf

Von Halle beeinflusst war auch Nikolaus Graf von Zinzendorf (1700–1760). Dieser schöpfte auch in hohem Maß aus den Schriften Johann Arndts und der mystischen Tradition, die im Pietismus immer wieder rezipiert wurden. 1732 gab Zinzendorf seine Stellung am Dresdener Hof auf. Schon rund 10 Jahre vorher hatte er begonnen, auf seinem Rittergut bei Zittau, das nun „Herrnhut" genannt wurde, Glaubensflüchtlinge aus Böhmen aufzunehmen. Hieraus erwuchs die Brüdergemeine in einem philadelphischen, also überkonfessionellen Geist (die Konfessionen waren Zinzendorf verschiedene Weisen, wie Gott die Menschen erzieht), innerhalb derer Zinzendorf Laienämter einrichtete. Mit zahlreichen Tochtergemeinden stand man bald in engem Austausch. Währenddessen kam es zum Bruch mit Halle, da Zinzendorf die dortige Zuspitzung auf Bußkampf und Bekehrung immer mehr als Engführung empfand, während dort umgekehrt Zinzendorfs Offenheit auch radikalen Gruppen gegenüber kritisch beäugt wurde. 1736–1747 war Zinzendorf aus Sachsen ausgewiesen und gründete Niederlassungen in der Wetterau und das Pädagogium in Schloss Barby bei Magdeburg. Männer und Frauen in verschiedenen Ämtern leiteten die Gemeinden, auch wenn Zinzendorf auf Druck von außen schließlich die lutherische Ordination einführte. Entscheide wurden oft per Los gefällt. In der Brüdergemeine wurden Bibliomantie und seit 1731 die Losungen populär, Verfahren, die im scheinbaren Zufall die Stimme Gottes hören wollten.

Spiritualität und Mission

In Zinzendorfs mystischer Herzenstheologie stand die persönliche, eheähnliche Beziehung zu Christus als Seelenbräutigam und dem „Lämmlein" im Zentrum, zu dem und besonders zu dessen Wunden mit kindlichem Vertrauen aufgeblickt werden sollte, um jeweils neu die Bekehrung „seliger Sünderschaft" zu erfahren. Seit 1732 entsandte die Brüdergemeine systematisch Missionare zur Heidenbekehrung, vor allem in Gebiete, wo bislang noch nicht missioniert wurde. Auch Judenmission wurde betrieben, wenn auch in einem respektvoll-philadelphischen Geist der Verbundenheit. Verbreitung fand die Brüdergemeine auch in England und in den englischen Kolonien in Amerika, deren Zentren von Zinzendorf in seiner weitreichenden Reisetätigkeit besucht wurden. Nach seinem Tod wurden Leitungsstrukturen durch Älteste und Predigerkonferenzen zwischen den Gemeinden etabliert, die eng verbunden waren durch einen stetigen Austausch und das Totengedenken.

4. Baptismus, Methodismus und *Great Awakening*

Presbyterianer, Kongregationalisten und Dissenters

Auch in der und gegen die anglikanische Staatskirche entwickelten sich zahlreiche oppositionelle Strömungen, die dieser Konformismus und laues Konventionschristentum vorwarfen. Langfristig am einflussreichsten erwiesen sich die Baptisten und die Methodisten. Reformierte bzw. puritanische Strömungen waren auf der britischen Insel zunächst presbyterianisch orientiert. Die Einzelgemeinden wurden kollegial durch das Presbyterium aus Pastoren und Ältesten geleitet und waren in eine synodale Ordnung eingebunden. Daneben entstanden im Puritanismus auch kongregationalistische Formen, bei denen die Einzelgemeinde autonom war. Ein Teil davon wandte sich gegen die *Church of England* (Separatismus, *dissenters*). Die Gemeinde war für sie ein freiwilliger Bundesschluss der Gläubigen. Mit dem *Toleration act* (1689) nach der *Glorious Revolution* wurde den Dissenters Religionsfreiheit gewährt. Ihre religiöse Überzeugung war nun straffrei, auch wenn weiterhin der Aufstieg in staatlichen Ämtern blockiert war. Neben den Methodisten und Baptisten wurden nun etwa auch die sog. „Quäker" toleriert, die aus der *seeker*-Bewegung hervorgingen, die nach tieferer religiöser Erfahrung und Erkenntnis als in den Konfessionskirchen strebten. Nach dem Ende des Bürgerkriegs in England und in den englischen Kolonien kam es so zu einer Pluralisierung der Kirchen und christlichen Strömungen.

Baptisten

Die Ablehnung übergemeindlicher Ordnungen führte vorher zu Verfolgungen, so dass zu Beginn des 17. Jahrhunderts viele separatistische Gruppen nach Amsterdam emigrierten. Dort sammelten sie sich unter dem ursprünglich anglikanischen Priester John Smyth (1566-1612) als Gemeinde. Man lehnte eine festgefügte liturgische Ordnung ab, um dem Hl. Geist mehr Raum zu geben und führte wenig später die Gläubigen-, also Erwachsenentaufe ein. Verbunden war damit die Vorstellung von einer Abkehr vom falschen Glauben der Anglikaner. Unter Thomas Helwys (ca. 1550-1616) kehrte ein Teil der Gemeinde 1611/12 nach London zurück. Helwys forderte vollständige Religions- und Gewissensfreiheit und damit den religionsneutralen Staat. Von den Mennoniten unterschieden sich die bald als „Baptisten" bezeichneten Gemeinden vor allem dadurch, dass sie weder den Eid noch die politischen Ämter grundsätzlich ablehnten. Anders als die *general baptists* vertraten die *particular baptists* streng die calvinistische Prädestinationslehre. Einen großen Aufschwung erlebten die Baptisten in Amerika. In Neu-England und den mittleren Kolonien traten sie kompromisslos gegen Sklaverei ein, anders als im Süden.

Methodismus

Bei der Entstehung des Methodismus im England des 18. Jahrhunderts wirkten puritanische und pietistische (v.a. Zinzendorfs) Einflüsse zusammen. Wahres Christentum ergebe sich noch nicht aus dem Ritus der anglikanischen Kirche, sondern aus bewusster Buße und Wiedergeburt, die Rechtfertigungs- und Heilsgewissheit beinhalte. Daraus erwachse die bleibende Aufgabe der Heiligung des eigenen Lebens und der Nächstenliebe, besonders zu den sozial Schwachen, einschließlich dem Eintreten für die Abschaffung der Sklaverei. Die Brüder John (1703-1791) und Charles Wesley (1707-1788) und George Whitefield (1714-1770) pflegten bereits während ihres Studiums in Oxford fromme Erbauungsstunden. Später übte auf sie die Frömmigkeit Herrnhuts großen Einfluss aus und sie zogen als Wanderprediger durch England, um in ihren Augen laue Christen zu wahrer Bekehrung zu führen. Nach den Predigten wurden Bekehrungswillige in kleine Gruppen eingeteilt, in denen man sich gegenseitig spirituell stützen und ermahnen sollte.

Das Great Awakening in den USA

Die englische Erweckungsbewegung erreichte in den 1730er Jahren auch den amerikanischen Kontinent. Prediger wie der presbyterianische Theologe Jonathan Edwards (1703-1758), der nach seinem Erweckungserlebnis in Northampton nach Amerika ging, stellten die persönliche religiöse Erfahrung in den Mittelpunkt, zu der man die getauften Christen führen müsse. Zu dem calvinistisch-puritanischem Einfluss kam der Methodismus, der von England aus übergriff, hinzu. In den emotionalisierenden Predigtkampagnen des *Great Awakening* gelang es, aus der primär an Existenzsicherung und Gewinn orientierten Lebenseinstellung vieler Siedler eine amerikanische religiöse Identität zu schaffen, die auf religiöser Erfahrung und Emotion beruhte, dem Erleben von Schuld, Buße und Begnadigung. Die kleinen baptistischen und methodistischen Gemeinden wurden in diesen Jahrzehnten erheblich gestärkt. Zahlreiche Kirchen wurden neu erbaut und auch viele Sklaven fanden den Weg zum christlichen Glauben.

5. Rigoristische Strömungen im katholischen Bereich

Formen intensivierter Frömmigkeit

Auch in der katholischen Kirche kam es im Lauf des 17. Jahrhunderts zu zahlreichen Neuaufbrüchen, die an die mystische Tradition anknüpften und eine vertiefte und verinnerlichte Frömmigkeit pflegen bzw. seelsorglich vermitteln wollten. Ordensgemeinschaften wirkten vielfach in diese Richtung, etwa die Unbeschuhten Karmeliten und Karmelitinnen, die die spanische mystische Tradition der Theresia von Ávila (1515-1582) und des Johannes vom Kreuz (1542-1591) pflegten. Bruderschaften waren vielerorts Instrumentarien, durch die fromme Laien sich zu Gebet und Werken der Caritas zusammenschlossen; sie wurden häufig von Ordenspriestern betreut. Wichtig wurde in Frankreich die Spiritualität des späteren Kardinals Pierre de Bérulle (1575-1629), der Weltpriester zu einem „Oratorium" zusammenfasste, das nach aszetischer Vertiefung und einer innigen Verehrung des Geheimnisses der Menschwerdung Gottes strebte. Spirituell einflussreich wurde François de Sales (1567-1622). Er residierte in Annecy als katholischer Bischof von Genf und war ein unermüdlicher Prediger, Seelenführer und Gründerfigur des Schwesternordens von der Heimsuchung Mariens. 1609 veröffentlichte er sein Werk *Philothea*, das auch Laien zu einem wahrhaft christlichen, die Egozentrik überwindenden Leben anleiten möchte. Im süddeutschen Raum suchte Bartholomäus Holzhauser (1613-1658) die Weltpriester nicht nur spirituell besser in Seminaren auszubilden, sondern auch zu einem gemeinsamen Leben im Gebet zusammenzufassen.

Der Jansenismus

Löwener Augustinismus

All diese Strömungen waren nicht völlig unumstritten, gingen aber aus der katholischen Konfessionskultur hervor und wollten diese fördern und vertiefen. Einige einflussreiche Gruppierungen standen aber insbesondere dem von Jesuiten geprägten Katholizismus ausgesprochen kritisch gegenüber. Kristallisationspunkt war hier der Jansenismus, der von den spanischen Niederlanden und Frankreich ausgehend auch andernorts einflussreich wurde, etwa in Österreich und Italien. Ihre Wurzeln hatte diese Strömung in der Augustinusrezeption an der Universität Löwen. Dort hatte der Theologe Michael Bajus (1513–1589) mit seinem Kollegen Jean (Johannes) Hessels (1522–1566) die Gnadenlehre des Kirchenvaters Augustinus, der wichtigsten Autorität für die mittelalterliche Kirche gerade in Fragen der Sünde und Gnade, erneuern wollen. Besonders wehren wollten sie sich gegen zeitgenössischen Strömungen, die Gottes Erlösung schmälerten, da sie menschliche Mitwirkung an der Erlösung und eine falsche Werkgerechtigkeit lehrten. Beide vertraten die Löwener Universität auf dem Trienter Konzil, wurden aber von den Löwener Franziskanern, später auch von den dortigen Jesuiten, scharf attackiert. 1567 verurteilte eine päpstliche Bulle 76 Sätze aus den Schriften des Bajus, der sich sogleich unterwarf, da er die Sätze niemals im verurteilten Sinn gelehrt habe. In Löwen stand er weiter in hohem Ansehen. Dort wurde weiterhin eine dezidiert an Augustinus orientierte Theologie gelehrt, die mit strengen moralischen Maßstäben und Reformforderungen an die Kirche einherging und eine Methode, die sich nicht strikt an der Bibel und den Kirchenvätern orientierte, in der Theologie ablehnte.

Cornelius Jansen

Exponent dieses Löwener Augustinismus war auch Cornelius Jansen (1585–1638), der seit 1623 an einem umfassenden Werk arbeitete, das die Gnadenlehre des Augustinus authentisch darstellen und zugleich zum Kampf gegen die Jesuiten, die ein falsches, zu optimistisches Bild von der menschlichen Freiheit in Sachen des Heils hätten, dienen sollte. Er starb als Bischof von Ypern. Schüler und Freunde veröffentlichten sein Werk 1640 posthum. Jansen und einige Geistesverwandte (v.a. in Port-Royal, einem Frauenkloster des Zisterzienserordens südwestlich von Versailles mit einer Stadtdependance in Paris) bemühten sich um eine strenge, christozentrische und verinnerlichte Frömmigkeit, mit der sie sich von der ihrer Meinung nach veräußerlichten Spiritualität und der laxen Moral der Jesuiten unterscheiden wollten. Eine Allianz aus französischer Politik und Jesuiten suchte die Bewegung aber in Rom zu diskreditieren, indem die Häresie des „Jansenismus“ als verdeckter Calvinismus konstruiert wurde. Tatsächlich erreichte man bereits 1642 mit der Bulle *In eminenti* die Verurteilung des *Augustinus*.

Streit um den *Augustinus*

Wichtige Anhänger des Augustinismus waren Antoine Arnauld (1612–1694) und Blaise Pascal (1613–1662), die die rigorose Sakramentenpastoral und Morallehre der Jansenisten gegen die Jesuiten verteidigten. Hiergegen erreichte die jesuitisch-französische Allianz die Verurteilung von fünf zentralen Sätzen aus dem „Augustinus“ in der Bulle *Cum occasione* (1653), konzentriert auf die These, dass der Wille des gefallenen Menschen keine innerlich guten Akte setzen könne und deshalb unfrei und ein Werkzeug der

Sünde oder der göttlichen Gnade sei, die nur einen Teil der gefallenen Menschheit erretten wolle. Die jansenistische Verteidigungshaltung war nun, dass die fünf Sätze tatsächlich falsch, so aber von Jansen nie gelehrt worden seien. Als man 1656 auch die Behauptung verpflichtend machen wollte, dass die Sätze so im *Augustinus* enthalten seien, entspann sich die Diskussion, ob die kirchlichen Instanzen kontingente Fakten (*faits*) so verbindlich lehren könnten wie Glaubensinhalte (*droits*). Satirisch griff dagegen Pascal die Jesuiten und ihre Theologie in seinen *Lettres provinciales* 1656/57 an, die wegen ihres glänzenden Stils zahlreiche Leser fanden.

Jansenistischer Widerstand

Die Jansenisten hatten Rückhalt an den Gerichtshöfen und bei einem Teil des Pfarrklerus, der sich vielfach durch besonderen seelsorglichen Eifer auszeichnete. In der Auseinandersetzung mit den päpstlichen Verurteilungen und der königlichen Repression entwickelte man Theorien der Gewissensfreiheit und des Widerstandsrechts und Modelle einer nicht rein papalen, sondern kollegialen Kirchenleitung. Viele Anhänger waren in die spanischen Niederlande geflohen. Nachdem die Verfolgung im letzten Drittel des 17. Jahrhunderts abgeflaut war, lebte der Jansenismus-Streit in der Debatte um die von der Mystik beeinflussten Theologie des Pasquier Quesnel (1634–1719) wieder auf. In der Bulle *Unigenitus Dei filius* wurden 1713 von Papst Clemens XI. (1700–1721) 101 Sätze daraus verurteilt; bereits vorher ging die französische Krone scharf gegen die Jansenisten vor und ließ das Kloster Port-Royal zerstören. Der Jansenismus wurde in den Untergrund gedrängt, aus dem heraus seit 1728 eine Zeitschrift *Nouvelles ecclésiastiques* erschien, deren Urheber man nicht entdecken konnte und die eine jansenistische Gegenöffentlichkeit prägte. ■

Auf einen Blick

In allen Konfessionsgesellschaften entstanden Gruppen, die unzufrieden mit dem Erfolg bei der Schaffung einer christlichen Gesamtgesellschaft waren. So bildeten sich Gemeinschaften, die eine entschiedene christliche Neuorientierung forderten, die über das gesellschaftlich Übliche hinausging und sich vom Mainstream abzusondern bereit war. Auch wenn im Pietismus, bei den Erweckungsbewegungen in England und Nordamerika sowie im Jansenismus konfessionsspezifische Prägungen entscheidend waren, so gab es doch interkonfessionelle Interdependenzen und gemeinsame transkonfessionelle Voraussetzungen. Das Ideal kompromisslosen Christentums öffnete nicht nur die Augen für Inkonsequenzen und Ambiguitäten in den Konfessionsgesellschaften, sondern forcierte auch die methodische Selbsterforschung und das Bemühen um Konsequenz in der Lebensführung.

Literaturhinweis

Martin Brecht/Klaus Deppermann/Hartmut Lehmann/Ulrich Gäbler (Hg.), Geschichte des Pietismus. I–IV, Göttingen 1993–2004. *Umfassende, handbuchartige Gesamtdarstellung des Pietismus.*

Dominik Burkard/Tanja Thanner (Hg.): Der Jansenismus – eine „katholische Häresie"? Das Ringen um Gnade, Rechtfertigung und die Autorität Augustins in der frühen Neuzeit (= RST 159), Münster 2014. *Neuere Forschungen, insbesondere auch zur römischen Verurteilung des Jansenismus.*

Monique Cottret, Histoire du jansénisme. XVIIe–XIXe siècle, Paris 2016. *Zusammenfassung des Forschungsstandes.*

Grayson M. Ditchfield, The Evangelical Revival, London 1998. *Knappe Gesamtdarstellung der protestantischen Erweckungsbewegung in den ersten Jahrzehnten des 18. Jahrhunderts.*

Andrea Strübind/Martin Rothkegel (Hg.), Baptismus. Geschichte und Gegenwart, Göttingen 2012. *Sammelband zur Geschichte der baptistischen Kirche seit ihrer Entstehung 1609, der den internationalen Forschungsstand bündelt.*

Johannes Wallmann, Der Pietismus, Göttingen [2]2005. *Fundierte Überblicksdarstellung eines der profiliertesten Pietismus-Forscher.*

IX. Die Aufklärung

Überblick

Im Selbstverständnis der Gebildeten lebte man in der zweiten Hälfte des 18. Jahrhunderts in einem Zeitalter der Aufklärung, wobei die Lichtmetapher in vielen europäischen Staaten zum Bestimmungsmerkmal wurde. Träger der Aufklärung war das städtische Bürgertum, das ein neues Konzept von Staat, Wirtschaft und Religion entwickelte. Zentrale Forderung der Aufklärung war das Postulat religiöser Toleranz. Mit der Toleranzforderung verband sich ein neuartiger Allgemeinbegriff von *religio* und damit die Idee einer natürlichen Religion, der philosophische, allgemeingültige Kern aller einzelnen Formen derselben, auf den es ankomme. Teile der Aufklärung entwickelten von hier aus eine offenbarungskritische Strömung und besonders in Frankreich eine antiklerikale Kirchenkritik. Der Staat suchte seine Kontroll- und Hoheitsrechte über die Kirche auszubauen und wollte das Kirchenwesen vernünftig reformieren.

1695	John Lockes Schrift *The Reasonableness of Christianity as delivered in the Scriptures*
1695/96	Pierre Bayles *Dictionnaire* erscheint.
Ca. 1717	Gründung der ersten Freimaurerloge in London
1740	Regierungsantritt Friedrichs II. in Preußen und Rückholung von Christian Wolff an die Universität Halle
1751–1780	Erscheinen der *Encyclopédie* Diderots und d'Alemberts
1779	Veröffentlichung von Lessings *Nathan der Weise*
1781	Erscheinen der *Kritik der reinen Vernunft* Kants
1784	Kants Abhandlung *Was ist Aufklärung?*

1. Begriff und Epochenbezeichnung

Begriff und Selbstverständnis

Ab etwa 1750 wurde zur Bezeichnung des eigenen Selbstverständnisses der Begriff „Aufklärung" geprägt und verwendet. Die zentrale Lichtmetapher bestimmte die Begriffsbildung der wichtigsten europäischen Sprachen. Ziel der Aufklärer war es, etwas durch vernünftige Prüfung hell zu machen, also vernünftig die Dinge zu begründen bzw. zu reformieren, anstatt das Herkommen einfach hinzunehmen. Bereits damals sprach man von einem „Zeitalter der Aufklärung“, auch wenn sich „Aufklärung“ als Epochenbegriff erst Ende des 19. Jahrhunderts fest etabliert hat. Mit dem Begriff verband sich ein Programm: Alle Lebensverhältnisse und Traditionen sollen vernünftig neu begründet und gegebenenfalls neugestaltet werden. Durch Erziehung sollte dasselbe zudem auf alle Menschen übergreifen, die so zu mündigen und moralisch guten Persönlichkeiten gebildet werden sollten. So gehörte zur Aufklärung von Beginn an eine reformierte und erweiterte, möglichst allgemeine Schulbildung, Publizistik (neben Büchern auch zunehmend Zeitungen und Zeitschriften) und Lesegesellschaften: Sie schufen die Anfänge einer kommunikativen Öffentlichkeit, die nicht auf den Fürsten konzentriert und durch diesen konstituiert wurde. Immanuel Kant (1724–1804) definierte die Aufklärung 1784 als den „Ausgang des Menschen aus seiner selbstverschuldeten Unmündigkeit“.

Quelle

Immanuel Kant, Was ist Aufklärung (1784) (Auszug)

Kirchen- und Theologiegeschichte in Quellen IV, 146f.

Aufklärung ist der Ausgang des Menschen aus seiner selbst verschuldeten Unmündigkeit. Unmündigkeit ist das Unvermögen, sich seines Verstandes ohne Leitung eines anderen zu bedienen. Selbstverschuldet ist diese Unmündigkeit, wenn die Ursache derselben nicht am Mangel des Verstandes, sondern der Entschließung und des Mutes liegt, sich seiner ohne Leitung eines anderen zu bedienen. Sapere aude! Habe Mut, dich deines eigenen Verstandes zu bedienen! ist also der Wahlspruch der Aufklärung. … Wenn denn nun gefragt wird: Leben wir jetzt in einem aufgeklärten Zeitalter? so ist die Antwort: Nein, aber wohl in einem Zeitalter der Aufklärung. Dass die Menschen, wie die Sachen jetzt stehen, im ganzen genommen, schon im Stande wären, oder darin auch nur gesetzt werden könnten, in Religionsdingen sich ihres eigenen Verstandes ohne Leitung eines andern sicher und gut zu bedienen, daran fehlt noch sehr viel.

Bürgerliche Gesellschaften und Akademien der Wissenschaften

Das Selbstverständnis der Aufklärung hatte so von Beginn an etwas Dualistisches an sich: Hier Licht und außerhalb Dunkelheit. Die neuere Forschung hat dies ein Stück weit relativiert. Die Aufklärung beruhte auf den Rationalisierungstendenzen der vorherigen Epoche und wirkte auch dort nach, wo man sich scheinbar scharf von ihr abgrenzte. Es gab unterschiedliche Formen der Aufklärung, auch wenn die menschliche Vernunft in der Sicht der meisten Aufklärer nur eine sein konnte. Eigentlicher Träger der Aufklärungsbewegung war das städtische Bürgertum mit seinen funktionellen Eliten, etwa Beamte, Juristen und Gelehrte. Sie schlossen sich vielfach zu aufgeklärten Gesellschaften zusammen, etwa den „Patriotischen Gesellschaften“, die – wie in Hamburg (gegr. 1765) – das aufgeklärte Wissen für das Gemeinwesen fruchtbar machen wollten, oder den Freimaurerlogen (die erste wurde 1717 oder etwas später in London gegründet), innerhalb derer die Mitglieder an der Vervollkommnung ihrer selbst und der Gesellschaft nach den Idealen der Aufklärung arbeiteten. Träger aufgeklärten Wissens waren teilweise die Universitäten; besonders die neuen Universitäten Halle (1694) und Göttingen (1734/37) waren hier Vorreiter, während die Aufklärung sonst dort auch auf erhebliche Widerstände stieß. Häufig konnten die neuen naturwissenschaftlichen und historischen Fächer und Kenntnisse nur mit erheblicher Verzögerung in die Struktur der Fakultäten und Lehrstühle implementiert werden. Dafür wurden die Akademien der Wissenschaften, die aus der Tradition der gelehrten Gesellschaften erwuchsen, zu den wichtigsten, international vernetzten Trägern für naturwissenschaftlich-experimentelles und philologisch-historisches Wissen. Deren Ergebnisse wurden in einer wissenschaftlich interessierten Öffentlichkeit diskutiert.

2. Der aufgeklärte Staat und sein Verhältnis zur Religion

Aufgeklärtes Staatsideal

Durch die Aufklärung bildete sich eine von Staat und Herrscher weitgehend unabhängige, bürgerlich geprägte Öffentlichkeit aus. Deren Träger hatten oft wichtige staatliche Stellen inne. So wurden auch die Staaten durch neue Konzeptionen allmählich reformiert. Vor allem wurden die Verwaltungen weiter ausgebaut, rationalisiert und zentralisiert. Immer mehr sollte das Leistungsprinzip alleiniges Kriterium für Stellenbesetzungen sein und damit Klientel- und andere Loyalitätsbeziehungen als Karrierefaktoren zurückgedrängt werden. Der aufgeklärte Staat war so Erbe dessen, was man lange Zeit als „Absolutismus“ bezeichnet hat, strebte also nach einem eindeutigen Machtmonopol und wollte keine gegenläufigen Machtzentren im eigenen Territorium dulden. Dadurch wurde das Mitbestimmungsrecht der Stände noch stärker beschnitten. Wirtschaftspolitisch war der Merkantilismus die bestimmende Wirtschaftstheorie, die den Wohlstand des eigenen Territoriums dadurch mehren wollte, dass er etwa durch Zölle den Geldabfluss ins Ausland verhindern und die eigene Produktion stärken wollte. Freilich hatten die Staaten schon durch den vergrößerten Beamtenapparat und die stehenden Heere, die ausgebaut wurden und bezahlt werden mussten, einen steigenden Finanzbedarf, so dass er durch höhere Steuern auch einen Teil der Wirtschaftskraft für sich selbst abschöpfen wollte.

Religiöse Toleranz und Freiheitsforderungen

Gerade Gesellschaften, in denen die Aufklärung schon früh Fuß fasste, wie die Niederlande und England, waren durch vorherige, konfessionell aufgeladene Bürgerkriege gezeichnet und versuchten unterschiedliche Glaubensrichtungen zu integrieren. Vor diesem Hintergrund entwickelte sich das Postulat der religiösen Toleranz zu einer zentralen Forderung der Aufklärung, eingebunden in weitergehende Freiheitsforderungen, etwa nach Gewissens- und Pressefreiheit. Das Ideal war der mündige Bürger, der selber autoritative Ansprüche vor der Vernunft und dem Gewissen prüfen kann und der für seine ethische und weltanschauliche Überzeugung selbst die Verantwortung übernimmt. Hinzu kamen wirtschaftspolitische Überlegungen. Wenn noch 1685 aus Frankreich die Protestanten (Hugenotten) vertrieben wurden oder aus dem Salzburger Gebiet 1732 der Geheimprotestantismus, der in den Gebirgsregionen überlebt hatte, so entsprach dies zwar dem alten Ideal des religiös geschlossenen Territoriums, der Bevölkerungsverlust schwächte aber die Wirtschaftskraft. Preußen und andere Staaten nahmen die Flüchtlinge gerne auf, um dünnbesiedelte Landstriche zu bevölkern und die eigene Produktion zu stärken. In Berlin und Königsberg entwickelte sich im letzten Drittel des 18. Jahrhunderts auch eine bedeutende jüdische Aufklärung (*Haskala*), bei der angesehene jüdische Gelehrte wie Moses Mendelssohn (1729–1786) an die bürgerlich-gelehrten Lebensformen und die philosophischen Diskurse der Gegenwart anschlossen und hoch angesehen waren. Sie bereiteten den Weg für die rechtliche Judenemanzipation.

Ein Begriff mit neuer Bedeutung: Religion

Vorherrschend wurde ein neues Konzept von „Religion". Der Begriff meinte im Mittelalter vor allem die ehrfurchtsvolle Pflicht des Einzelnen gegenüber dem Göttlichen, ganz besonders aber den Ordensstand und dessen besondere Pflichten gegenüber Gott. Die Expansion des Christentums in der frühen Neuzeit in fremde Kontinente hatte Missionare, Kaufleute und andere Reisende mit einer Vielzahl von Kulten, Riten und Überzeugungen konfrontiert. Diese wurden mit dem Eigenen verglichen und das neue Wissen in das eigene Wissenssystem integriert. So galt etwa die konfuzianische Ethik, die auch die sog. Goldene Regel kannte, als sehr nahe an jenen Geboten, die den Stammeltern im Paradies in der Uroffenbarung mitgegeben wurden und die jeder Mensch durch seine Vernunft erkennen kann. Mit christlichen Begriffen wie „Gott", „Dämonen", „Aberglaube", „Sünde" usf. versuchte man auch die fremden Kulturen zu verstehen. Viele Abweichungen, etwa Menschenopfer, Verehrung vieler Götter oder Polygamie wurden als Folgen der Erbsünde gedeutet. Von den christlichen Kategorien ausgehend wurden auch die anderen Kulturen im Sinne der *religio* interpretiert: Dies ist der Ursprung eines neuartigen Allgemeinbegriffs, „Religion", verstanden nicht als subjektive Pflicht, sondern als objektive Gesamtheit von Überzeugungen, Riten, Praktiken und Organisationsformen, die in Analogie zur christlichen „Religion" dort praktiziert wurden.

Natürliche Religion

Diese zunächst eurozentrische Sichtweise implizierte, dass man immer mehr unterschied zwischen dem Allgemeinen, Vernünftigen, allen „Religionen" Gemeinsamen, und dem rein Zufälligen, Kontingenten, das überall anders war, aber auch weniger bedeutsam. Die „natürliche Religion" mit ihren Lehren von der Existenz Gottes, den moralischen Geboten und dem Gericht Gottes nach dem Tod war so für viele Aufklärer der vernünftige Kern aller historisch-konkreten Religionen. Die allen Menschen im Gewissen zugänglichen moralischen Gebote waren aber auch der einzig gerechte Urteilsmaßstab Gottes, der kein Tyrann, sondern rational und gerecht war. Es galt, die einzelnen, konkreten Religionen zu tolerieren. Man brauchte sie, da sie faktisch eine zentrale Rolle bei der moralischen Erziehung und überhaupt im Bildungswesen spielten. Doch konnten sie in den Augen vieler Aufklärer von den Gebildeten zugunsten der rein philosophisch-moralischen Vernunftreligion (der natürlichen Religion) auch hinter sich gelassen werden. Gotthold Ephraim Lessings (1729-1781) Drama *Nathan der Weise* von 1779 mit seiner Ringparabel bringt dies auf einprägsame Weise zum Ausdruck.

Aufgeklärter Territorialismus

Bezüglich der Kirchen knüpften die aufgeklärten Staaten an die bisherigen, meist bereits ausgeprägten Kirchenhoheitsrechte an, durch die sie Kontrolle und Einfluss auf Finanzen, Stellenbesetzung, Bildung und die Armenfürsorge nehmen konnten. Neu war eher die Legitimation, die nunmehr weniger historisch argumentierte, sich also nicht mehr einfach auf den Akt der Stiftung durch die weltliche Gewalt und das Herkommen berief, sondern naturrechtlich-rational: Alle Gewalt in einem Territorium geht vom Staat aus und muss von diesem beaufsichtigt werden. Staatsrechtler haben dies oft als Übergang vom Episkopalismus, in dem der Herrscher Erbe traditioneller (in protestantischen Gebieten: derjenigen der Bischöfe) Kirchenhoheitsrechte war, zu einem Territorialismus bezeichnet. Katholischerseits erhöhte das den Druck auf die Klöster, die oft über erheblichen Grundbesitz verfügten. Die Lebensform der Mönche galt vielen Aufklärern als unnatürlich; Besitz der Klöster fließe angeblich auch nicht in das Wirtschaftsleben zurück, werde also der Volkswirtschaft entzogen. Die Klöster versuchten, ihre kulturellen Leistungen und damit ihre Nützlichkeit gegen solche klosterkritischen Diskurse zu beweisen, während der finanzielle Druck und die staatliche Reglementierung zunahmen.

3. Diskurse und Positionen im philosophischen Zeitalter

England und der „Deismus"

Das 18. Jahrhundert ist vielfach als das philosophische Jahrhundert beschrieben worden, was in dem hohen Ansehen der Philosophie, ihrer Breitenwirkung und auch in deren denkerischen Leistungen selbst begründet ist. Dabei wurden vielfältige philosophische Konzepte vertreten. In England wurde John Locke (1632-1704) ungemein einflussreich durch seine empiristisch-induktive Erkenntnistheorie ebenso wie durch seine Naturrechtslehre und die Lehre vom Gesellschaftsvertrag. Die beiden letzteren Theoreme wollten die Rechte des Einzelnen gegen staatliche Willkür schützen. Seine Schrift *The Reasonableness of Christianity as delivered in the Scriptures* von 1695 formulierte seine Religionsphilosophie: Das Christentum der Bibel, anders als die überlieferte christliche Tradition, stimme mit den Wahrheiten der Vernunftreligion, dem rationalen und ursprünglichen Kern des Christentums, überein. Ein Jahr später veröffentlichte der irische Freidenker John Toland (1670-1722) im Anschluss an Locke seine Schrift *Christianity not mysterious*. Auch er wollte die Identität des einfachen biblischen Christentums mit der Vernunftreligion aufzeigen; die Bibel könne ohne übernatürlichen Offenbarungs- und Wunderglauben, der in Wundern Widersprüche zu den Naturgesetzen sah, verstanden werden.

Quelle

John Toland, Christianity not mysterious (1695) (Auszug)

Kirchen- und Theologiegeschichte in Quellen IV, 61–63

Nun kann, was der Vernunft widerspricht, kein Wunder sein, denn es ist bereits hinreichend bewiesen, dass Widerspruch nur ein anderes Wort für Unmögliches oder Nichts ist. Folglich muss die Wundertat etwas an sich Verständliches und Mögliches sein, mag auch die Art und Weise, wie sie geschieht, außerordentlich sein. … Kein Wunder ist also gegen die Vernunft, denn die Handlung muss verständlich sein und die Vollbringung derselben muss für den Urheber der Natur, der allen ihren Prinzipien nach Gefallen gebietet, äußerst leicht erscheinen. Daher sind alle jene Wunder erdichtet, worin sich irgendwelche Widersprüche begegnen, wie jenes, dass Christus geboren sei, ohne dass sich eine Stelle des jungfräulichen Körpers öffnete … Nach dem, was bereits beobachtet war, brauche ich nicht hinzuzufügen, dass alle Wunder, die geheim geschehen oder nur unter der Partei, der der Glaube daran Nutzen und Vorteil bringt, als falsch und erlogen verworfen werden müssen; denn wie solche niemals das Zeugnis der moralischen Gewissheit in sich tragen können, so widersprechen sie der eigentlichen Absicht der Wunder, die immer zugunsten der Ungläubigen getan werden. … Es genügt deshalb, dass die Wahrheit der Handlung bewiesen wird und ihre Möglichkeit für ein Wesen, dass fähig ist, die Natur zu leiten durch unverzügliches Fortnehmen, Erweichen, Mischen, Einflößen, Verdichten usw., und dieses vielleicht durch Vermittlung Tausender zugleich. Denn Wunder werden herbeigeführt in Übereinstimmung mit den Naturgesetzen, wenn auch über ihre gewöhnliche Wirksamkeit hinaus, welche daher auf übernatürliche Weise unterstützt wird.

Die Schrift wurde in Dublin verbrannt, Toland musste nach London fliehen und galt, ebenso wie der Baron Edward Herbert of Cherbury (1583-1648) mit seiner Lehre von einer allen Religionen gemeinsamen Urreligion, die den

Menschen angeboren sei, als Gründervater dessen, was die Gegner als „Deismus“ bezeichneten und bekämpften. Klassischer Ausdruck desselben ist das 1730 von Matthew Tindal (1657-1733) veröffentlichte Buch *Christianity as old as the creation*. Noch einflussreicher als der Deismus selbst war aber wohl die Furcht- und Abwehrreaktion von gegnerischer Seite in England und auch in Deutschland. Hier wurde weniger der Aspekt gesehen, dass zentrale Wahrheiten des Christentums als vernünftig und allgemeinverbindlich betrachtet wurden, sondern eher die damit verbundene Irrelevanz und Unerkennbarkeit einer direkten geschichtlichen Offenbarung, ebenso die Unmöglichkeit von Wundern oder von Eingriffen Gottes in die Geschichte. Damit schien das Selbstverständnis des Christentums als Offenbarungsreligion ebenso untergraben zu sein wie das christliche Dogma bzw. Bekenntnis als authentische Interpretation der Hl. Schrift.

Aufgeklärter Diskurs und Religion in Frankreich

Enzyklopädien

In Frankreich waren zwei großangelegte enzyklopädische Unternehmungen einflussreich. 1695/96 veröffentliche Pierre Bayle (1647-1706), ein Hugenotte, der 1681 nach Rotterdam emigriert war, sein *Dictionnaire historique et critique*, das eine neuartige kritische Sichtung allen Wissens mit Argumenten und Gegenargumenten und genauen Quellenbelegen in Fußnoten bieten wollte und auf diese Weise festgefügte Meinungen hinterfragte sowie die Ungesichertheit vieler Annahmen demonstrierte. Dagegen war das 35 Bände umfassende Monumentalunternehmen der *Encyclopédie ou Dictionnaire raisonné des sciences, des arts et des métiers*, das Denis Diderot (1713-1784) und Jean-Baptiste d'Alembert (1717-1783) zwischen 1751 und 1780 herausgaben, ein Gemeinschaftswerk; rund 140 Autoren kennt man namentlich. Die *Encyclopédie* verfolgte das ehrgeizige Ziel, das gesamte damals vorhandene Wissen zu sammeln und zu ordnen und vor allem öffentlich zugänglich zu machen. Maßstab war die Vernunft im Verständnis der Aufklärung, wobei die Autoren unterschiedliche Positionen in philosophischer und weltanschaulicher Hinsicht vertraten; verbindend war eine starke Gegnerschaft gegen die katholische Kirche und eine Hochschätzung des neuen naturwissenschaftlichen Wissens. Sie hatte in Frankreich mehrmals mit der Zensur zu kämpfen und wurde im päpstlichen Rom 1759 auf den Index der verbotenen Bücher gesetzt, der für alle Katholiken seit Mitte des 16. Jahrhunderts Geltung beanspruchte.

Voltaire und Rousseau

Ein weiteres Kennzeichen der französischen Aufklärung war, dass diese durch Zeitschriften, populäre Pamphlete und Salons bzw. Lesegesellschaften breite Bevölkerungskreise zu erreichen suchte und häufig einen scharf antiklerikalen bzw. antikatholischen Akzent hatte. Hierfür steht der berühmte Schriftsteller und Philosoph François-Marie Arouet, genannt Voltaire (1694-1778). Von einer deistischen Glaubensüberzeugung aus überzog der

Freund des aufgeklärten Königs von Preußen, Friedrich II. (1712/1740-1786), mit Satire und Spott, was er als „religiösen Fanatismus“ ablehnte. Viele seiner Briefe unterzeichnete er deshalb mit dem antiklerikalen Schlachtruf: *Écrasez l'infâme!* Gemeint ist ein Bekenntnis dazu, das in seinen Augen intolerante, die Gedankenfreiheit und Vernunft unterdrückende Bündnis von Altar und Thron niederzuringen. Die Aufklärung war überwiegend von einem Glauben an Fortschritt und Erziehbarkeit der Menschen geprägt, wobei aber etwa Voltaire die Chancen, das Volk wirklich aufzuklären, skeptisch beurteilte. Der Philosoph Jean Jacques Rousseau (1712-1778) brach grundsätzlich mit dem Fortschrittsdenken. Auf dem Weg, Diderot im Staatsgefängnis in Vincennes zu besuchen, stieß er auf die Preisfrage der Akademie von Dijon, ob die in der Gegenwart wiederhergestellten Wissenschaften und Künste die Sitten der Menschen verbessert hätten. In seinem *Discours sur les Sciences et les Arts* argumentierte er auf radikale Weise dagegen, gewann den ersten Preis und fühlte sich seither von den übrigen Aufklärern verfolgt. Die Geschichte der Zivilisierung sei seit der anfänglichen Vergesellschaftung des Menschen und der Etablierung von Privateigentum eine Geschichte zunehmender Unfreiheit und Selbstentfremdung.

Die Aufklärung an den deutschen Universitäten

Christian Wolff

Die Philosophie der Aufklärung war in Deutschland stärker von den Universitäten bestimmt. Überragende Gestalt wurde hier Christian Wolff (1679-1754), der, unterbrochen von Jahren der Verbannung aus Preußen in Marburg (1723-1740), an der Reformuniversität in Halle lehrte. Wolff rezipierte zahlreiche philosophische Einsichten von Gottfried Wilhelm Leibniz (1646-1716), so das Ideal der Entfaltung der Philosophie im System nach mathematisch-demonstrativer Methode. Wie Leibniz suchte er das Christentum apologetisch zu beweisen, war aber zugleich der Überzeugung, dass sich die wahre Ethik auch unabhängig von der christlichen Offenbarung begründen lasse, wozu ihm der Konfuzianismus als Beispiel diente. Sein umfassendes Werk verfasste er auf Latein, aber einen beträchtlichen Teil auch in deutscher Sprache.

Christian Thomasius

Neben Wolff war der Jurist und Philosoph Christian Thomasius (1655-1728) in Leipzig und Halle der wohl wichtigste Impulsgeber für eine aufgeklärte Schulphilosophie, die den bislang vorherrschenden Aristotelismus ablöste. Er wurde vor allem durch seine strikte Unterscheidung zwischen Recht und Moral bzw. Religion und durch seine Kritik am Magie- und Hexenglauben einflussreich. Wie Wolff verwendete er in seinem wissenschaftlichen Werk nicht nur das traditionelle Latein, sondern verfasste auch zahlreiche Schriften in deutscher Sprache. Vorlesungsankündigungen auf Deutsch provozierten Kritik von Seiten der Orthodoxie.

Immanuel Kant

In gewisser Weise erreichte die deutsche Aufklärungsphilosophie mit dem Königsberger Philosophen Immanuel Kant ihren denkerischen Höhepunkt, der sie aber zugleich in eine neue Richtung lenkte. Zentral wurde für ihn seit seiner sogenannten kritischen Wende die Einsicht, dass die Philosophie vor der Untersuchung der Gegenstände die Möglichkeit der Erkenntnis dieser Gegenstände kritisch prüfen müsse. In der 1781 in erster Auflage erschienenen *Kritik der reinen Vernunft* legte er dar, dass Erkennen immer nur im Zusammenspiel von begrifflicher Erkenntnis mit raum-zeitlicher Anschauung möglich sei. Damit sei sie aber immer durch unsere Verstandeskategorien und Anschauungsformen (Raum und Zeit) geprägt und damit seien allgemeine und notwendigen Erkenntnisse möglich, die aber damit nicht über die Grenzen möglicher Erfahrung hinausreichen. Eine Erkenntnis bzw. der Beweis von Gott, der Freiheit des Willens und der Unsterblichkeit der menschlichen Geistseele sei somit prinzipiell unmöglich. Freilich erklärte Kant zugleich von sich, dass er das Wissen aufheben musste, um für den Glauben Platz zu bekommen: In der 1788 erschienen *Kritik der praktischen Vernunft* entwickelte er seine Ethik: Der gute Wille wird allein durch die kategorisch fordernde Vernunft bestimmt und nicht durch sinnlichen Neigungen. Damit wir dieses kategorische Gebot erfüllen können, müssen wir zudem als Postulate der praktisch-handelnden Vernunft die Freiheit des Willens, die Unsterblichkeit der Seele und die Existenz Gottes annehmen, damit ethisches Handeln nicht seinen Sinn verliere, weil der sittlichen Würdigkeit ansonsten nicht die entsprechende Glückseligkeit korrespondieren würde.

Rezeption

Kant galt gerade von theologischer Seite als Zerstörer der Metaphysik und der Grundlagen des Glaubens, wurde aber auch theologisch rezipiert in der Begründung einer rationalen Religionsphilosophie und in der Neubestimmung des sittlichen Handelns aus der Autonomie der kategorisch fordernden Vernunft. Er selbst hat seine Philosophie als „kopernikanische Wende" verstanden. Seine Einsichten und die damit verbundenen Fragen und Probleme regten grundlegende Systementwürfe in der nachkantischen Philosophie an, eine Periode, die als die Klassische Deutsche Philosophie (Johann Gottlieb Fichte [1762-1814], Georg Wilhelm Friedrich Hegel [1770-1831], Friedrich Wilhelm Joseph Schelling [1775-1854]) das Verhältnis von Gott und Welt in wohl seither nie mehr erreichter Radikalität begründen und durchdenken wollte. ■

Auf einen Blick

Die Aufklärung war eine primär bürgerliche Gelehrtenbewegung, die mit neuen Vergesellschaftungsformen und Medien verbunden war. Ihr Ideal war die kritisch-rationale Überprüfung allen historisch Überlieferten und eine moralische und praktische Erziehung der Menschheit zu Eigenverantwortlichkeit. Zu dieser Zeit setzte sich der abstrakte Religionsbegriff und damit die Konzeption einer philosophischen, natürlichen Urreligion durch, die allen konkreten Religionen voraus liege und ihren rationalen Kern ausmache. Dabei nahm die Aufklärung in den verschiedenen Ländern eine durchaus unterschiedliche Haltung zu den Religionen und Kirchen ein. Die Philosophie Kants bedeutete auf der einen Seite einen Höhepunkt, auf der anderen Seite aber einen Wendepunkt in der Aufklärung, brach sie doch mit den bisherigen rationalistischen oder empiristischen Entwürfen.

Literaturhinweis

Ernst Feil, Religio. I–IV (= FKDG 36, 70, 79, 91), Göttingen 1986–2007. *Minutiöse begriffsgeschlichte Untersuchung über den Bedeutungswandel von „religio".*

Winfried Müller, Die Aufklärung (= EdG 61), München 2002. *Einführung v.a. zur deutschen Aufklärung mit Diskussion des Forschungsstandes und sozialgeschichlichem Schwerpunkt.*

Wolfgang Röd, Die Philosophie der Neuzeit 1–3 (= Geschichte der Philosophie 7–9/1), München 1984–2006. *Grundlegender Überblick über die Geschichte der frühneuzeitlichen Philosophie.*

Barbara Stollberg-Rilinger, Die Aufklärung. Europa im 18. Jahrhundert, Stuttgart ³2017. *Knappe, grundlegende Gesamtsdarstellung der europäischen Geschichte im Jahrhundert der Aufklärung.*

X. Aufklärung in Theologie und Kirche

Überblick

Theologie und Kirche sahen sich in der Aufklärungszeit vor erheblichen Herausforderungen. Bürgertum und Staat erwarteten, dass der Glaube vernünftig begründet werde und den Rationalitätsstandards mündiger Individuen entspreche. Die Ergebnisse der modernen Kritik waren zu berücksichtigen und Glaube und Kirche sollten zu Erziehung, moralischer Besserung und gesellschaftlichem Zusammenhalt beitragen. Oft mit einer gewissen Verspätung galt dies auch für die katholischen Gebiete, so dass diskutiert werden muss, ob der Begriff einer „katholischen Aufklärung" eine sinnvolle historiographische Kategorie ist. In den katholischen Gebieten flossen dabei durchaus konfessionseigene Impulse und Fragen ein, etwa die jansenistischen und gallikanischen Traditionen sowie die Unterrichtstätigkeit der Orden.

Seit 1740	Mit dem Regierungsantritt Friedrichs II. wird die kirchliche Aufklärung in Preußen massiv gefördert.
1771	Johann Salomo Semlers *Abhandlung von freier Untersuchung des Canons* erscheint.
1773	Aufhebung des Jesuitenordens
1774–1778	Lessing veröffentlicht *Fragmente* eines Werks von Reimarus, der die Auferstehung Jesu bezweifelt und nur die natürliche Religion verteidigen wollte.
1781/82	Toleranzedikte in Österreich unter Joseph II.
1782	Wien-Reise von Papst Pius VI.

1. Der theologische Wolffianismus und der Kampf gegen den Deismus

Gefahr des Deismus

Der Deismus galt der christlichen Theologie als der neue Hauptgegner; man sah in ihm eine mächtige Bewegung, die Grundfesten von Offenbarungsglauben, Kirche und Staat zu zerstören drohte. So ist „Deismus" zunächst einmal eine pejorative Fremdbezeichnung für etwas, was man als gefährliche Ketzerei ansah. Zwar glaubten die Deisten an Gott, aber ein göttliches Eingreifen in die Geschichte sei nicht erkennbar oder sogar unmöglich, da eine anthropomorphe Vorstellung abgelehnt wurde (Gott verändere sich nicht). Entsprechend ist eine Offenbarung in der Geschichte nicht allgemeinverbindlich erkennbar, so dass sie auch nicht heilsentscheidend sein könne, ebenso wenig wie die Annahme von gottgewirkten Wundern in der Geschichte, die bislang vielfach als Beweis für eine Offenbarung Gottes angenommen wurden. Tatsächlich war in England der Deismus eng mit der *Free Thinker*-Bewegung des 17. Jahrhunderts verwoben, die den Kirchenglauben höchstens als Hilfsmittel für die abergläubischen Massen gelten lassen wollte, die erst zum philosophischen Vernunftglauben erzogen werden müssten.

Zweifel am traditionellen Christentum

So stellte der Deismus, mag sein Gefahrenpotential von Seiten der Theologen auch zunächst übertrieben dargestellt worden sein, in zweifacher Hinsicht eine enorme Herausforderung dar. Zum einen stellte er die Frage, ob eine irgendwo in der Geschichte ergangene Offenbarung Gottes wirklich mit jener Sicherheit erkannt werden könne, die den Menschen verpflichte, sein Leben darauf völlig auszurichten. Zum anderen waren damit seelsorgliche Fragen verbunden, denn der Deismus schien sich in die Herzen der Gebildeten einzugraben und ein Klima der Distanz und des Zweifels am traditionellen kirchlichen Christentum zu schaffen: Waren nicht alle Offenbarungsansprüche irgendwie gleich gut oder schlecht begründet, konnte also die christliche Offenbarung wirklich Glaubenssicherheit geben? Musste nicht das Heil in allen Religionen zu finden sein, da Gott sonst willkürlich ganze Kontinente vom Heil einfach abgeschnitten hätte? Gab es nicht Grundüberzeugungen im Christentum, die evidenten Einsichten des eigenen Zeitalters widersprechen, besonders derjenigen, dass Moralität im eigenen guten Willen und Sünde im eigenen schlechten Willen begründet sei, so dass Lehren wie diejenige von der Erbsünde und diejenige der stellvertretenden Genugtuung Christi für unsere Sünden gegen die Vernunft seien?

Philosophische Apologetik des Christentums

Die Theologie musste und wollte auf diese Probleme Antworten finden. In Deutschland schloss sie sich dabei zunächst vor allem dem führenden Philosophen der Zeit, Christian Wolff an. Wolff wollte philosophisch nicht nur die Annahmen der *theologia naturalis* beweisen, also die Existenz Gottes und die Unsterblichkeit der Geistseele. Er wollte auch begründen, warum eine Offenbarung ergänzend möglich und notwendig sei. Möglich sei eine solche Offenbarung, da dies nicht im Widerspruch zum göttlichen Wesen stehe. Sie sei aber auch notwendig, da die Menschen zwar theoretisch Gott und das Gute erkennen können, die Sinnlichkeit und körperliche Begierden aber eine derartige Macht über die meisten Menschen besitzen, dass sie weder Zeit noch Lust hätten, über Gott und sich selbst nachzudenken. Hier müsse die Offenbarung in Raum und Zeit, die also eine sichtbare, körperliche Dimension haben müsse, Abhilfe schaffen. Allein eine solche Offenbarung erreiche die in seiner Sinnlichkeit verstrickten Menschen und könne sie im Gegensatz zu rein abstrakten Wahrheiten motivieren. Wolff und der theologische Wolffianismus, auf katholischer Seite etwa der Ingolstädter Jesuit Benedikt Stattler (1728-1797), begründeten so einen klassischen Dreischritt für die *demonstratio christiana* innerhalb der christlichen Apologetik. Um nachzuweisen, dass der Glaube an den Wahrheitsanspruch der christlichen Offenbarung vernünftig ist, müsse zunächst die Möglichkeit einer solchen Offenbarung nachgewiesen werden, dann deren Notwendigkeit (anders kann man sich nicht von den Fesseln der Sinnlichkeit befreien), dann deren Tatsächlichkeit (historischer Nachweis der Glaubwürdigkeit, v. a. der tatsächlich geschehenen Wunder). Die Erbsünde bekam hier eine modifizierte Bedeutung als Verstricktsein in die sinnlichen Begierden.

Theologische Wolffianer

Die theologischen Wolffianer interpretierten also die Lehren des Christentums philosophisch neu, um ihre Rationalität nachzuweisen und so den gebildeten Zweiflern den Glauben neu zu ermöglichen. Großen Wert legte man auf die logisch-demonstrative, an der Mathematik orientierten Methode, mit der etwa der Direktor des Weimarer Gymnasiums Jakob Carpov (1699-1768) die gesamte Dogmatik rational in seinem 1737 erschienen Werk *Theologia revelata dogmatica methodo scientifica adornata* reformulieren wollte. Der Berliner Konsistorialrat und Propst der St. Petri-Kirche, Johann Gustav Reinbeck (1683-1741), setzte sich für die Rückberufung Wolffs nach Halle ein und war Mitbegründer der Gesellschaft der „Aletophilen" (1736), die Wolffs Philosophie bekannt machen wollte. In seinen schriftstellerischen Arbeiten wollte er die Unsterblichkeit der Seele gegen den aus Frankreich kommenden Materialismus beweisen, in einem neunbändigen Werk überdies die Rationalität der Lehren der *Confessio Augustana*.

2. Neologie und theologischer Rationalismus: Debatten und Positionen

Die Neologie

Passte sich für einige der theologische Wolffinanismus viel zu sehr der Denkweise der neuen Zeit an, so war er für andere nicht konsequent genug. Die historische **Bibelkritik** machte zunehmend Fortschritte; traditionell galt die Bibel als Wort Gottes, war also (der Sache nach oder sogar wortwörtlich) inspiriert (vgl. 2 Tim 3,16 und 2 Petr 1,20f.) und deshalb irrtumslos (Inerranz). Die kritische Erforschung der Bibel machte diese fraglich. Theologen, die später als „Neologen" bezeichnet wurden, versuchten den Kern des Evangeliums mit dem modernen Bewusstsein freier Subjektivität zu versöhnen. Christentum wurde vor allem als religiöse Innerlichkeit verstanden, die sich mit den philosophischen Rationalitätsansprüchen vereinbaren ließ und diese ergänzte, insofern es zu einem ethisch guten Leben motivierte. So glaubte man, auch der Entfremdung der gebildeten Bürger vom Christentum gegensteuern zu können. Vor allem das preußische Konsistorium förderte die neologischen Theologen, die an nahezu allen protestantischen Fakultäten Exponenten hatten.

Stichwort

Bibelkritik

Bei der Beschäftigung mit ihr im Humanismus kam die Frage nach dem ursprünglichen, authentischen Bibeltext auf. Man wollte hinter die lateinische Bibelübersetzung des Hieronymus, die Vulgata, zum Urtext zurück (Textkritik), um durch kritische Sichtung der Textvarianten möglichst den authentischen Urtext zu erhalten. In der Neuzeit fielen Widersprüche innerhalb oder zwischen den biblischen Büchern auf; manche Aussagen schienen auch mit dem sonstigen, als gesichert geltenden Wissen nicht zu korrespondieren. Dies war der Ausgangspunkt der modernen Bibelkritik. Der katholische Oratorianerpater Richard Simon (1638–1712) wollte etwa beweisen, dass neben der Schrift auch die Tradition notwendig sei, da die vielen Textvarianten keine Gewissheit über den Text böten. Er wollte auch die radikale Infragestellung der Wahrheit der Bibel durch den Philosophen Baruch de Spinoza (1632–1677) widerlegen, der den Wahrheitsgehalt der biblischen Erzählungen vom wunderbaren Geschichtshandeln Gottes jenseits ihres rationalen Gehalts (Gottes- und Nächstenliebe) radikal in Frage stellte. Es war dann vor allem der auffällige Wechsel der Gottesnamen in den nach Mose benannten Büchern des Pentateuchs (Jahwe, Elohim), was seit dem 18. Jahrhundert den Anstoß für die Literarkritik gab, die die biblischen Bücher auf vorherige Quellenschriften zurückführte.

Sack, Spalding und Jerusalem

Ab 1740 wirkte August Friedrich Sack (1703-1786) in Berlin als berühmter Prediger und ab 1750 auch als Oberkonsistorialrat. Er wollte den Glauben gegen die Zweifel der Gebildeten verteidigen und die Gläubigen zu mündigem Selbstdenken führen. Ähnlich einflussreich war Johann Joachim Spalding (1714-1804), der ab 1764 als Propst von St. Nicolai und Konsistorialrat wirkte und ebenfalls durch seine Predigten eine breite Wirksamkeit entfaltete. Bereits 1748 hatte er in seinem Werk *Die Bestimmung des Menschen* die Religion als vernunftkonform und auf moralische Besserung und Innerlichkeit zielend dargestellt. Auch in seinen späteren Schriften suchte er den gebildeten Zweiflern das Christentum wieder plausibel zu machen, indem er den eigenständigen Wert der Religion als einer „Angelegenheit des Menschen" aufzeigen wollte. Einflussreich war auch der Braunschweigische Hofprediger und Prinzenerzieher Johann Friedrich Wilhelm Jerusalem (1709-1789), der in seinen *Betrachtungen über die vornehmsten Wahrheiten des Christentums* (1768) das Christentum als rational und mit dem Fortschritt der Aufklärung kompatibel erweisen wollte.

Historische Bibel- und Dogmenkritik

Gegen die traditionelle Lehre von der Inspiration und Irrtumslosigkeit der Bibel setzte sich immer mehr die historische Bibelkritik durch, die die Entstehung der biblischen Bücher erforschte, Widersprüche derselben untereinander und mit den späteren Dogmen ausmachte und die traditionellen Verfasserangaben in Frage stellte. Johann Jakob Wettstein (1693-1754) war ein Vorreiter der modernen Textkritik, der 1751/52 das griechische Neue Testament neu edierte. Der eher gemäßigte Johann David Michaelis (1717-1791) etablierte in Göttingen die biblischen Einleitungswissenschaften und eine Scheidung der Disziplinen alt- und neutestamentliche Exegese. Sein Schüler Johann Gottfried Eichhorn (1752-1827) arbeitete insbesondere an einer kritischen Quellenscheidung des Pentateuchs (Literarkritik), für den er mehrere Quellenschriften annahm (ältere Urkundenhypothese). Wichtigster Anlass war die Verwendung unterschiedlicher Gottesnamen in den verschiedenen Abschnitten (Jahwe, Elohim). Doch auch die Kirchengeschichtsschreibung suchte sich von den Vorzeichen der Dogmatik zu lösen und Ketzer ebenso wie orthodoxe Strömungen „unparteiisch" zu behandeln. Wegweisend wurde die „pragmatische Methode", für die Johann Lorenz Mosheim (1693-1755) in Göttingen Maßstäbe setzte: Alle Ereignisse in der Zeit sollten durch kausale innerweltliche Gründe, insbesondere als Ergebnis menschlichen Handelns, erklärt werden. Ergebnis war eine charakteristische Unterscheidung von Evangelium und Dogma, da alle Dogmen selbst nur kontingentes Resultat menschlicher Handlungen zu sein schienen.

Johann Salomo Semler

Im Lebenswerk des seit 1752 an der Universität Halle lehrenden Johann Salomo Semler (1725-1791) bündeln sich zahlreiche Problemstellungen der Neologie und werden weiter durchdacht. Als sein Hauptwerk gilt die „Abhandlung von freier Untersuchung des Kanons" aus dem Jahr 1771. Der biblische Kanon sei nicht vom Himmel gefallen, sondern historisch entstanden, so dass er auch historisch untersucht werden müsse. Zentral ist deshalb seine Unterscheidung zwischen der Hl. Schrift und dem Wort Gottes, das in dieser enthalten sei, ohne dass die Schrift selbst wortwörtlich von Gott diktiert oder inspiriert wäre. Mit diesem Programm verband Semler zwei weitere Unterscheidungen, nämlich diejenige zwischen der Religion des Subjekts und der wissenschaftlichen Theologie und diejenige zwischen dieser subjektiven Religion („Privatreligion") und der öffentlichen Religion. Öffentlich müsse der Glaube der Kirche gelehrt werden, doch habe jeder Christ ein Recht auf seine eigene religiöse Überzeugung. So historisierte Semler auch das Dogma der Kirche, indem er dieses vom ursprünglichen Evangelium unterschied. Zugleich distanzierte er sich von der radikalen Kritik eines Hermann Samuel Reimarus (1694-1768), Lehrer am Akademischen Gymnasium in Hamburg, dessen von Lessing posthum herausgegebene *Fragmente* den Glauben an die Auferstehung Christi als Betrug seiner Jünger entlarven wollten.

Theologischer Rationalismus

Seit den 1780er Jahren bildete sich innerhalb der Neologie eine radikale Strömung, die als theologischer Rationalismus bezeichnet wird. Der wahre Kern des Christentums sei nichts als die Vernunftreligion, besonders seine Ethik, also seine praktisch-moralische Seite. Prominenter Vertreter dieser Richtung waren Heinrich Philipp Konrad Henke (1752–1809), der an der Universität Helmstedt lehrte und Mitglied des Braunschweiger Konsistoriums war. Er wollte die ursprüngliche, moralische Religion Christi von einer dreifachen Götzenverehrung geschieden wissen, nämlich diejenige der Bibel, des Christus und des Dogmas; die Religion Christi sei also etwas anderes als die späteren christologischen Dogmen. Josias Friedrich Christian Löffler (1752–1816) wirkte als Theologieprofessor an der Preußisch-Brandenburgischen Universität in Frankfurt/Oder, später als Generalsuperintendent in Gotha. In seinen Schriften und Predigten kritisierte er die traditionelle Trinitäts- und Satisfaktionslehre, die er als Produkt einer verfremdenden Hellenisierung des Christentums ausmachte. Die bereits 1735 anonym erschienene, kommentierte Übersetzung des Pentateuchs (Wertheimer Bibel) des Johann Lorenz Schmidt (1702–1749) lehnte alle übernatürlichen Wunder ebenso ab wie die Annahme, das Neue Testament sei die Erfüllung alttestamentlicher Weissagungen; sie zog scharfe Angriffe auf sich.

Reform von Predigt, Katechismus, Agende und Kirchenlied

Theologische Aufklärung blieb keine Sache der Theorie. Vielmehr passte sich das Verständnis des Pfarramts und das kirchenamtliche Handeln den neuen Zielen und Plausibilitäten an. Zielsetzung war besonders die moralische Bildung und Belehrung, was wiederum einer mündigen Subjektwerdung dienen und den Plausibilitäten des gebildeten Bürgertums entsprechen sollte, freilich auch auf erbitterten Widerstand stieß. Einschnitte in die überkommene Fest- und Liedkultur (Abschaffung zahlreicher Feiertage und Modernisierung oder Abschaffung herkömmlicher Lieder) und die Gottesdienstgestaltung wurden kritisiert, hinzu kam der Vorwurf, Religion werde auf Moral reduziert und der Pfarrer auf die Funktion eines Lehrers für das Volk. Auch der Katechismusunterricht wurde modernisiert: Polemische und antiquiert erscheinende Stücke wurden zurückgedrängt, dafür wollte man stufenweise dem Entwicklungsgang der Kinder Rechnung tragen. Die Konzentration auf Gott, tugendhaft-ethische Lebensführung und Unsterblichkeit der Seele bestimmte die aufgeklärte Frömmigkeit in allen Konfessionen, wie es überhaupt zu Projekten einer konfessionellen Annäherung kam. Gerade zwischen Lutheranern und Reformierten traten in den Augen vieler die Differenzen stark zurück, so dass die Unionen des frühen 19. Jahrhunderts hier vorbereitet wurden. Nun wurde

„Protestantismus“ immer mehr zu einer gemeinsamen Selbstbezeichnung, womit das Schriftprinzip betont und die Bedeutung der einzelnen Bekenntnisschriften relativiert wurde.

3. Kirchliche Aufklärung im katholischen Bereich

„Katholische Aufklärung“: Die Debatte um einen Forschungsbegriff

Aufgeklärte Reformen in Kirche, Theologie und Frömmigkeit hat es ohne Zweifel auch in den katholischen Gebieten gegeben, auch wenn diese bereits damals etwa in Reiseberichten als rückständiger und traditioneller als protestantische Territorien galten (Frankreich bildete hier eine gewisse Ausnahme). Gründe hierfür waren v.a. die wirtschaftliche Prosperität Nordwesteuropas und die Tatsache, dass sich die Reformation häufig gerade in den Städten durchgesetzt hatte. Während die protestantische Geschichtsschreibung seit dem 19. Jahrhundert dazu neigte, die aufgeklärten Ansätze im katholischen Bereich zu marginalisieren, da man sich selbst im Gegensatz zum Katholizismus als fortschrittlich und vernünftig definierte, lässt sich in der katholischen Historiographie spiegelverkehrt dasselbe beobachten: Aus dem Selbstverständnis des 19. Jahrhunderts, eine antiaufklärerische Bastion zu sein, wurde gefolgert, dass die Aufklärung dem echten katholischen Christentum wesensfremd sei und Übernahmen eines auf Moral verkürzten Christentums im späten 18. Jahrhundert schnell als häretisch ausgeschieden werden konnten.

Neuentdeckung einer katholischen Aufklärung

Als der Würzburger Kirchenhistoriker Sebastian Merkle (1862–1945) im Jahr 1908 in Berlin eine Neubewertung der aufgeklärten Reformansätze im Bereich der katholischen Kirche forderte, war dies ein Politikum, das vor allem in der eigenen Konfession vielfach auf Ablehnung stieß. Es war dann vor allem der Prager, später Ostberliner Historiker Eduard Winter (1896–1982), der die Eigenständigkeit und Berechtigung katholischer Reformansätze betonte und erforschte. Auch er stieß auf Widerspruch, etwa von Seiten des Innsbrucker Jesuiten Ferdinand Maaß (1902–1973). Erst im Gefolge der kirchlichen Reformen des II. Vatikanischen Konzils (1962–1965) konnte man katholischerseits die Reformtätigkeit in der zweiten Hälfte des 18. Jahrhunderts unbefangener würdigen und Verwandtschaften mit den Reformprojekten der Gegenwart erkennen. Zahlreiche Forschungen dokumentierten seither die Vielfalt und die kulturellen Leistungen der kirchlichen Aufklärung auch im katholischen Deutschland, die nicht nur ein Import wesensfremder Ideen gewesen ist, sondern aus der eigenen Konfessionskultur mit ihren internen Spannungsverhältnissen erwuchs.

Die Problematik des Forschungskonzepts

Bietet der Begriff einer „katholischen Aufklärung“ den Vorteil, das Vorurteil einer grundsätzlichen Gegnerschaft von katholischer Kirche und modernem Fortschritt hinter sich zu lassen, so ist das hinter dem Begriff stehende Forschungskonzept nicht völlig unproblematisch. Unstreitig ist, dass es Formen von Aufklärung mit eigener spezifischer Prägung in den katholischen Gebieten und Institutionen gegeben hat. Diese wurden in der Forschung im Gegensatz zur protestantischen Variante als „gemäßigt" tituliert. Doch gerade darin zeigt sich das Problem des Begriffs: Klöster, Theologen und andere Geistliche distanzierten sich gerade meist von einer radikalen, „bösen" Aufklärung und wollten dieser die eigene, „wahre" Aufklärung entgegensetzen. Mitunter lehnte man sogar den Begriff der Aufklärung für sich ab oder vermied ihn zumindest. Historische Studien, theologische Werke, naturwissenschaftliche Sammeltätigkeit und Experimente, selbst kirchliche Reformen wurden in der Regel gerade zur Abwehr des modernen aufgeklärten Unglaubens unternommen und stehen meist eher in Kontinuität zu den gelehrten Strömungen und Reformen im Barockzeitalter, das ebenfalls in vielen Gebieten bereits einen Rationalitätsschub bedeutet hatte. Jedenfalls sollte man nicht am eigenen Selbstverständnis vorbei inflationär jedes gelehrte Unternehmen und jede kirchliche Neuordnung schon als Aufklärung bezeichnen.

Reformen in Theologie, Bildungswesen und katholischer Frömmigkeitskultur

Jesuitisches Bildungssystem

In den meisten katholischen Gebieten besaßen die Jesuiten eine dominierende Stellung im höheren Bildungswesen. Der Unterricht war auf deren Gymnasien und Universitätsfakultäten (vielfach gab es Zwischenformen) nach der *Ratio studiorum* von 1599 geregelt. Die Grundlage bildete der lateinische Sprachunterricht, hinzu kamen die antiken mathematischen und sprachlichen Wissenschaften (*artes liberales*) und die aristotelische Philosophie. Schließlich galt die Theologie als Gipfelpunkt, die auf scholastisch-spekulative Weise gelehrt wurde. Vielerorts wurde für die weniger Begabten parallel ein Kurs lediglich in „positiver Theologie" eingerichtet, der mit den Glaubenslehren bekannt machen sollte, ohne diese spekulativ anspruchsvoller herzuleiten und zu begründen. Dieses um die Humaniora und Aristoteles konzipierte Bildungswesen konnte neue Lehrinhalte, Methoden und Disziplinen nur schwerfällig integrieren. Historische Studien und moderne naturwissenschaftliche Experimente wurden zwar auch mitunter von Jesuiten gepflegt, aber meist außerhalb des Curriculums. Oftmals waren es die alten monastischen Orden, die die neuen Wissenschaften aufgriffen und weiterentwickelten.

Mauriner und Bollandisten

Klöster der alten monastischen Orden wie die Benediktiner legten vielfach zu Repräsentations- und Unterrichtszwecken Kunst- und Wunderkammern an und sammelten und untersuchten Gesteine, Flora und Fauna. Als grundbesitzende Gemeinschaften waren sie auch an der Meteorologie und anderen mit dem Agrarwesen zusammenhängenden Wissenschaften interessiert.

Hinzu kamen die großen Bibliotheken vieler alter Klöster mit ihren Handschriften, die für die historische Forschung von großer Bedeutung waren. Innerhalb der Ordensgemeinschaften bildeten sich gelehrte Netzwerke und Kommunikationsstrukturen aus, insbesondere auf dem Gebiet der Geschichtsforschung. Es entstanden ausgedehnte Editionsunternehmungen, die sich des monastischen Zusammenhangs arbeitsteilig bedienen konnten, zumal Einzelklöster immer häufiger zu Kongregationen zusammengeschlossen worden waren. Am bekanntesten ist hier die Benediktinerkongregation St. Maur um das Kloster St. Germain-des-Prés in Paris (Mauriner) geworden, deren Mitglieder große Editionsunternehmen von Kirchenvätern und Urkunden unternahmen sowie historische Werke verfassten; Jean Mabillon (1632-1707) entwickelte eine wissenschaftliche Urkundenlehre. Ein anderes Großunternehmen war die kritische Edition aller Quellen zum Leben der Heiligen (*Acta Sanctorum*), die der Antwerpener Jesuit Jean Bolland (1596-1652) (Bollandisten) nach Plänen seines Mitbruders Heribert Rosweyde (1569-1629) initiierte, an dem noch heute weitergeearbeitet wird. Erregte deren Kritik an Fälschungen und Legenden mitunter Anstoß auch bei der spanischen Inquisition - so wies der Jesuit Daniel Papebroch (1628-1714) etwa die Behauptung der Karmeliter zurück, bereits vom Propheten Elia gegründet worden zu sein -, so wollte man auch mit diesen Unternehmungen gerade die kulturelle Leistung und Tradition der eigenen Gemeinschaften auf eine wissenschaftlich anerkannte Weise verteidigen.

Jesuitenkritik und -verbot

Die Jesuiten waren vielerorts in die Kritik geraten. Ihrem Wirken vor allem im Erziehungswesen wurde immer häufiger die Schuld an der Rückständigkeit katholischer Territorien gegeben. Dazu galten sie als Exponenten einer strikten Orientierung am Papst und am kanonischen Recht, was den aufgeklärten katholischen Regierungen mit ihrem Streben nach Herrschaftszentralisierung und -modernisierung ein Dorn im Auge war. Auch ihre Schutzpolitik für die lateinamerikanischen Indios in den Reduktionen empfanden die Regierungen in Lissabon und Madrid als störend. So wurde der Orden 1759 in Portugal, 1764 in Frankreich und 1767 in Spanien aufgehoben; überall sah man in ihnen einen illoyalen Störfaktor für die aufgeklärte Regierungspolitik. Der Druck dieser drei Regierungen veranlasste schließlich auch Papst Clemens XIV. (1769-1774) dazu, die Jesuiten gesamtkirchlich aufzuheben, da sie den alten Nutzen nicht mehr brächten. Die nichtkatholischen Herrscher von Russland und Preußen weigerten sich jedoch, die Auflösung in ihren Reichen durchzuführen, da sie für ihre katholischen Teilgebiete weiterhin die Jesuiten als Erzieher brauchten. Auch sonst lebten die Ex-Jesuiten vielfach weiterhin als Weltpriester gemeinschaftlich zusammen und intensivierten ihren auch publizistischen Kampf gegen die Aufklärung.

Reformen des Theologiestudiums

Innerhalb der theologischen Fakultäten kam es auch in den katholischen Territorien im Lauf des 18. Jahrhunderts zu Neuorientierungen. Die Philosophie Christian Wolffs wurde auch dort vielerorts rezipiert und löste den Aristotelismus entweder ab oder es wurden Mischformen vertreten. Für die Habsburger Gebiete wurde der Benediktinerabt des Doppelklosters Brevnov und Broumov Franz Stephan Rautenstrauch (1734–1785) der entscheidende Berater der Kaiserin Maria Theresia (1740–1780) für die Theologie. Nach einer ersten Reform 1752 wurde ab 1774 nach der Aufhebung der Jesuiten ein von ihm erarbeiteter Lehrplan eingeführt, der verbunden war mit einer umfassenden Akademisierung des Seelsorgeklerus, der nun ebenfalls ein mehrjähriges Studium zu absolvieren hatte. Dem diente das neue Fach der Pastoraltheologie, das alle für das Pfarramt notwendigen funktionalen Kenntnisse vermitteln sollte. Ansonsten wurde die spekulative Theologie zurückgedrängt zugunsten von Bibelexegese und Kirchengeschichte. Zudem sollte diese spekulativ-scholastische Theologie nach Möglichkeit nach verschiedenen Schulrichtungen (Thomismus, Skotismus, Augustinismus) gelesen werden; so war klar, dass spekulative umstrittene Schulmeinungen von der eigentlichen Offenbarungswahrheit zu unterscheiden seien. Ähnliche Reformen und das damit verbundene Konzept der Generalseminare, in denen alle Kleriker ihre Studien absolvieren sollten, wurden auch andernorts umgesetzt, etwa in Bayern. Die Lehrstühle, die ehemals die Jesuiten innenhatten, wurden nun von Weltpriestern oder den Angehörigen der alten monastischen Ordensgemeinschaften übernommen, die oft auch ihren gymnasialen Unterricht ausbauten.

Josephinismus und Staatskirchentum

Modernisierung des Habsburgerreichs

Die Bemühungen um Reformen der Seelsorgerausbildung waren eingebettet in ein umfassendes Modernisierungsprogramm des Habsburgerreiches mit seinem ausgedehnten Territorium und seinen unterschiedlichen Ethnien. Maria Theresia hatte im Österreichischen Erbfolgekrieg (1740–1748) und in der Niederlage gegen Preußen im Kampf um die schlesischen Provinzen bis 1763 die Rückständigkeit gegenüber Preußen und anderen Großmächten nicht nur in militärischer Hinsicht erkennen müssen. Eine Modernisierung in Verwaltung, Wirtschaft und im Militärwesen erschien unabdingbar, so die Politik ihres Staatskanzlers Wenzel Anton Graf Kaunitz-Rietberg (1711–1794). Das institutionelle Netz der katholischen Kirche, die die unterschiedlichen Sprach- und Rechtsräume miteinander verband und bis auf die Ebene der einzelnen Dörfer hinab Einfluss ausüben konnte, schien hierfür ein unverzichtbares Instrumentarium. Die Verbesserung der Ausbildung der Seelsorgekleriker, aber auch der vom Saganer Augustinerpropst Johann Ignaz Felbiger (1724–1788) geplante Ausbau des Elementarschulwesens und die damit verbundene Verbesserung des Katechismusunterrichts waren zentrale Instrumente. Während Maria Theresia bei allem Modernisierungswillen persönlich in einer barocken katholischen Frömmigkeit lebte, bedeutete die Mitregierung (1765) und spätere Alleinregierung ihres Sohnes Joseph II. (1780–1790) eine Beschleunigung und Radikalisierung der Reformen gerade auch in kirchlichen Dingen.

Kirchliche Reformen

War der Josephinismus, wie er nach Joseph II. genannt wird, zwar ein Kind der Staatsräson, da er das Staatswesen modernisieren wollte, so hatte er doch auch reformkatholische Wurzeln. Die Kaiserin wurde von ihrem Leibarzt Gerard van Swieten (1711–1772), der aus den niederländischen Provinzen stammte, beraten, ebenso von ihrem Beichtvater, dem Propst des Augustinerchorherrenstifts St. Dorothea in Wien, Ignaz Müller (1713–1782). Beide waren Anhänger des Jansenismus und bestärkten Maria Theresia in ihrer Abneigung gegen die Jesuiten und darin, das Kirchenwesen von Aberglauben zu reinigen. Das reformkatholische Konzept bestand so vor allem darin, die Pfarrei als ordentlichen Ort der Seelsorge und der Predigt zu stärken und Wallfahrten, Kirchweihfeste und andere Anlässe für Müßiggang zu beschneiden. Neue Pfarrkirchen wurden eingerichtet. Joseph II. setzte diese Politik fort. Zudem regulierte und limitierte er nicht nur die Zahl der Feiertage, sondern auch das herkömmliche Brauchtum (Wettersegen und andere Ritualien, Bruderschaften, Prozessionen, usf.) durch unzählige Verordnungen, die etwa auch den wiederverwertbaren Klappsarg festschrieben und auch die zulässige Höchstzahl an Kerzen regelten. Dem Selbstverständnis seines aufgeklärten Territorialismus entsprach es, dass er für die zahlreichen österreichischen Untertanen, die unter auswärtigen Bischöfen standen, eigene Diözesen gründete, so Linz und St. Pölten aus Passauer Diözesangebiet, oder diese ausbaute und für unabhängig erklärte, so Seckau (Steiermark) und Gurk (Kärnten) aus Salzburger Gebiet. Rund ein Drittel der Klöster hob der Kaiser auf, v.a. wenn sie sich nicht durch „nützliche“ Tätigkeit rechtfertigen konnten. Umgekehrt übernahmen viele Stifte und Klöster nun Aufgaben in der Pfarrseelsorge, im Schulunterricht und auf karitativem Gebiet. Das Toleranzpatent 1781/1782 gestatteten erstmals Nichtkatholiken privaten Gottesdienst (in unauffälligen „Toleranzkirchen“ am Ortsrand), auch erste Schritte einer Judenemanzipation wurden gegangen.

Konflikte und Fortwirken

Die kaiserlichen Reformen stießen bei den Untertanen auf Widerspruch, zumal viele überstürzt von oben propagiert wurden. Die ländliche Bevölkerung sah sich in ihren herkömmlichen Rechten beschnitten, die lange Studiendauer in den Generalseminaren überforderte den Priesternachwuchs. Heftig war der Widerspruch des Papstes, der 1782 sogar nach Wien reiste, um den Kaiser von seinen Eingriffen in die kirchlichen Rechte – so die Sicht des Papstes – abzuhalten. So mussten viele Maßnahmen nach dem Tod des Kaisers abgemildert oder sogar zurückgenommen werden. Dennoch war die Kirchenreform eingebettet in einen umfassenden Ausbau- und Modernisierungsprozess der staatlichen Verwaltung (Bürokratisierung), der überdauerte und noch lange die Mentalität der österreichischen Staatsbeamten prägte. So wirkte auch der Josephinismus in abgeschwächter Form im 19. Jahrhundert weiter und blieb besonders bis zum Revolutionsjahr 1848 bestimmend.

Aufgeklärtes Staatskirchentum

Der Josephinismus ist nur das bedeutendste Beispiel aufgeklärter Staatsmodernisierungen und ihrer Auswirkungen auf das Kirchenwesen, die sich auch in den anderen katholischen Territorien vollzogen. In Bayern wurde etwa 1761 Peter von Osterwald (1718-1778) zum weltlichen Direktor des Geistlichen Rats ernannt, der für Klöster- und Kirchenangelegenheiten zuständig war. Er stand für die absolute staatliche Souveränität über Kirchen und Klöster, die also nach Belieben besteuert werden durften und deren Rechte im Interesse der wirtschaftlichen Entwicklung des Gemeinwesens auch beschnitten werden mussten. 1785 errichtete der Papst in München eine eigene Nuntiatur und unterstützte so den Kurfürsten unter Mithilfe des neuen Nuntius einzelne Klöster aufzuheben und die übrigen zu besteuern bzw. diese ebenso wie die Bischöfe zu kontrollieren. Ähnliche Reformmaßnahmen gab es in nahezu allen Staaten, auch in den katholischen. Sie betrafen den Ausbau des Schulwesens, die Verbesserung der Kranken- und Armenfürsorge sowie die wirtschaftliche Förderung des eigenen Landes, etwa durch die Gründung von Manufakturen. Zur Förderung der öffentlichen Wohlfahrt wurden Theater und Parks gegründet. Auch Bischöfe als Landesherrn führten solche Reformen im Dienst des Gemeinwohls durch und förderten vielerorts eine katholische Aufklärung. An der Gründung der Akademien der Wissenschaften in katholischen Territorien wie derjenigen in München 1759 waren ebenfalls Geistliche beteiligt; gelehrte Zeitschriften im Sinn eines aufgeklärten Katholizismus entstanden. Das Reformprogramm erstreckte sich auch auf das Universitätswesen und die Katechese, wollte die Pfarrseelsorge stärken und die große Zahl von Feiertagen und den damit verbundenen „Müßiggang“ beschneiden, ebenso überliefertes Brauchtum, das eher der Schaulust und der Ergötzung diene, als innerlich zu bessern. Riten wie das Anzünden von Gewitterkerzen wurden als magisch-abergläubisch bekämpft, zumal man die Bevölkerung zur Montage des neu erfundenen Blitzableiters anleiten wollte.

4. Jurisdiktionskonflikte und konkurrierende ekklesiologische Modelle

Das aufgeklärte Programm war vielerorts antijesuitisch und antipapalistisch geprägt, da die päpstlichen Ansprüche auf umfassende Kontrolle des Kirchenwesens und Loyalität der Katholiken als unvereinbar mit dem staatlichen Gewaltmonopol betrachtet wurden. Sie verbanden sich so mit älteren Konfliktlinien: herkömmliche landesherrliche bzw. adelige Kirchenhoheit oder neue kirchliche Ansprüche auf Eigenständigkeit bzw. herkömmliche ortskirchliche Unabhängigkeit der Diözesen oder zunehmende päpstliche Zentralisierung. Der aufgeklärte Territorialismus führte vielerorts nur die ererbten, traditionellen Rechte weiter, systematisierte diese aber und begründete sie naturrechtlich neu. Doch auch die Bischofskirchen begründeten ihre traditionellen Rechte gegen zunehmende päpstliche Eingriffe. Dies kann in Frankreich ebenso wie in der Reichskirche beobachtet werden.

Der Gallikanismus

Die herkömmlichen Rechte der französischen, gallikanischen Kirche, wie sie etwa von Pierre Pithou (1539–1596) 1594 in seiner Schrift *Libertés de l'église gallicane* gesammelt waren, und ihre Begründung werden als „Gallikanismus" bezeichnet. Seit dem Hochmittelalter war es dem Königtum immer mehr gelungen, eine zentralisierte und expandierende Herrschaft zu errichten, die auch die Kirchenhoheitsrechte anderer adeliger Dynastien übernahm und systematisierte. Vor allem die Besetzung von Abteien und Bischofssitzen lag überwiegend in der Gewalt des Königs. Insbesondere sollte der Geldabfluss aus der französischen Kirche an die päpstliche Kurie limitiert werden. Hüter der ererbten Rechte der Könige über die Kirche und der Eigenständigkeit der Ortskirchen von Rom waren die Gerichtshöfe (*parlements*). Die Universität Paris verteidigte hingegen seit der Zeit der spätmittelalterlichen Reformkonzilien die These von der Oberhoheit des Generalkonzils über den Papst und der Eigenständigkeit der Bischofsgewalt ihm gegenüber. Im Einzelnen gab es unterschiedliche Positionen, je nachdem ob man eher die Gewalt der Bischöfe oder die des Königs betonte oder worin man die päpstlichen Vorrechte sah. Radikal war die Position Edmond Richers (1560–1631), der den Primat des Papstes auf die Exekutive beschränken wollte; der Glaube sei der gesamten Kirche anvertraut, so dass die Gläubigen bei Glaubensdefinitionen zustimmen müssen. Christus habe das eine apostolische Amt eingesetzt, das die Apostel bzw. die Bischöfe, aber auch die 72 anderen Jünger (die Priester) ausüben. Beide Gruppen müssen auf Konzilien eingeladen werden.

Vier gallikanische Artikel

Als es zwischen Königtum und Papsttum zum Streit über die Reichweite der königlichen Rechte über die Kirche kam, formulierte Bischof Jacques-Bénigne Bossuet (1627–1704) für die Versammlung des französischen Klerus 1682 die vier gallikanischen Artikel als Bekenntnis der französischen Kirche, wobei er auf vorher formulierte Lehrsätze der Pariser Universität zurückgriff. Sie fassen die wichtigsten Positionen des Gallikanismus zusammen.

Quelle

Erklärung des französischen Klerus (1682) (Auszug)

Kirchen- und Theologiegeschichte in Quellen IV, 50f.

1. Dem h. Petrus und seinen Nachfolgern, den Statthaltern Christi und der Kirche selbst ist von Gott übergeben die Gewalt über geistliche und auf das ewige Heil bezügliche Dinge, nicht aber die bürgerlichen und zeitlichen. ... Die Könige und Fürsten sind also nach göttlicher Anordnung in weltlichen Dingen keiner kirchlichen Gewalt unterworfen ... 2. Dem apostolischen Stuhl und den Nachfolgern Petri als Christi Stellvertreter steht volle Gewalt über geistliche Dinge zu in der Weise, dass zugleich gelten und unerschüttert bleiben die vom hl. Ökumenischen Konzil von Konstanz in der 4. und 5. Sitzung über die Autorität der allgemeinen Konzilien erlassenen Dekrete, welche vom apostolischen Stuhl genehmigt, durch den Gebrauch der römischen Bischöfe und der ganzen Kirche selbst bestätigt und von der gallikanischen Kirche beständig aufs gewissenhafteste beobachtet worden sind ... 3. Daher ist der Gebrauch der apostolischen Gewalt zu regeln nach den unter Beistand des Geistes Gottes gemachten und durch Anerkennung der ganzen Welt geheiligten Canones; es bestehen auch zu Recht die Regeln, Sitten und die vom Königtum und der gallikanischen Kirche angenommenen Einrichtungen; die Satzungen der Väter bleiben unerschüttert; und das gehört zur Größe des apostolischen Stuhles, dass die Statuten und die durch die Übereinstimmung eines so erhabenen Stuhles und der Kirchen bestärkten Gewohnheiten ihre eigene Beständigkeit bewahren ... 4. Auch in Fragen des Glaubens hat der Papst den Hauptanteil, und seine Dekrete betreffen die sämtlichen und einzelnen Kirchen, aber sein Urteil ist nicht unabänderlich, wenn nicht die Zustimmung der Kirche hinzugetreten ist.

Reichskirchlicher Episkopalismus

Auch im Hl. Römischen Reich wollten die Erzbischöfe und Bischöfe ihre traditionelle, weitreichende Unabhängigkeit vom Papsttum bewahren. Sie sahen diese in nachtridentinischer Zeit durch die Nuntien gefährdet, die ihre Jurisdiktion im Namen des Papstes zu untergraben drohten.

Bereits 1673 legten deshalb die drei rheinischen Kurerzbischöfe von Mainz, Köln und Trier hiergegen Beschwerden ein. 1769 tat man dies erneut, indem man auf die Abmachungen zwischen dem Papst und den deutschen Fürsten im 15. Jahrhundert verwies, die von päpstlicher Seite verletzt würden. Als 1785 in München eine weitere Nuntiatur errichtet wurde, traf man sich im Folgejahr in Bad Ems, um 22 Beschwerdepunkte (Emser Punktation) zu formulieren. Freilich gelang es den Erzbischöfen nicht, den Kaiser und die übrigen Bischöfe dazu zu bewegen, ihren Protest wirkungsvoll zu unterstützen. Doch auch im Reich betonten die wichtigsten Kirchenrechtler die Unabhängigkeit der bischöflichen von der päpstlichen Gewalt. Kanonisten wie Zeger Bernhard van Espen (1646–1728) mit seinem *Ius ecclesiasticum* (1700) begründeten den reichskirchlichen Episkopalismus, nach dem die Bischöfe mehr waren als nur Befehlsempfänger des Papstes. Der Würzburger Kanonist Johann Kaspar Barthel (1697-1771) lehrte, dass viele Ansprüche des Papstes erst im Mittelalter aufgrund von Fälschungen (v.a. die pseudoisidorischen Dekretalen des 9. Jahrhunderts) entstanden waren und so nicht zu den wesenhaften Vorrechten des Papstes gehörten.

Stichwort

Reichskirche

Die Kirche spielte für die Verfassung des Hl. Römischen Reichs eine besondere Rolle. Seit dem Mittelalter suchten die Bischöfe wie andere Mächtige ihren Grundbesitz und weitere Rechte zu vermehren und zu arrondieren. Als wichtige lokale Machtfaktoren erhielten sie von den Königen Privilegien. Den meisten von ihnen gelang es, bis zum 13. Jahrhundert sich von der Aufsicht benachbarter weltlicher Herrscher zu lösen und auf einem Gebiet, das meist viel kleiner als ihre kirchliche Diözese war, auch die Hochgerichtsbarkeit ausüben zu können. So erlangten sie eine fürstenähnliche Stellung und waren nur dem Reichsoberhaupt untertan. Die Bischöfe waren seither Reichsbischöfe mit eigenem Herrschaftsgebiet (Hochstift). Anders als in benachbarten Ländern konnte das Königtum im Reich die Gewichte der Herrschaft im Spätmittelalter und in der Frühen Neuzeit nicht wesentlich zu seinen Gunsten verschieben. So gelang es den geistlichen Reichsständen, neben den Bischöfen auch wenigen Klöstern, eine reichsunmittelbare (immediate) Herrschaft aufzubauen. Bis 1803 kam ihnen nach der Reichsverfassung ein Recht auf Beratung und Mitentscheidung zu. Die Erzbischöfe von Mainz, Köln und Trier waren als Mitglieder des Kurfürstenkollegiums auch zur Königswahl berechtigt.

Febronianismus

Dies war auch die Auffassung einer 1763 unter dem Pseudonym „Justinus Febronius“ in Trier erschienenen Schrift über die Gewalt des Papstes und die Kirchenverfassung, die einen Beitrag zu einer Wiedervereinigung der Konfessionen liefern wollte. Die Vorrechte des Papstes, die erst im Lauf der Geschichte aus historisch bedingten Gründen entstanden seien, seien nicht essentiell und könnten auch wieder zurückgenommen werden, womit das größte Hindernis für eine Annäherung der Kirchen ausgeräumt wäre. Verfasser war der Trierer Weihbischof Nikolaus von Hontheim (1701-1790), dessen Verfasserschaft bald bekannt wurde. Seine Schrift wurde in Rom auf den Index der verbotenen Bücher gesetzt und er musste widerrufen, ohne vom Widerruf innerlich überzeugt zu sein. Dabei stand Hontheim stark unter dem Einfluss des Trierer Kanonisten Georg Christoph Neller (1709-1783), eines Schülers Barthels, der bereits 1742 anonym seine *Principia iuris ecclesiastici ad statum Germaniae accomodatae* verfasste, mit denen er die gallikanischen Theorien in Bezug auf die deutsche Kirche gegen Rom und den jesuitischen Papalismus in Stellung brachte. ■

Auf einen Blick

In der Epoche der Aufklärung wurden Seelsorge, Predigt und Theologie tiefgreifend umgestaltet. Gegen den Deismus war es das Ziel, das Christentum apologetisch zu begründen. Hier wurde die philosophische Methode Christian Wolffs rezipiert. Die Neologie suchte die Relevanz der christlichen Begriffe für das aufgeklärte Individuum herauszuarbeiten, während die Bibel- und Dogmenkritik dazu führte, dass man zwischen Evangelium und Dogma unterscheiden musste. Die aufgeklärte Predigt griff diese Anliegen auf, auch im katholischen Bereich. Dortige aufgeklärte Bestrebungen und Reformansätze haben sich durchaus aus dem Katholizismus heraus entwickelt und sind nicht nur ein Import aus den protestantischen Gebieten. Traditionelle staatskirchliche Rechte begründeten die aufgeklärten Staaten nun neu und suchten sie, etwa im Josephinismus, konsequent umzusetzen, damit Kirche und Religion dem Gemeinwesen dienten.

Literaturhinweis

Karl Aner, Die Theologie der Lessingzeit, Halle 1929. *Klassische Darstellung der protestantischen Theologiegeschichte des 18. Jahrhunderts.*

Albrecht Beutel, Aufklärung in Deutschland (= Die Kirche in ihrer Geschichte 4, O 2), Göttingen 2006. *Übersichtliche Darstellung der neueren Forschung zur Aufklärung in Theologie, Frömmigkeit und Kirche.*

Harm Klueting (Hg.), Katholische Aufklärung – Aufklärung im Katholischen Deutschland, Hamburg 1993. *Wichtiger Tagungsband zu Facetten und Begrifflichkeit einer „katholischen Aufklärung".*

Eduard Winter, Der Josephinismus. Die Geschichte des österreichischen Reformkatholizismus 1740–1848, Berlin ^{2}1962. *Klassische, kenntnisreiche Deutung des Josephinismus als Reformkatholizismus, trotz teilweise mangelnder Belege.*

XI. Die Französische Revolution und die Folgen

Überblick

Als in Frankreich die Generalstände 1789 nach 175 Jahren erstmals wieder zusammentraten, ahnte niemand, welche Dynamik daraus entstehen würde. Die Revolution wurde zunächst von den einfachen Geistlichen mehrheitlich mitgetragen und zielte anfangs auf eine enge Symbiose von Staat und Kirche. An der Zivilverfassung des Klerus, die nach einigem Zögern vom Papst mit der ganzen Revolution verurteilt wurde, zerbrach diese Allianz. Die folgende Radikalisierung führte nicht nur zu einer Diktatur des Wohlfahrtsausschusses und zahlreichen Hinrichtungen, sondern zu einer systematischen Dechristianisierungspolitik. Das Direktorium ab 1795 und schließlich Napoléon suchten eine Milderung, die der Kirche entgegenkam, aber doch die Errungenschaften der Revolution bewahrte. Die Kriegserfolge Frankreichs trugen revolutionäre Neuerungen auch in andere Territorien. Eine der Folgen war so das Ende der Reichskirche und die Klostersäkularisation in den meisten deutschen Gebieten im Jahr 1803.

1776	*Bill of rights* von Virginia anlässlich der Abnabelung der amerikanischen Kolonien von Großbritannien
Mai 1789	Zusammentreten der Generalstände in Frankreich, die sich zur gesetzgebenden Nationalversammlung erklärten
26.8.1789	Erklärung der Menschenrechte
12.7.1790	Zivilkonstitution der Klerus
10.3.1791	Das Breve *Quot aliquantum* Papst Pius VI. verurteilt die revolutionären Freiheits- und Bürgerrechte.
21.1.1793	Hinrichtung des französischen Königs Ludwig XVI.
Ab7/1793	Diktatur des Wohlfahrtsausschusses mit *déchristianisation* und *terreur*
8/1795	Verfassung des Direktoriums
1799	Napoléon Bonaparte wird Erster Konsul.
9.2.1801	Frieden von Lunéville zwischen Frankreich und dem Reich/Kaiser
15.7.1801	Konkordat zwischen Frankreich und dem Hl. Stuhl
25.2.1803	Reichsdeputationshauptschluss

1. Zwischen Verschmelzung und Entfremdung: Die Revolution von 1789 und die Kirche

Kirche und Klerus am Beginn der Revolution

Als der französische König wegen der desolaten Staatsfinanzen erstmals seit 1614 gezwungen war, für Mai 1789 die Generalstände einzuberufen, ahnte niemand, dass sich daraus der historische Kulminationspunkt der Aufklärung und das eigentliche Gründungsereignis der kontinentaleuropäischen Moderne entwickeln würde, die Französische Revolution. Das Verhältnis von Staat und Kirche veränderte sich hierbei grundlegend. Dabei spiegeln die *Cahiers de doléance*, die den Abgesandten zu den Generalständen von ihren Wählern mitgegeben wurden, zwar viel Antiklerikalismus und Unzufriedenheit mit Amtsträgern im Einzelnen, aber keine grundsätzliche Infragestellung der katholischen Religion. Der Klerus wählte in der Mehrheit gewöhnliche Priester und nur eine Minderheit Bischöfe als seine Ständevertreter in der Versammlung, während im dritten Stand das Bürgertum, v.a. Juristen und Kaufleute, dominierte. Nach wochenlangem Zögern gab der dritte Stand im Juni 1789 seine Zurückhaltung auf und erklärte sich als Repräsentant von 96% der Bevölkerung zur Nationalversammlung; die beiden anderen Stände wurden zum Beitritt aufgefordert. Es war vor allem der niedere Klerus, der den Beitritt der Geistlichen durchsetzte, dem nur eine Minderheit des Adels folgte. Man schwor, erst nach Erlass einer Verfassung wieder auseinanderzugehen.

Stichwort

Menschenrechte

Mit dem Begriff werden jene Rechte (v.a. Persönlichkeits- und Freiheitsrechte) bezeichnet, die jedem Menschen als Menschen unveräußerlich zukommen, also immer und überall Geltung haben. Mit diesem Anspruch auf Universalität kontrastiert die Tatsache, dass diese Konzeption erst aus der europäischen Kultur des 18. Jahrhunderts erwachsen zu sein scheint und auch in dieser lange strittig war. In Amerika (1776) und in Frankreich (1789) war die Abwehr drohender staatlicher Suppression der Anlass, die Menschenrechte zu proklamieren. Beide Erklärungen beruhten vor allem auf den philosophischen Konzeptionen der Aufklärung, dass vor aller staatlichen Gemeinschaft den Menschen Freiheit und gleiche Rechte zukomme. Dabei mischten sich in Amerika wie in Frankreich auch christliche Traditionslinien ein, die die menschliche Freiheit und das eigene Gewissen gegen ungerechten Zwang verteidigen wollten. Hier war bereits der Kampf für die Rechte der indigenen Bevölkerung in den neu eroberten Gebieten des 16. Jahrhunderts eine wichtige Vorstufe. Dennoch wurden die Menschenrechte von den Kirchen lange abgelehnt, da allen Rechten immer auch Pflichten gegen das Wahre und Gute, mithin gegen die wahre Religion, korrespondierten, die Rechte also nicht isoliert werden dürften. Erst mit der Unterscheidung zwischen moralischer und rechtlicher Pflicht konnten die Menschenrechte anerkannt werden.

Die Erklärung der **Menschenrechte** am 26. August propagierte zwar auch die Religionsfreiheit und war von der *Bill of rights* von Virginia (1776) aus dem amerikanischen Unabhängigkeitskrieg beeinflusst. Dennoch war gerade der niedere Klerus, häufig jansenistisch geprägt, ein wichtiger Träger der Revolution. In der Frühphase der Revolution kam es zu einer Art Verschmelzung mit der Kirche und nicht zu einer Trennung.

Entfremdungsprozess und Zivilverfassung des Klerus

Frankreich wurde nun zu einer konstitutionellen Monarchie umgestaltet. Bereits die Erklärung der Menschenrechte eröffnete mit der Religionsfreiheit die Möglichkeit zu einer stärkeren Trennung von Staat und Kirche. Dennoch dachte kaum jemand an eine solche Entwicklung, vielmehr gab es eine enge Symbiose zwischen niederem Klerus und revolutionärem Staat. Zu ersten Irritationen kam es, als mit den grundherrschaftlichen Abgaben auch diejenigen an die Kirche beschnitten wurden und als die Ordensgelübde als unvereinbar mit den Menschenrechten verboten wurden. Schließlich wurde der Besitz der Klöster im Februar 1790 verstaatlicht; Ausnahme waren Gemeinschaften, die in Unterricht und Krankenpflege tätig waren. Noch in der Konsequenz der ursprünglichen Symbiose lag, dass man, da man weder Klerus noch Gottesdienst und Seelsorge abschaffen wollte, dessen Bezahlung anderweitig regelte. Am 12. Juli 1790 wurde die Zivilkonstitution des Klerus erlassen, die die Bistumsgrenzen den politischen Departements anglich und die Pfarreien neu und gleichmäßig einteilte. Pfarrer und Bischöfe wurden von den Repräsentanten der entsprechenden politischen Gemeinden gewählt und wie Staatsbeamte besoldet. Beratende Episkopalräte sollten die Domkapitel ersetzen. So sehr finanzielle und politische Interessen bestimmend waren, so deutlich wird, wie hier Staat und Kirche verschmolzen und auch das auf die Pfarrseelsorge konzentrierte Ideal der katholischen Aufklärung eingeflossen ist.

Eid und Kirchenspaltung

Die Bischöfe zögerten mit einer Reaktion und entschlossen sich schließlich dazu, erst den Papst um seine Zustimmung zu fragen, der selbst auf Zeit spielte, obwohl er die Revolution ablehnte. Als in verschiedenen Provinzen Proteste entstanden, da die Zivilkonstitution bei der Neuwahl eines Bischofs von der Regierung trotzdem schon Anwendung fand, verlangte die Nationalversammlung am 27. November 1790 vom gesamten Klerus einen Eid auf die Verfassung, einschließlich der Zivilkonstitution. Eine Spaltung war die Folge, als der revolutionäre Staat die Eidverweigerer absetzte und Neuwahlen von Bischöfen und Pfarrern veranlasste. Erst jetzt, im März und April 1791, verurteilte der Papst offiziell die Revolution und die Zivilverfassung des Klerus, ebenso die Erklärung der Menschenrechte. Es gab nun faktisch zwei Kirchen: Eine *église constitutionelle*, in der bald der Zölibat abgeschafft wurde, und die *église réfractaire*, die den Eid verweigerte und in den Untergrund oder ins Exil gedrängt wurde. Viele Bischöfe flohen mit dem Adel ins Ausland.

Déchristianisation und Terreur

Bedrohung und Radikalisierung

Das Jahr 1791 sah nicht nur das Inkrafttreten der ausgehandelten Verfassung, die Frankreich in eine konstitutionelle Monarchie umwandelte, sondern auch den vorherigen gescheiterten Fluchtversuch des Königs. Im Folgejahr zog Frankreich gegen Österreich und Preußen in den Krieg, um deren Eingreifen von außen gegen die Revolution zu verhindern. Misstrauen und Furcht gegenüber König, Adel und auch Kirche wuchsen und die Radikalisierung der Pariser Kommune führte im August 1792 zur Gefangennahme und Absetzung Ludwigs XVI. Der im September gewählte Nationalkonvent rief die Republik aus und konzentrierte vorerst in sich die gesamte staatliche Gewalt mit der Aufgabe der Ausarbeitung einer neuen Verfassung. Unter den rund 1.200 Opfern der „Septembermorde" an Revolutionsgegnern in den Gefängnissen waren auch viele Priester. Die „linken" Montagnards setzten gegen die wirtschaftsbürgerlichen Girondisten die Hinrichtung des Königs durch (vollzogen am 21. Januar 1793), was Angriffe des Auslands zur Folge hatte. Unter dem Zeichen des Herzens Jesu gab es Gegenaufstände in der bäuerlich-konservativen Vendée und in der Bretagne, die blutig niedergeschlagen wurden. Immer mehr setzten sich, auch unter dem Druck der Pariser Kommune mit ihren sozialpolitischen Forderungen, die radikalen Kräfte durch, die eine Diktatur der Freiheit errichten wollten: Ein Wohlfahrtsausschuss sollte die Politik bestimmen, Preise und andere sozialpolitische Regularien wurden festgelegt und Überwachungsausschüsse sollten den Revolutionsgerichten Verdächtige nennen; im Frühsommer 1793 wurden die Girondisten aus dem Konvent vertrieben.

Diktatur des Wohlfahrtsausschusses

In dieser Zeit radikalisierte sich die Revolution auch gegen die Kirche. Es kam zu Bilderstürmen, Entweihungen von Kirchen und antiklerikalen Ausschreitungen; umgekehrt wurde die Revolution selbst sakralisiert durch Gedenktage und eine Art Märtyrerkult. Gingen viele der Exzesse vor allem von unten aus, so bemühte sich die revolutionäre Führungsschicht um Kanalisierung: Die Anhänger Jacques-René Héberts (1757–1794) propagierten einen atheistisch oder deistisch deutbaren „Kult der Vernunft". Alle Pariser Kirchen wurden entkonfessionalisiert und zu Tempeln der Vernunft erklärt. Ein neuer revolutionärer Kalender wurde eingeführt und die Sieben-Tage-Woche zugunsten eines Dekadenrhythmus abgeschafft. Nach Héberts Hinrichtung wurde im Mai 1794 der stärker theistische „Kult des Höchsten Wesens" propagiert, verbunden mit dem Bekenntnis zur Unsterblichkeit der menschlichen Geistseele. Doch auch dieser Kult und sein Fest stießen auf erheblichen Widerstand und wurden nach dem Sturz Maximilien de Robespierres (1758–1794) im Hochsommer schließlich durch eine strikte Trennung von Kirche und Staat im September ersetzt. Die Jahre 1793/94 waren durch eine Revolutionsdiktatur des Wohlfahrtsausschusses geprägt: Militärische Bedrohung von außen und Verschwörungsangst von innen führten zu einem System der Bespitzelung und des revolutionären Tugendterrors, das zehntausende Todesopfer forderte, darunter viele Priester und Ordensleute. Am Ende fraß die Revolution regelrecht ihre Kinder und ihre Anführer wurden im Frühjahr und Sommer 1794 selbst Opfer der revolutionären Dynamik, zunächst der radikale Hébert, dann auch Robespierre. Die nachfolgenden Regierungen bemühten sich um Mäßigung, um die Errungenschaften der Revolution zu wahren, nachdem diese nach innen und außen zunächst als gefährdet erschien. Die radikalrepublikanische Verfassung von 1793 trat nicht in Kraft; stattdessen galt ab 1795 die Direktoriumsverfassung, die das Wahlrecht wieder an das Steueraufkommen band. Ein Erbe des *terreur* war es, dass sich alle Kritiker der Aufklärung nun bestätigt sahen, da deren blutige und glaubensfeindliche Resultate nun sichtbar geworden waren. In dieser Zeit verbreitete sich die Verschwörungstheorie des Ex-Jesuiten Augustin Barruel (1741-1820) aus dessen Londoner Exil. Er sammelte die antikirchlichen Greueltaten (übertrieben) und stellte sie als Folge einer Geheimverschwörung dar, die die radikalfreimaurerischen Illuminaten zum Sturz von Thron und Altar unternommen hätten. Unter den Katholiken fand dies in den nächsten Jahren Glauben.

2. Napoleonische Vorherrschaft in Europa und die kirchenpolitischen Folgen

Napoléons Aufstieg und seine kirchenpolitische Maximen

Nach der neuen Verfassung von 1795 regierte das Direktorium als fünfköpfiges Kollegialorgan. Die Republik und die revolutionären Errungenschaften für den dritten Stand, vor allem das besitzende Bürgertum, galt es zu bewahren. Zur Abwehr eines Wahlsiegs der Monarchisten putschten 1797 drei der Direktoren gemeinsam mit Generälen, unter ihnen Napoléon Bonaparte (1769-1821). Diese trugen die revolutionären Errungenschaften nach außen, annektierten angrenzende Gebiete und errichteten in den Niederlanden, der Schweiz und Italien abhängige Satellitenrepubliken; Preußen (Basel, 1795) und Österreich (Campo Formio, 1797) wurden zu Friedensschlüssen gezwungen. Nachdem Bonaparte seine Erfolge in Italien feiern konnte, suchte er durch seinen Ägyptenfeldzug den einzig verbliebenen Gegner, England, zu schwächen. In einem Staatsstreich ließ er sich 1799 auf 10 Jahre zum „ersten Konsul“ mit weitreichenden Befugnissen wählen; im Dezember 1804 krönte er sich in Paris selbst zum Kaiser. Nach Möglichkeit suchte er die divergierenden Gruppen der Jakobiner und der Monarchisten in den Staat zu integrieren und auch mit der Kirche einen modus vivendi zu finden. Am 5. Juni 1800 hielt er vor dem versammelten Mailänder Klerus dazu eine Ansprache.

Quelle

Ansprache Napoleons an den Mailänder Klerus, 5. Juni 1800 (Auszug)

Pfliegler, Dokumente 339f.

Die modernen Philosophen haben sich bestrebt, Frankreich zu überzeugen, dass die katholische Religion eine unversöhnliche Feindin jeden demokratischen Systems und jeder republikanischen Regierung sei. Daher die Entstehung einer grausamen Verfolgung, welche die französische Republik gegen die Religion und ihre Diener ins Werk setzte; daher auch all jene Schreckensszenen, welchen diese unglückliche Nation viele Jahre hindurch preisgegeben war. An diesem Unfug war nicht wenig die Verschiedenheit der Meinungen schuld, welche zur Zeit der Revolution in Frankreich herrschten. Die Erfahrung hat die Franzosen eines Besseren belehrt und sie überzeugt, dass unter allen Religionen es keine gibt, welche sich so den verschiedenen Regierungsformen anpasst, wie die katholische. Auch ich bin Philosoph und weiß, dass in keiner Gesellschaft ein Mensch tugendhaft und gerecht ist, der nicht weiß, woher er kommt und wohin er geht. Die Vernunft ist nicht ausreichend, um mit Sicherheit darüber zu belehren. Ohne die Religion geht man beständig in der Finsternis. Die katholische Religion ist es allein, welche dem Menschen bestimmten und unfehlbaren Aufschluss über seinen Ursprung und über sein Ende bietet. Keine Gesellschaft kann bestehen ohne Moral; es gibt aber auch keine gute Moral ohne Religion. Folglich gibt die Religion dem Staate eine feste und dauerhafte Stütze. Eine Gesellschaft ohne Religion gleicht einem Schiff ohne Kompass.

Das Konkordat von 1801

Tatsächlich versuchte er nun mittels eines Konkordats auch die Kirche einzubinden, ohne die Errungenschaften der Revolution preiszugeben. In dem am 15. Juli 1801 geschlossenen Vertrag, der für den Papst von seinem Kardinalstaatssekretär Ercole Consalvi (1757-1824) ausgehandelt worden war, wurde die Trennung von Staat und katholischer Kirche (der Religion „der großen Mehrheit der Franzosen") ebenso bestätigt wie die Neueinteilung der französischen Diözesen, die zehn Kirchenprovinzen zugeordnet wurden. Die Bischöfe durfte der Herrscher nominieren und die Geistlichen wurden vom Staat bezahlt, da der Besitz der Kirche säkularisiert worden war. Doch sicherte das Konkordat den Bischöfen auch eine weitgehende Unabhängigkeit in der Regierung ihrer Bistümer zu; sie durften Domkapitel und Priesterseminare einrichten und kontrollieren. Die Abmachung hatte zur Folge, dass weder die romtreuen Exilbischöfe noch die revolutionsnahen Bischöfe bestätigt wurden, sondern alle Diözesen für vakant erklärt und neu besetzt wurden. Dies rief vielfach Verbitterung hervor („Apostelmord"), da es als unerhörter Vorgang galt, wie Rom hier in die Kirchenverfassung eingriff. 1802 veröffentlichte Napoléon zudem einseitig die sog. „Organischen Artikel" als Ausführungsgesetze, die die kirchliche Unabhängigkeit nach dem Konkordat stark limitierten, da kirchliche Erlasse einer staatlichen Genehmigung bedurften, gegen kirchliche

Urteile Beschwerde beim Staat eingelegt werden konnte und der Unterricht auch in den Seminaren nach gallikanischen Lehrtraditionen erfolgen musste. Papst Pius VII. wurde 1804 nicht nur zur Teilnahme an der Selbstkrönung Napoléons zum Kaiser gezwungen, sondern 1809 sogar verschleppt und gefangen gehalten, nachdem er sich weigerte, mit seinem eigenen Staat die Kriegspolitik Napoléons zu unterstützen.

Die Säkularisation von 1803 und das Ende der Reichskirche

Friedensschlüsse und Entschädigungen

Die 1794 von Frankreich besetzten linksrheinischen Gebiete wurden 1798 formell in den französischen Staat integriert. 1797 hatte der Kaiser im Friedensschluss Österreichs mit Frankreich in Campo Formio in einer geheimen Zusatzklausel den Rhein als Grenze bereits anerkannt; dafür wurde ihm eine Entschädigung innerhalb des Reichs zugesprochen. Der Frieden von Lunéville zwischen dem Hl. Römischen Reich und Frankreich beendete auch den zweiten Koalitionskrieg gegen Frankreich (nach Napoléons Sieg bei Marengo gegen Österreich) und bestätigte öffentlich die Abtretung der Gebiete links des Rheins. Dafür sollten die Fürsten „aus dem Schoße des Reichs“ entschädigt werden. Dies bedeutete de facto die Annexion der geistlichen Staaten, die bislang reichsunmittelbar waren, ebenso anderer kleinerer Reichsstände (Mediatisierung). Über die genaue Umsetzung beriet ab 1802 eine außerordentliche Reichsdeputation im Rathaus in Regensburg. Grundlinien eines Säkularisationsplans hatten Napoléon und der russische Zar bereits im Vorfeld als „vermittelnde Mächte“ festgelegt; die meisten deutschen Fürsten versuchten durch Bestechungszahlungen aber eine für sie vorteilhaftere Regelung zu erreichen. Nach langem Ringen um die genaue Ausgestaltung einigte man sich am 25. Februar 1803 auf den Reichsdeputationshauptschluss [-hauptbeschluss]. Preußen, Österreich und größere Fürstentümer wie Bayern oder Württemberg erzielten so Zugewinne auf Kosten der kleinen Reichsstände, die vorher oftmals die Träger des Reichspatriotismus waren. Das Hl. Römische Reich als Verbund wurde so erheblich geschwächt, auch wenn Napoléon daran interessiert war, gegen Österreich und Preußen ein Gegengewicht zu erhalten.

Reichsdeputationshauptschluss

Das Jahr 1803 bedeutete somit die Mediatisierung aller geistlichen Reichsfürsten, also aller Hochstifte, die einen Erzbischof, Bischof oder Abt/Propst als Landesherrn hatten, ebenso die Mediatisierung von 45 der bislang 51 reichsunmittelbaren Reichsstädte. Eine Ausnahme sollte nur das inzwischen französisch besetzte Mainzer Kurfürstentum des Erzbischofs Karl Theodor von Dalberg (1744-1817) bilden, der den Titel eines Primas führte. Gerade wegen der wichtigen reichspolitischen Funktion des Erzbischofs wurde sein Kurfürstentum nach Regensburg transferiert und für ihn so ein neuer Kurerzstaat kreiert (Regensburg, das bislang schon Mainzische Aschaffenburg und Wetzlar als Sitz des Reichskammergerichts). Diese Regelung ist bereits ein Hinweis darauf, dass die kirchliche Organisation innerhalb des Hl. Römischen Reichs nicht zerschlagen werden sollte.

Quelle

Auszug aus dem Reichsdeputationshauptschuss (1803)

Pfliegler, Dokumente 334f.

§ 62. Die erz- und bischöflichen Diözesen verbleiben in ihrem bisherigen Zustande, bis eine andere Diözesaneinrichtung auf reichsgesetzliche Art getroffen sein wird, wovon dann auch die Einrichtung der übrigen Domkapitel abhängt. § 63. Die bisherige Religionsübung eines jeden Landes soll gegen Aufhebung und Kränkung aller Art geschützt sein; insbesondere jeder Religion der Besitz und ungestörte Genuss ihres eigentümlichen Kirchenguts auch Schulfonds nach der Vorschrift des Westfälischen Friedens ungestört verbleiben; dem Landesherrn steht jedoch frei, andere Religionsverwandte zu dulden und ihnen den vollen Genuss bürgerlicher Rechte zu gestatten.

Diese an sich konservativen Bestimmungen stehen in einem gewissen Widerspruch zu § 35, der auf eine Initiative des bayerischen Kurfürstentums zurückgeht, wo Maximilian Graf von Montgelas (1759-1838) die politischen Richtlinien bestimmte. Dort war der Vorschlag entwickelt worden, bei dieser Gelegenheit gleich alle Klöster innerhalb des eigenen Landes (landständische Klöster und Stifte) zu enteignen, um durch deren Besitz die staatlichen Finanzen zu sanieren. Dies konnte an eine klosterfeindliche Tendenz der radikaleren Aufklärung anknüpfen und wurde gerade in Süddeutschland rücksichtslos durchgeführt. Männliche Ordenspriester wurden nach Möglichkeit in der Seelsorge als Weltpriester eingesetzt, die übrigen Ordensleute mit einer Pension entlassen oder in sog. Aussterbeklöster zusammengeführt. Davon blieb zwar an sich die Pfarreiseelsorge und das Pfarrvermögen in der Regel unberührt. Wohl aber verschwanden zum allergrößten Teil die Klöster und auch das Vermögen der Bischöfe und bischöflichen Organe war zum großen Teil beschlagnahmt. Da der Diözesanverwaltung und auch der Priesterausbildung so die Grundlage entzogen war, musste im Hl. Römischen Reich dringend eine Neuregelung gefunden werden, nach § 62 des Reichsdeputationshauptschlusses.

Folgen

Die Säkularisation von 1803 hatte weitreichende politische und kulturelle Folgen. Sie ist eingebettet in eine ganze Reihe von Säkularisationen in den meisten europäischen Staaten. Im Reich entstanden Staaten, die in der Regel auch anderskonfessionelle Untertanen aus den neu gewonnenen Gebieten integrieren mussten. Entschieden wurden die Kontroll- und Aufsichtsrechte über die Kirchen in der Folge wahrgenommen. Für die katholische Reichskirche bedeutete die Säkularisation eine erhebliche Schwächung; die Regierung der einzelnen Diözesen und auch der überdiözesane Zusammenhang waren neu zu regeln und hingen in der Schwebe. Die Ortskirchen gerieten im 19. Jahrhundert zunächst in die Abhängigkeit von den Staaten, dann immer mehr vom Papsttum. Kulturell bedeutete die Säkularisation vielfach eine Verödung der Provinz, da die Klöster als Auftraggeber für Kunst, als Wirtschaftsfaktoren und als Bildungsträger entfielen und viele Universitäten in katholischen Territorien untergingen. Der katholische Bevölkerungsteil geriet in einen verstärkten Rückstand, was Bildungs- und Aufstiegsmöglichkeiten anging. Kulturelles Erbe, das den damaligen Verantwortlichen nicht nützlich erschien, wurde vernichtet. Finanziell waren die Staaten zwar zunächst vom Gewinn aus den Säkularisationen oft enttäuscht, dennoch hatten sie ganz erhebliche Zuwächse an Grund und Boden zu verzeichnen. Das Hl. Römische Reich fand nur wenig später (1806) sein Ende. So bedeutete das Jahr 1803 für die deutsche Kirche vor allem einen ungemeinen Traditionsbruch. Sie musste sich im 19. Jahrhundert vielfach neu erfinden, so dass in den folgenden Jahrzehnten eine neue Form eines modernisierten Katholizismus entstand. Auf diese Weise hatte die Französische Revolution und die französische Vorherrschaft in beinahe ganz Europa umstürzende Konsequenzen auch im kirchlichen Bereich. Die Scheidung der Neuzeit an dieser Epochenschwelle in die „Frühe Neuzeit" und die „Moderne" erscheint so auch aus der Perspektive der Geschichte des Christentums als sachgemäß und wenig strittig. ■

Auf einen Blick

Die Französische Revolution wurde getragen von den Idealen der Aufklärung und bedeutete zunächst politische Modernisierung. Durch den Druck von außen radikalisierte sie sich aber immer mehr, was zu einer massiven Entchristlichung und zu zahlreichen Todesopfern führte. So gerieten innerkirchlich die Aufklärer argumentativ in die Defensive. Die napoleonische Politik führte letztlich zu einer Zerschlagung der gallikanischen Kirche wie derjenigen im Hl. Römischen Reich. Die Neuordnung brachte die katholische Kirche in diesen Ländern in verstärkte Abhängigkeit, zunächst von den Staaten, dann aber auch zunehmend vom Papst.

Literaturhinweis

Karl Dietrich Erdmann, Volkssouveränität und Kirche. Studien über das Verhältnis von Staat und Religion in Frankreich vor Zusammentritt der Generalstände bis zum Schisma, 5. Mai 1789 – 13. April 1791, Köln 1949. *Klassische Forschungsarbeit, die die These von der anfänglichen, weitgehenden Verschmelzung von Revolution und Kirche begründet.*

Harm Klueting (Hg.): 200 Jahre Reichsdeputationshauptschluss. Säkularisation, Mediatisierung und Modernisierung zwischen Altem Reich und neuer Staatlichkeit, Münster 2005. *Wichtiger Tagungsband zu den Umbruchsprozessen der Säkularisation von 1803 anlässlich des 200jährigen Jubiläums.*

Dale van Kley, The Religious Origins of the French Revolution. From Calvin to the Civil Constitution, 1560–1791, New Haven 1996. *Verfolgt die These vom Jansenismus als lange verkannter (Teil-)Ursache der Revolution.*

Hans-Ulrich Thamer, Die Französische Revolution, München 2004. *Kompakte Einführung in den Ablauf der Revolution und die damit verbundenen politisch-kulturellen Transformationsprozesse.*

Literaturverzeichnis

Einführende Überblickswerke:

Bischof, Franz Xaver/Bremer, Thomas/Collet, Giancarlo/Fürst, Alfons, Einführung in die Geschichte des Christentums, Freiburg-Basel-Wien 2012. *Einführung in die gesamte Kirchengeschichte; primär thematisch, nicht chronologisch aufgebaut.*

Kaufmann, Thomas/Kottje, Raymund/Möller, Bernd/Wolf, Hubert (Hg.), Ökumenische Kirchengeschichte. II: Vom Hochmittelalter bis zur Frühen Neuzeit, Darmstadt ^{2}2008. *Die einzelnen Kapitel sind je nach Autor unterschiedlich angelegt, dennoch wichtiges Lehrbuch.*

Kirn, Hans-Martin, Geschichte des Christentums IV/1 (Theologische Wissenschaft 8/1), Stuttgart 2018; Kirn, Hans-Martin/Ritter, Adolf Martin, Geschichte des Christentums IV/2: Pietismus und Aufklärung (Theologische Wissenschaft 8/2), Stuttgart 2019. *Differenziertes und reflektiertes ausführliches Lehrbuch, v.a. für die protestantischen Konfessionen herausragend.*

Seebaß, Gottfried, Geschichte des Christentums III: Spätmittelalter-Reformation-Konfessionalisierung (Theologische Wissenschaft 7), Stuttgart 2006. *Gute Einführung in die Reformationsgeschichte und ihren Zusammenhang mit der vorherigen Epoche.*

Smolinsky, Heribert, Kirchengeschichte der Neuzeit I, Düsseldorf 1993. *Fundierte Einführung in die frühneuzeitliche Kirchengeschichte mit katholischer Perspektive.*

Handbücher, Lexika und Atlanten:

Andresen, Carl/Ritter, Adolph M./Benrath, Gustav A. (Hg.), Handbuch der Dogmen- und Theologiegeschichte. I–III, Stuttgart 1999. *Wichtiges Überblickswerk zur gesamten Dogmen- und Theologiegeschichte (letztere eher nur protestantisch).*

Beutel, Albert (Hg.), Luther Handbuch, Tübingen 2017. *Nützliches Handbuch zu den wichtigsten Themenfeldern der Lutherforschung.*

Enzyklopädie der Neuzeit. Hg. von Friedrich Jäger. I–XVI, Stuttgart 2005–2012. *Umfassendes Sachlexikon zur Geschichte der Frühen Neuzeit.*

Gatz, Erwin (Hg.), Die Bischöfe des Heiligen Römischen Reiches. Ein biographisches Lexikon: 1448 bis 1648, Berlin 1996; III: 1648 bis 1803, Berlin 1990. *Wichtiges Lexikon zu allen katholischen Bischöfen im Hl. Römischen Reich.*

Die Geschichte des Christentums. Religion, Politik, Kultur, 14 Bde., Freiburg 1994–2004. *Umfassendes konfessionsübergreifendes Handbuch zur Geschichte des Christentums weltweit.*

Hauschild, Wolf-Dieter, Lehrbuch der Theologie- und Dogmengeschichte. I–II, Gütersloh ^{4}1999. *Wichtiges Lehrbuch zur gesamten Dogmen- und Theologiegeschichte (letztere fast nur protestantisch).*

Jedin, Hubert, Handbuch der Kirchengeschichte. I–VII, Freiburg im Breisgau 1962–1979 (Nachdruck Darmstadt 1999). *Klassisches Handbuch zur katholischen Kirchengeschichte, das noch ein wenig durch die konfessionellen Fragestellungen und Interessen seiner Zeit geprägt ist.*

Martin, Jochen (Bearb.): Atlas zur Kirchengeschichte, Freiburg ^{3}1988, Sonderausgabe 2004. *Kartenmaterial zur gesamten Kirchengeschichte.*

Selderhuis, Herman J. (Hg.), Calvin Handbuch, Tübingen 2009. *Nützliches Handbuch zu den wichtigsten Themenfeldern der Calvin-Forschung.*

Quellensammlungen:

Behringer, Wolfgang (Hg.), Hexen und Hexenprozesse in Deutschland, München ^{4}2000.

Bitterli, Urs (Hg.), Die Entdeckung und Eroberung der Welt. Dokumente und Berichte. I–II, München 1980/1981. *Wichtige Quellentexte zur europäischen Expansion in der Neuzeit.*

Calvin Studienausgabe. Hg. von Eberhard Busch u. a., I–VIII, Neukirchen-Vluyn 1994–2011. *Nützliche neue Studienausgabe.*

Concilium Tridentinum, Diariorum, actorum, epistularum, tractatuum nova collectio. Hg. von der Görres-Gesellschaft, I–XIII, Freiburg 1901–2001. *Kritische Gesamtausgabe der Akten des Trienter Konzils, die durch die Öffnung des Vatikanischen Archivs 1881 für die Forschung möglich wurde.*

Controversia et Confessio. Hg. von Irene Dingel, I–IX, Göttingen 2008 ff. *Grundlegende Texte zu den Debatten nach Luthers Tod im Prozess der lutherischen Bekenntnisbildung. Auch online.*

Corpus Catholicorum. Münster 1919 ff. *Editionsunternehmen von Schriften katholischer Theologen des 16. Jahrhunderts, das als Gegenunternehmen zum Corpus Reformatorum geplant war.*

Corpus Reformatorum, Halle 1834. *Edition der Schriften Melanchthons, Calvins und Zwinglis in ihren jeweiligen Originalsprachen.*

Dekrete der ökumenischen Konzilien. Conciliorum oecumenicorum decreta. Hg. von Joseph Wohlmuth-Lateinisch-deutsch, Paderborn 1998–2001.

Edition Pietismustexte. Leipzig 2010 ff. *Fortsetzungsunternehmen zu „Kleine Texte des Pietismus".*

Die Evangelischen Kirchenordnungen des 16. Jahrhunderts. Hg. von Emil Sehling u.a. I–XXIV, Tübingen 1902–2017. *Edition der Gottesdienst- und Kirchenordnungen im Reich im 16. Jahrhundert mit wichtigen Einleitungen bzw. Einführungen.*

Hufeld, Ulrich (Hg.), Der Reichsdeputationshauptschluss von 1803. Eine Dokumentation zum Untergang des Alten Reiches (UTB 2387), Stuttgart 2003.

Ignatius von Loyola. Deutsche Werkausgabe, Würzburg 1993 ff. *Die wichtigsten Texte des Jesuitengründers auf Deutsch.*

Kirchen- und Theologiegeschichte in Quellen. III: Reformation, Hg. von Volker Leppin, Neukirchen-Vluyn ²2012; IV: Vom Konfessionalismus zur Moderne. Hg. von Martin Greschat, Neukirchen-Vluyn 1997; VI: Außereuropäische Christentumsgeschichte (Asien, Afika, Lateinamerika) 1450–1990. Hg. von Klaus Koschorke, Frieder Ludwig und Mariano Delgado, Neukirchen-Vluyn ⁴2012. (= KThGQ) *Wichtige Quellentexte zu den wichtigsten Themen der Kirchengeschichte, nützliche Begleitlektüre zu den Vorlesungen.*

Kleine Texte des Pietismus. I–XII, Leipzig 1999–2008.

Klueting, Harm (Hg.), Der Josephinismus (FSGA. B 12a), Darmstadt 2000.

Luther deutsch. Die Werke Martin Luthers in neuer Auswahl für die Gegenwart. Hg. von Kurt Aland. I–X, Göttingen ⁴1991. *Nützliche deutsche Studienausgabe mit aktualisiertem Deutsch.*

Martin Luther. Studienausgabe. Deutsch-deutsch und Lateinisch-deutsch. I–VI, Leipzig, 1987–1999. *Die wichtigsten Werke Luthers lateinisch (mit Übersetzung) und deutsch (mit Text in gegenwärtigem Deutsch).*

D. Martin Luthers Werke. Schriften/Werke I–LXXIII, Tischreden I–VI, Deutsche Bibeln I–XV, Briefe I–XVIII, Weimar 1883–2009 (= WA). *Kritische, maßgebliche Gesamtausgabe Luthers.*

Luttenberger, Albrecht P. (Hg.), Katholische Reform und Konfessionalisierung (FSGA. B 17), Darmstadt 2006.

Mehlhausen, Joachim (Hg.), Das Augsburger Interim von 1548 (Texte zur Geschichte der evangelischen Theologie 3), Neukirchen-Vluyn ²1992.

Melanchthons Briefwechsel. Kritische und kommentierte Gesamtausgabe. Hg. von Heinz Scheible und Christine Mundhenk, Stuttgart-Bad Cannstatt 1977 ff. *Der weitverzweigte, kritisch edierte Briefwechsel ist eine wichtige Quelle für die Reformationszeit; die Regesten (Zusammenfassungen der Briefe) sind auch online abrufbar.*

Melanchthon deutsch. Hg. von Michael Beyer, Stefan Rhein und Günther Wartenberg. I–IV, Leipzig, 1997–2012. *Nützliche deutsche Ausgabe von Hauptwerken.*

Mirbt, Carl, Quellen zur Geschichte des Papsttums und des römischen Katholizismus, Tübingen ⁵1934. *Ältere Quellensammlung aus protestantisch-kritischer Perspektive.*

Pfliegler, Michael (Hg.), Dokumente zur Geschichte der Kirche, Innsbruck-München-Wien 1938. *Deutsche Quellensammlung mit Dokumenten zur (katholischen) Kirchengeschichte.*

Quellen zur Geschichte der Täufer, Leipzig (später Gütersloh) 1930 ff. *Kritische Edition von Dokumenten zur Geschichte der reformatorischen Täuferbewegung.*

Zwingli, Huldrych, Schriften. Hg. von Thomas Brunnschweiler und Samuel Lutz. I–IV, Zürich 1995.

Literatur zur frühneuzeitlichen Kirchengeschichte:

Alberigo, Giuseppe, Karl Borromäus. Geschichtliche Sensibilität und pastorales Engagement (KLK 55),

Münster 1995. *Gerade die seelsorgliche Sensibilität des Musterbischofs der Gegenreformation soll herausgearbeitet werden.*

Andurand, Olivier, La Grande affaire. Les évêques de France face á l'Unigenitus, Rennes 2017. *Neue Analyse der Reaktion der französischen Bischöfe auf die Bulle Unigenitus auch in ekklesiologischer Hinsicht, die Quesnel und den Jansenismus treffen wollte, aber auf viel Widerstand stieß.*

Arnold, Claus, Die römische Zensur der Werke Cajetans und Contarinis (1558–1601). Grenzen der theologischen Konfessionalisierung (Römische Inquisition und Indexkongregation 10), Paderborn 2007. *Analyse des Häresieprozesses gegen zwei Hauptprotagonisten der katholischen Erneuerung im frühen 16. Jahrhundert, an denen sich unterschiedliche Strömungen an der päpstlichen Kurie schieden.*

Asche, Matthias/Schindling, Anton (Hg.), Dänemark, Norwegen und Schweden im Zeitalter der Reformation und Konfessionalisierung. Nordische Königreiche und Konfession 1500 bis 1600 (KLK 62), Münster 2003. *Nützlicher Sammelband zu Reformation und Konfessionalisierung in den skandinavischen Ländern.*

Aston, Nigel, Religion and Revolution in France, 1780–1804, Washington 2000. *Synthetische Zusammenschau der religiösen Veränderungsprozesse vor, während und nach der Französischen Revolution.*

Bäumer, Remigius (Hg.), Concilium Tridentinum (Wege der Forschung 313), Darmstadt 1979. *Sammelband mit älteren, wichtigen Forschungsbeiträgen.*

Balleriau, Catherine, Missionary Strategies in the New World, 1610–1690. An Intellectual History, London 2016. *Vergleichende Zusammenschau der Modelle der Bekehrung und entsprechender Strategien, der angestrebten Gesellschaftsmodelle und der Deutung außerchristlicher Religiosität.*

Beck, Andreas J., Gisbertus Voetius (1589–1676). Sein Theologieverständnis und seine Gotteslehre (FKDG 92), Göttingen 2007. *Theologische Analyse einer der einflussreichsten niederländischen Calvinisten, der eine Gründergestalt der Nadere Reformatie, der Universität Utrecht und des Missionsgedankens in seiner Konfession wurde.*

Behringer, Wolfgang, Hexen. Glaube-Verfolgung-Vermarktung, München [5]2009. *Knappe Standardeinführung zu den Phänomenen des Hexenglaubens und der Hexenverfolgung.*

Bendel, Rainer/Spannenberger, Norbert (Hg.), Katholische Aufklärung und Josephinismus. Rezeptionsformen in Ostmittel- und Südosteuropa, Köln-Weimar-Wien 2015.

Bergin, Joseph, Church, society and religious change in France 1580–1730, New Haven-London 2009. *Forschungssynthese zum nachtridentinischen französischen Katholizismus.*

Beutel, Albrecht, Johann Joachim Spalding. Meistertheologe im Zeitalter der Aufklärung, Tübingen 2014. *An einer führenden Gestalt des Protestantismus wird die Transformation deutlich, durch die der Protestantismus in der Aufklärungszeit seine Plausibiität und Nützlichkeit unterstreichen wollte.*

Beutel, Albrecht (Hg.), Protestantismus in Preußen. I: Vom 17. Jahrhundert bis zum Unionsaufruf 1817, Frankfurt am Main 2009. *Erster von fünf Bänden von Lebensbildern zur Geschichte der wichtigen und großen preußischen Landeskirche.*

Blaufuß, Dietrich, Spener-Arbeiten, Frankfurt am Main [2]1980. *Sammelband mit Beiträgen des Autors zu Spener und seinem Umfeld.*

Blickle, Peter, Der Bauernkrieg. Die Revolution des Gemeinen Mannes, München [4]2012. *Neuere konzise Gesamtdarstellung.*

Blickle, Peter, Kommunalismus. Skizzen einer gesellschaftlichen Organisationsform. I–II, München 2000. *Versuch, den Einfluss „von unten" in der frühneuzeitlichen Geschichte herauszuarbeiten, der auf gemeinsame, kommunale Willensbildung zielte.*

Blickle, Peter, Die Reformation im Reich, Stuttgart [4]2015. *Einführender Überblick mit ausgeprägtem sozialgeschichtlichen Interesse.*

Bonora, Elena, La Controriforma, Roma-Bari 2001. *Überblick über die Gegenreformation mit dem Schwerpunkt Italien, die betont, dass ehemals einflussreiche katholische Reformversuche schließlich zu deren Opfer wurden.*

Brady, Thomas A., Ruling Class, Regime and Reformation at Strasbourg 1520–1555, Leiden 1978.

Gegenüber Möllers Modell der Stadtreformation wird die Bedeutung der Außenpolitik und von innerstädtischen Gegensätzen betont.

Brecht, Martin, Martin Luther (1483–1546). I–III, Stuttgart 1981–1987. *Ausführliche, minutiös arbeitende Gesamtbiographie Luthers.*

Breuer, Mordechai/Graetz, Michael, Deutsch-jüdische Geschichte in der Neuzeit. I: Tradition und Aufklärung 1600–1780, München 2000. *Die Autoren stellen die vormodernen deutsch-jüdischen Traditionen und dann die Umbruchsprozesse v.a. in der Berliner Haskala dar.*

Brockmann, Thomas, Dynastie, Kaiseramt und Konfession. Politik und Ordnungsvorstellungen Ferdinands II. im Dreißigjährigen Krieg (Quellen und Forschungen aus dem Gebiet der Geschichte 25), Paderborn 2011.

Bubenheimer, Ulrich, Consonantia Theologiae et Iurisprudentiae – Andreas Bodenstein von Karlstadt als Theologe und Jurist zwischen Scholastik und Reformation (Ius Ecclesiasticum 24). Tübingen 1977. *Wichtige theologische Deutung Karlstadts, der so ein gegenüber Luther eigenständiges Profil gewinnt.*

Büsser, Fritz, Heinrich Bullinger – Leben, Werk und Wirkung. I–II, Zürich 2004/2005. *Umfassendes Standardwerk zu Bullinger.*

Bulman, William J., Anglican Enlightenment. Orientalism, Religion and Politics in England and its Empire, 1648–1715 (Cambridge Studies in Early Modern British History), Cambridge 2015.

Cambers, Andrew, Godly Reading. Print, Manuscript and Puritanism in England, 1580–1720 (Cambridge Studies in Early Modern British History), Cambridge 2011. *Anhand der Lesepraxis in Gemeinschaft und Öffentlichkeit sollen Einseitigkeiten eines rein individualistischen Puritanismus-Bildes korrigiert werden.*

Champion, Justin A. I., Republican Learning. John Toland and the Crisis of Christian Culture 1696–1722. Manchester 2003. *Toland-Deutung vor dem Hintergrund der politischen Geschichte Englands.*

Chatellier, Louis, L'Europe des dévots, Paris 1987. *Darstellung der zunehmenden spirituellen Formen der katholischen Laien, angestoßen zunächst von den Jesuiten mit ihren Studentenkongregationen.*

Conrad, Anne, Zwischen Kloster und Welt: Ursulinen und Jesuitinnen in der katholischen Reformbewegung des 16./17. Jahrhunderts, Mainz 1991. *Die katholische Reform entfaltete in den neuen Frauengemeinschaften trotz vieler Widerstände emanzipatorisches Potential.*

Cottret, Monique, Histoire du jansénisme, Paris 2016. *Gesamtdarstellung des Jansenismus in seiner Wechselwirkung zur französischen Politik.*

Cottret, Bernard/Cottret, Monique/Michel, Marie-José Michel (Hg.), Jansénisme et puritanisme. Actes du colloque du 15 septembre 2001, tenu au musée national de Port-Royal des Champs, Paris, 2002. *Sammelband zu den Bezügen und Analogien von Jansenismus und Puritanismus.*

Dailey, Alice: The English Martyr from Reformation to Revolution. Notre Dame Indiana 2012. *Analyse des Diskurses über das Martyrium in der Epoche der Konfessionskriege; zunehmend wurde es auf ein Sterben für die individuelle Gewissensüberzeugung interpretiert.*

Decker, Rainer, Die Päpste und die Hexen. Aus den geheimen Akten der Inquisition, Darmstadt ^{2}2013. *In der Zuständigkeit der römischen Inquisition gab es nahezu keine Hexenverfolgung.*

Decot, Rolf (Hg.), Säkularisation der Reichskirche 1803. Aspekte kirchlichen Umbruchs (VIEG 55), Mainz 2002. *Sammelband, der thematisch verschiedene Aspekte des mit der Säkularisation verbundenen Umbruchsprozesses beleuchtet.*

Delgado, Mariano, Stein des Anstoßes. Bartolomé de Las Casas als Anwalt der Indios, St. Ottilien 2011. *Fundierte, knappe Darstellung der Lebensgeschichte von Las Casas.*

Delumeau, Jean/Cottret, Monique, Le Catholicisme entre Luther et Voltaire, Vêndome 1996. *Mit dem Konzil von Trient und dem konfessionellen Zeitalter sei erst eine tiefere Christianisierung erfolgt. Das Gottes- und Menschenbild wirkte über Jahrhunderte, wurde aber im Aufklärungszeitalter bekämpft.*

Dillinger, Johannes, Hexen und Magie (Historische Einführungen 3) Frankfurt/New York 2007. *Der Hexenglaube wird in dieser Gesamtdarstellung in ein magisches Weltbild eingebettet.*

Dingel, Irene, Concordia controversa. Die öffentlichen Diskussionen um das lutherische Konkordienwerk am Ende des 16. Jahrhunderts (QFRG 63), Gütersloh 1996. *Grundlegende Untersuchung zur lutherischen Identitätsbildung in Auseinandersetzung mit Konkordienformel und Konkordienbuch (1577/1580).*

Dingel, Irene/Hund, Johannes/Ilic, Luka (Hg.), Matthias Flacius Illyricus. Biographische Kontexte, theologische Wirkungen, historische Rezeption (VIEG. Beiheft 125), Göttingen 2019. *Neuerer Sammelband zum streitbaren „Haupt der Gnesiolutheraner".*

Dingel Irene, Geschichte der Reformation, Göttingen 2017. *Fundierter Gesamtüberblick über die Reformationsgeschichte auf dem neuesten Forschungsstand.*

Dingel, Irene/Selderhuis, Herman J. (Hg.), Calvin und Calvinismus. Europäische Perspektiven (VIEG. Beiheft 84), Göttingen 2013.

Doran, Susan/Durston, Christopher, Princes, Pastors, and People. The Church and Religion in England, 1500–1700, London [2]2003. *Basales Lehrbuch zur englischen Kirchengeschichte bis zum Toleration act.*

Doyle, William, Jansenism. Catholic Resistance to Authority from the Reformation to the French Revolution (Studies in European History) New York 1999. *Knappe Darstellung des Jansenismus, die dessen Fortwirken nach 1700 betont, etwa in der Feindschaft gegen die Jesuiten und den Widerstand gegen obrigkeitliche Unterdrückung.*

Dülmen, Richard van, Kultur und Alltag in der Frühen Neuzeit. I–III, München [4]2005. *Gesamtdarstellung zu Alltag und kultureller Anthropologie der Menschen in der Frühen Neuzeit.*

Ehrenpreis, Stefan/Lotz-Heumann, Ute, Reformation und konfessionelles Zeitalter, Darmstadt 2002. *Einführung zu wichtigen Forschungskontroversen.*

Elton, Geoffrey Rudolph, Reform and Reformation. England 1509–1558 (The new history of England 2), London 1977. *In traditionell etatistischer und moralisch wertender Perspektive verfasst handelt es sich dennoch immer noch um ein lesenswertes Standardwerk.*

Emich, Birgit, Geschichte der Frühen Neuzeit studieren (UTB. S), München [2]2019. *Einführung in das Studium der frühneuzeitlichen Geschichte.*

Faroqhi, Suraiya, Geschichte des Osmanischen Reiches, München [2]2001. *Kompakter Überblick zur Geschichte des Osmanischen Reichs.*

Feiner, Shmuel, Haskala – jüdische Aufklärung – Geschichte einer kulturellen Revolution (Netiva 8), Hildesheim 2007. *Gesamtüberblick über die Haskala und der mit ihr verbundenen internen Pluralisierung des Judentums in ihrer Verwobenheit mit der Europäischen Aufklärung.*

Firpo, Massimo, Riforma protestante ed eresie nell'-Italia del Cinquecento. Un profilo storico, Rom-Bari 1993. *Überblick über die Vielgestaltigkeit und Intensität der Reformströmungen im Italien des 16. Jahrhunderts, die im gegenreformatorischen Katholizismus und besonders durch die Inquisition dann weitgehend destruiert wurden.*

Fitschen, Klaus, Der Katholizismus von 1648 bis 1870 (KGE III/8), Leipzig [2]2001. *Knapper, lehrbuchartiger Überblick eines protestantischen Autors.*

Fleischer, Dirk, Zwischen Tradition und Fortschritt. Der Strukturwandel der protestantischen Kirchengeschichtsschreibung im deutschsprachigen Diskurs der Aufklärung (Wissen und Kritik 22/1 und 2), Waltrop 2006. *Entwicklung des Faches Kirchengeschichte hin zur pragmatischen Methode eines Johann Lorenz Mosheim.*

Forster, Marc R., Catholic Germany from the Reformation to the Enlightenment (European History in Perspective), Oxford 2004. *Überblick über* die *katholische konfessionelle Identitätsbildung durch das Zusammenwirken der Reformen „von oben" und der Praktiken „von unten".*

Fragnito, Gigliola, La Bibbia al rogo. La censura ecclesiastica e i volgarizzamenti della Scrittura (1471–1605), Bologna 1997. *Das Ringen um die Erlaubtheit von Bibelübersetzungen in der Volkssprache im frühneuzeitlichen Katholizismus, besonders innerhalb der römischen Zensurbehörden.*

François, Etienne, Die unsichtbare Grenze. Protestanten und Katholiken in Augsburg 1648–1806, Stuttgart 1991. *Die Verinnerlichung des konfessionellen Gegensatzes ermöglichte in Augsburg ein im Alltag weitgehend funktionierendes Zusammenleben, bei dem nur Mischehe und Konversion tabuisiert blieben.*

François, Wim/Soen, Violet (Hg.), The Council of Trent: Reform and Controversy in Europe and Beyond (1545–1700). I–III, Göttingen 2018. *Neue Aufsätze zum Konzil, dessen Wirkung und dessen Umfeld in ganz Europa.*

Gäbler, Ulrich, Huldrych Zwingli. Leben und Werk. Mit einem Nachwort von Martin Sallmann, Zürich ³2004. *Grundlegende Überblicksdarstellung zu Zwingli in biographischer Perspektive.*

Gericke, Wolfgang, Theologie und Kirche im Zeitalter der Aufklärung (Kirchengeschichte in Einzeldarstellungen III/2). Berlin 1989. *Knappe und dichte Überblicksdarstellung, noch in der Endphase der DDR geschrieben.*

Gerlach, Hans-Martin (Hg.), Christian Wolff – seine Schule und seine Gegner (Aufklärung 12/2), Hamburg 2001. *Sammelband zum führenden deutschen Philosophen seiner Zeit und zur Debatte zwischen Anhängern und Gegnern.*

Goertz, Hans-Jürgen, Konrad Grebel – ein Radikaler in der Zürcher Reformation. Zürich 2004. *Eindringliche Deutung einer der ersten führenden Täufer-Gestalten.*

Goertz, Hans-Jürgen, Pfaffenhaß und groß Geschrei. Die reformatorischen Bewegungen in Deutschland. 1517–1529. München 1987. *Grundlegendes Werk zur frühen reformatorischen Bewegung und der in dieser verbreiteten Kleruskritik.*

Goertz, Hans-Jürgen, Thomas Müntzer. Revolutionär am Ende der Zeiten, München 2015. *Mystik und Apokalyptik haben Müntzer zu sozialem Handeln geführt, so die bereits in einem Vorgängerband 1989 formulierte These, die wegen mangelnder Quellen im Detail unterschiedlich ausdeutbar bleibt.*

Goldenbaum, Ursula, Appell an das Publikum. Die öffentliche Debatte in der deutschen Aufklärung 1678–1796. I–II, Berlin 2004. *Monumentale Analyse wichtiger Debatten in der aufgeklärten deutschen Öffentlichkeit, v.a. auch um die sog. Wertheimer Bibel und den theologischen Rationalismus.*

Gotor, Miguel, Chiesa e santitá nel'Italia moderna, Rom-Bari 2004. *Analyse der Entwicklung des frühneuzeitlichen Heiligenideals in der katholischen Kirche.*

Greschat, Martin, Martin Bucer. Ein Reformator und seine Zeit, Münster ²2009. *Einführung in das Wirken des einflussreichen und ökumenisch sensiblen Straßburger Reformators.*

Greyerz, Kaspar von/Conrad, Anne (Hg.), Handbuch der Religionsgeschichte im deutschsprachigen Raum. IV: 1650–1750, Paderborn-München 2012. *Das Handbuch will bewusst religionsphänomenologisch und beschreibend die einzelnen Konfessionen und Religionen behandeln.*

Hamilton, Alastair, Heresy and mysticism in sixteenth-century Spain: The Alumbrados, Cambridge 1992. *Standardwerk zu dem mehrdeutigen Phänomen der Alumbrados in Spanien, die mystische Traditionen rezipierten, im 16. Jahrhundert aber von der Inquisition verfolgt wurden.*

Hammerstein, Notker, Aufklärung und katholisches Reich. Untersuchungen zur Universitätsreform und Politik katholischer Territorien des Heiligen Römischen Reiches Deutscher Nation im 18. Jahrhundert (Historische Forschungen 12), Berlin 1977. *Analyse der Universitätsreformen in der sog. Katholischen Aufklärung.*

Hersche, Peter, Italien im Barockzeitalter (1600–1750). Eine Sozial- und Kulturgeschichte, Wien-Köln-Weimar 1999. *Bietet wichtige Einblicke in die italienischen Gesellschaften und ihre Frömmigkeitskultur in einer Zeit, die der nationalen Geschichtsschreibung als Niedergangsepoche galt.*

Hersche, Peter, Der Spätjansenismus in Österreich (Veröffentlichung der Kommission für Geschichte Österreichs 7), Wien 1977. *Betont die Bedeutung des Spätjansenismus für den österreichischen Josephnismus, den er als primär antibarocke Strömung deutet.*

Heyer, Friedrich, Die katholische Kirche von 1648 bis 1870 (Die Kirche in ihrer Geschichte IV N 1), Göttingen 1963.

Holzem, Andreas, Christentum in Deutschland 1550–1850. Konfessionalisierung – Aufklärung – Pluralisierung. I–II, Paderborn 2015. *Monumentale und reflektierte transkonfessionelle Christentumsgeschichte, die das konfessionelle Zeitalter mit seiner Tendenz zur Intensivierung gelebten Christentums bis 1850 verfolgt.*

Honée, Eugène (Hg.), Der Libell des Hieronymus Vehus zum Augsburger Reichstag 1530. Untersuchungen und Texte zur katholischen Concordia-Politik (RST 125), Münster 1988. *Edition der wichtigsten Quelle zu den Vergleichsverhandlungen.*

Hornig, Gottfried, Johann Salomo Semler. Studien zu Leben und Werk des Hallenser Aufklärungstheologen (HBEA 2), Tübingen 1996. *Sammlung von 12 grundlegenden Studien des Verfassers zu Leben und Theologie des Hallenser Theologen.*

Immenkötter, Herbert, Um die Einheit im Glauben. Die Unionsverhandlungen des Augsburger Reichstages im August und September 1530 (KLK 33), Münster [2]1974. *Überblicksdarstellung über die beinahe erfolgte Einigung auf dem Reichstag im Anschluss an die Confessio Augustana.*

Isaiasz, Vera/Lotz-Heumann, Ute/Mommertz, Monika/Pohlig, Matthias (Hg.): Stadt und Religion in der frühen Neuzeit. Soziale Ordnungen und ihre Repräsentationen, Frankfurt am Main 2007.

Iserloh, Erwin u.a. (Hg.), Katholische Theologen der Reformationszeit. I–VI (KLK 44–48, 64), Münster 1984–1988 und 2004. *Nützliche Einführung in viele katholische Theologen des 16. Jahrhunderts.*

Kaufmann, Thomas, Luthers Juden, Stuttgart 2014. *Abgewogene Darstellung und Aufarbeitung des Forschungsstandes zu diesem vieldiskutierten Thema.*

Kaufmann, Thomas/Schubert, Anselm/Greyerz, Kaspar von (Hg.), Frühneuzeitliche Konfessionskulturen (SVRG 207), Göttingen 2008. *In Abgrenzung/Weiterentwicklung zum Konfessionalisierungsparadigma wird die symbolisch-kulturschaffende Kraft der Konfessionen und die Vielfalt der Konfessionskulturen betont.*

Keßler, Martin, Das Karlstadt-Bild in der Forschung (BHTh 174), Tübingen 2014. *Forschungsgeschichte zu dem für die Reformationsgeschichte wichtigen frühen Mitstreiter und Gegner Luthers.*

Kovács, Elisabeth (Hg.), Katholische Aufklärung und Josephinismus, Wien 1979. *Wichtiger Sammelband zum Josephinismus in kirchengeschichtlicher Hinsicht.*

Kraus, Hans-Joachim, Geschichte der Historisch-Kritischen Erforschung des Alten Testaments, Neukirchen-Vluyn [2]1969. *Standardwerk zur Geschichte der Bibelkritik in Bezug auf das Alte Testament.*

Krenz, Jochen, Druckerschwärze statt Schwarzpulver. Wie die Gegenaufklärung die Katholische Aufklärung nach 1789 mundtot machte. Die Perzeption der kirchenpolitischen Vorgänge der Französischen Revolution in der oberdeutschen theologischen Publizistik des Alten Reichs (Presse und Geschichte 101), Bremen 2016; ders, Konturen einer oberdeutschen kirchlichen Kommunikationslandschaft des ausgehenden 18. Jahrhunderts (Presse und Geschichte 66), Bremen 2012. *Hervorragender Überblick zu den aufgeklärten und aufklärungsfeindlichen Zeitungen Ende des 18. Jahrhunderts und deren Öffentlichkeitsstrategien.*

Lachenicht, Susanne, Die Französische Revolution. 1789–1795, Darmstadt [2]2016. *Kompakte Einführung, die auch einen Überblick auf die europäischen Wirkungen der Revolution bietet.*

Lehmann, Hartmut/Schrader, Hans-Jürgen/Schilling, Heinz (Hg.), Jansenismus, Quietismus, Pietismus (AGP 42), Göttingen 2002. *Sammelband, der strukturelle Parallelen und Vergleichsmöglichkeiten herausarbeitet.*

Lehner, Ulrich J., Die katholische Aufklärung. Weltgeschichte einer Reformbewegung, Paderborn 2017. *Einführung mit einem weiten Begriff von „katholischer Aufklärung".*

Lehner, Ulrich J./Printy Michael, A companion to Catholic Enlightenment in Europe (Brill's Companions to the Christian Tradition 20), Leiden-Boston 2010. *Arbeitet v.a. für den angelsächsischen Raum die Traditionen und Leistungen einer „katholischen Aufklärung" auf.*

Leppin, Volker, Transformationen. Studien zu den Wandlungsprozessen in Theologie und Frömmigkeit zwischen Spätmittelalter und Reformation (SMHR 86) Tübingen 2015. *Aufsatzsammlung des Autors, der nach der Rezeption und Neuinterpretation mittelalterliche Konzepte und Theorien in der Reformation fragt.*

Li, Wenchao, Die christliche China-Mission im 17. Jahrhundert. Verständnis, Unverständnis, Mißverständnis (Studia Leibnitiana. Supplementa 32), Stuttgart 2000. *Kenntnisreiche Analyse des Kulturkontakts v.a. zwischen Jesuiten und chinesischen Eliten.*

Löffler, Bernhard/Rottler, Maria (Hg.), Netzwerke gelehrter Mönche – St. Emmeram im Zeitalter der Aufklärung (ZBLG. Beiheft 44), München 2015. *Gelehrte benediktinische Netzwerke im 18. Jahrhunderts werden mit Blick auf das Regensburger Reichskloster in diesem Sammelband analysiert.*

Lohse, Bernhard, Luthers Theologie in ihrer historischen Entwicklung und in ihrem systematischen Zusammenhang, Göttingen 1995. *Bewährte Einführung in Leben und Theologie Luthers.*

Lotz-Heumann, Ute, Die doppelte Konfessionalisierung in Irland: Konflikt und Koexistenz im 16. und in der ersten Hälfte des 17. Jahrhunderts (Spätmittelalter und Reformation, Neue Reihe 13), Tübingen 2000. *Analytisch gelungene Analyse der Konfessionskonflikte, Konfessionalisierungsversuche und Widerstandshandlungen in Irland.*

Maaß, Ferdinand, Der Josephinismus. Quellen zu seiner Geschichte in Österreich 1760–1850. Amtliche Dokumente aus dem Wiener Haus-, Hof- und Staatsarchiv. I–V, Wien 1951–1961. *Der Joesphinismus wird als unberechtiger Eingriff in die kirchliche Sphäre verstanden und dabei werden zahlreiche Quellen ediert.*

Maire, Catherine, De la cause de Dieu à la cause de la Nation. Le jansénisme au XVIIIe siècle, Paris 1998. *Grundlegende Interpretation des Jansenismus des 18. Jahrhunderts und seiner politischen Optionen gegen Jesuiten und Aufklärung, die die Rolle der figuristischen Exegese als Geschichtsinterpretation (L. A. Le Paige) betont und Grundlage für den Widerstand auch gegen staatliche Willkür betont.*

Mac Culloch, Diarmaid, Die Reformation 1490–1700, München 2008. *Gesamtüberblick zur europäischen Geschichte des 16. und 17. Jahrhunderts, der diese als Ausdifferenzierung einer ursprünglichen Einheit verstehen will.*

Mac Culloch, Diarmaid, Die zweite Phase der englischen Reformation (1547–1603) und die Geburt der anglikanischen Via media (KLK 58), Münster 1998. *Überblick über die englische Reformationsgeschichte nach Heinrich VIII., der den Anglikanismus als Resultat der notwendigen Kompromisse unter Elisabeth I. deutet.*

Maron, Gottfried, Ignatius von Loyola. Mystik-Theologie-Kirche, Göttingen 2001. *Der Jesuiten-Gründer wird von einem protestantischen Kirchenhistoriker gerade in seiner Theologie und Spiritualität ernst genommen und gedeutet.*

Marsden, George M., Jonathan Edwards: A Life, New Haven 2003. *Neuere maßgebende Gesamtdarstellung zu Leben und Denken von Edwards.*

Martimort, Aimé-Georges, Le Gallicanisme, Paris 1973. *Knapper Überblick zur Geschichte der Gallikanismus in Frankreich, der inzwischen einer Fortschreibung bedürfte.*

Maurer, Michael, Konfessionskulturen. Die Europäer als Protestanten und Katholiken, Paderborn 2019.

Möller, Bernd, Reichsstadt und Reformation. Neu hg. von Thomas Kaufmann, Tübingen 2011. *Neuauflage des Klassikers, mit dem die Bedeutung sozialgeschichtlicher Fragen (die Bedeutung der Städte als „Sakralgemeinschaften") für die Reformationsgeschichte evident wurde.*

Müller, Wolfgang Erich, Johann Friedrich Wilhelm Jerusalem: eine Untersuchung zur Theologie der „Betrachtung über die vornehmsten Wahrheiten der Religion" (Theologische Bibliothek Töpelmann 43), Berlin-New York 1984. *Analyse und Kontextualisierung eines Hauptwerks der protestantischen Neologie.*

Noll, Mark A., The Rise of Evangelicalism: The Age of Edwards, Whitefield and the Wesleys (A history of Evangelicalism 1), Downers Grove 2003.

Nooke, Christoph T., Gottlieb Jakob Planck (1751–1833). Grundfragen protestantischer Theologie um 1800 (BHTh 170), Tübingen 2014. *Analyse von Plancks kirchenhistorischem Werk, das die Identität von Protestantismus und Katholizismus neu bestimmt.*

Nuttinck, Michel, La vie et l'oeuvre de Zeger-Bernard van Espen: un canoniste janséniste, gallican et régalien à l'Université de Louvain, 1646–1728, Löwen 1969. *Grundlegende Gesamtdarstellung zur Grundlegung des reichskirchlichen Episkopalismus.*

Oakley, Francis, The Conciliarist Tradition. Constitutionalism in the Church 1300–1870, New York 2003. *Knappe Überblicksdarstellung über die Geschichte kollegialer und konstituioneller Leitungsvorstellungen in der katholischen Theologie- und Verfassungsgeschichte.*

O'Malley, John W., Die ersten Jesuiten, Würzburg 1995. *Übersetzung der englischen Ausgabe von 1993, die die Formation der Jesuiten als ganz neuartigen Orden nachzeichnen will.*

Opitz, Peter, Ulrich Zwingli. Prophet, Ketzer, Pionier des Protestantismus, Zürich ^{3}2018. *Knappe, fundierte Einführung in Zwinglis Leben und Denken.*

Orcibal, Jean, Jansénius d'Ypres 1585–1638, Paris 1989. *Grundlegende Darstellung in Leben und Werk des Jansenius.*

Pockrandt, Mark, Biblische Aufklärung. Biographie und Theologie der Berliner Hofprediger August Friedrich Wilhelm Sack (1703–1786) und Friedrich Samuel Gottfried Sack (1738–1817) (Arbeiten zur Kirchengeschichte 86), Berlin u.a. 2003.

Biographie und Denken von Vater und Sohn Sack geben zugleich einen Einblick in den aufgeklärten Protestantismus Berlins seit Friedrich II.

Pohlig, Matthias, Zwischen Gelehrsamkeit und konfessioneller Identitätsstiftung. Lutherische Kirchen- und Universalgeschichtsschreibung 1546–1617 (Spätmittelalter und Reformation. Neue Reihe 37), Tübingen 2007. *Analyse der frühneuzeitlichen lutherischen Geschichtsschreibung auf breiter Quellenbasis.*

Prien, Hans-Jürgen, Das Christentum in Lateinamerika (Kirchengeschichte in Einzeldarstellungen IV/6), Leipzig 2007. *Gesamtüberblick bis zur Gegenwart mit besonderer Berücksichtigung des Protestantismus seit dem 19. Jahrhundert.*

Printy, Michael, Enlightenment and the creation of German Catholicism, Cambrdige 2009. *Darstellung der Ideen einer „katholischen Aufklärung", die einen eigenen Beitrag zum deutschen bürgerlichen Nationalbewusstsein des 19. Jahrhunderts geleistet habe.*

Rack, Henry, D., Reasonable Enthusiast: John Wesley and the Rise of Methodism, London 1989. *Umfassende Gesamtdarstellung zu Wesley und dem frühen Methodismus.*

Reinalter, Helmut, Joseph II. Reformer auf dem Kaiserthron, München 2011. *Knappe Überblicksdarstellung zu Leben und Reformen des Kaisers.*

Reinhard, Wolfgang, Paul V. Borghese (1605–1621) (Päpste und Papsttum 37), Stuttgart 2009. *Synthese der jahrzehntelangen Forschung (v.a. durch den Autor und seine Schülerinnen und Schüler) zu seinem Pontifikat und den Mechanismen von Patronage und Verflechtung am Papsthof.*

Reinhard, Wolfgang, Die Unterwerfung der Welt. Globalgeschichte der europäischen Expansion 1415–2015, München 2016. *Umfassendes, synthetetisches Standardwerk mit einem breiten, auch wirtschafts- und kulturgeschichtlichen Ansatz.*

Reinhard, Wolfgang/Schilling, Heinz (Hg.), Die katholische Konfessionalisierung in Europa (RST 135), Münster 1995. *Forschungsgeschichtlich wichtiger Sammelband zur katholischen Konfessionalisierung.*

Reinhardt, Volker, Pontifex. Die Geschichte der Päpste, München 2017. *Kombination aus traditioneller Papstgeschichte und modernen sozial- und kulturgeschichtlichen Ansätzen, v.a. für die Frühe Neuzeit.*

Reiss, Ansgar/Witt, Sabine (Hg.), Calvinismus. Die Reformierten in Deutschland und Europa, Berlin-Dresden 2009. *Ausstellungskatalog des Deutschen Historischen Museums in Berlin zum Calvin-Jubiläum.*

Reventlow, Henning Graf von, Epochen der Bibelauslegung. III: Renaissance, Reformation, Humanismus, München 1997; IV: Von der Aufklärung bis zum 20. Jahrhundert, München 2001. *Teile des mehrbändigen Überblickwerkes zur Geschichte der Bibelauslegung.*

Ritschl, Otto, Dogmengeschichte des Protestantismus. I–IV, Leipzig 1908–1927. *Alte, aber unverzichtbare Darstellung der theologischen Debatten im Protestantismus vor der Aufklärung.*

Rublack, Hans-Christoph (Hg.), Die lutherische Konfessionalisierung in Deutschland (SVRG 197), Gütersloh 1992. *Forschungsgeschichtlich wichtiger Sammelband zur lutherischen Konfessionalisierung.*

Scheible, Heinz, Melanchthon. Vermittler der Reformation. Eine Biographie, München 2016. *Sorgfältige Standardbiographie des langjährigen Melanchthon-Herausgebers.*

Schilling, Heinz, Karl V. Der Kaiser, dem die Welt zerbrach, München 2020. *Neue Biographie, die das dynastische und religiöse Selbstverständnis des Kaisers an einer neuen, komplexer gewordenen Welt scheitern sieht.*

Schilling, Heinz (Hg.), Die reformierte Konfessionalisierung in Deutschland – Das Problem der „Zweiten Reformation" (SVRG 195), Gütersloh 1986. *Forschungsgeschichtlich wichtiger Sammelband zur refomierten Konfessionalisierung.*

Schindling, Anton/Ziegler, Walter (Hg.), Die Territorien des Reiches im Zeitalter der Reformation und Konfessionalisierung. I–VII (KLK 49–53, 56f.). Münster 1989–1997. *Nützliche Überblicksdarstellungen zu fast allen Territorien im Hl. Römischen Reich mit Literatur und Forschungsstand.*

Schmidt, Bernward, Virtuelle Büchersäle. Lektüre und Zensur gelehrter Zeitschriften an der römischen Kurie 1665–1765 (Römische Inquisition und Indexkongregation 14), Paderborn 2009.

Schmidt, Georg, Der Dreißigjährige Krieg, München [7]2006. *Kompakte Darstellung, die den Dreißigjährigen Krieg primär als Reichskrieg deutet.*

Schmidt, Heinrich Richard, Reichsstädte, Reich und Reformation. Korporative Religionspolitik 1521–1529/30 (VIEG 122), Stuttgart 1986. *Grundlegende Studie zu Selbstverständnis, Affinitäten zu reformatorischen Ideen und Religionspolitik der Reichsstädte in den 1520er Jahren.*

Schneider, Hans, Der fremde Arndt. Studien zu Leben, Werk und Wirkung Johann Arndts (1555–1621) (AGP 48), Göttingen 2006. *Wichtige Aufsätze zum frömmigkeitsgeschichtlich ungemein einflussreichen Arndt, der in gewisser Weise zwischen den Traditionen und Konfessionen stand.*

Schorn-Schütte, Luise, Evangelische Geistlichkeit in der Frühneuzeit. Deren Anteil an der Entfaltung frühmoderner Staatlichkeit und Gesellschaft. Dargestellt am Beispiel des Fürstentums Braunschweig-Wolffenbüttel, der Landgrafschaft Hessen-Kassel und der Stadt Braunschweig (QFRG 62), *Gütersloh 1996. Grundlegende Studie zur Formierung des evangelischen Pfarrerstandes in der Frühen Neuzeit.*

Schreiber, Georg, Das Weltkonzil von Trient. Sein Werden und Wirken. I–II, Freiburg 1951. *Noch immer grundlegende Aufsätze zu wichtigen Aspekten des Konzils und seiner Rezeption.*

Schröder, Winfried (Hg.), Gestalten des Deismus in Europa. FS Günter Gawlick (Wolffenbütteler Forschungen 135), Wiesbaden 2013. *Ausformungen des Deismus und philosophischer Debatten mit erheblicher theologiegeschichtlicher Relevanz.*

Schubert, Anselm, Das Ende der Sünde. Anthropologie und Erbsünde zwischen Reformation und Aufklärung (FKDG 84), Göttingen 2002.

Schulin, Ernst, Die Französische Revolution, München [5]2013. *Deutschsprachiges Standardwerk zur französischen Revolution.*

Schulte, Christoph, Die jüdische Aufklärung. Philosophie, Religion, Geschichte, München 2002. *Gesamtdarstellung der Haskala, die spät (ca. 1767) einsetzte, aber zu grundlegenden Debatten und Transformtionsprozessen führte.*

Schwarz, Reinhard, Martin Luther. Lehrer der christlichen Religion, Tübingen [2]2016. *Klare und fundierte Gesamtinterpretation der ausgebildeten Theologie Martin Luthers.*

Selderhuis, Herman J., Johannes Calvin. Mensch zwischen Zuversicht und Zweifel. Eine Biographie, Gütersloh 2009. *Calvin-Biographie auf der Grundlage seiner Briefe und Predigten, die das Zerrbild vom strengen Tugendapostel korrigiert.*

Selderhuis, Herman J./Wriedt, Markus (Hg.), Bildung und Konfession. Theologenausbildung im Zeitalter der Konfessionalisierung (SuR NR 27), Tübingen 2006. *Sammelband zur Ausbildung von Geistlichen in den verschiedenen Konfessionen.*

Shea, William R./Artigas, Mariano, Galileo Galilei. Aufstieg und Fall eines Genies, Darmstadt 2006. *Gegen die traditionellen kulturkämpferisch-antiklerikalen Vorurteile werden die Konstellationen und Prozesse gegen Galilei neu bewertet.*

Sieben, Hermann Josef, Die katholische Konzilsidee von der Reformation bis zur Aufklärung (Konziliengeschichte. B: Untersuchungen), Paderborn 1988. *Abhandlungen zu den Konzilsvorstellungen in der Frühen Neuzeit.*

Smolinsky, Heribert, Im Zeichen von Kirchenreform und Reformation. Gesammelte Studien zur Kirchengeschichte in Spätmittelalter und früher Neuzeit. Hg. von Karl-Heinz Braun, Barbara Henze und Bernhard Schneider (RST. Suppl. 5), Münster 2005. *Wichtige Aufsatzsammlung des Verfassers zu katholischer Kontroverstheologie und Ansätzen einer Kirchenreform.*

Sorkin, Davin, The Religious Enlightenment. Protestants, Jews, and Catholics from London to Vienna, Princeton-Oxford 2008. *An sechs Porträts aus unterschiedlichen religiösen Gemeinschaften soll gezeigt werden, dass die Aufklärung auch eine religiöse Bewegung war mit unterschiedlichen Ausprägungen.*

Sparn, Walter, Vernünftiges Christentum. Über die geschichtliche Aufgabe der theologischen Wissenschaften im 18. Jahrhundert in Deutschland, in: Rudolf Vierhaus (Hg.): Wissenschaften im Zeitalter der Aufklärung. Aus Anlass des 250jährigen Bestehens des Verlags Vandenhoeck & Ruprecht, Göttingen 1985, 18–57. *Grundlegender Aufsatz zur Aufklärungstheologie in Deutschand.*

Spehr, Christopher, Aufklärung und Ökumene. Reunionsversuche zwischen Katholiken und Protestanten im deutschsprachigen Raum des späteren 18. Jahrhunderts (BHTh 132), Tübingen 2005. *Synthese zu den ökumenischen Bestrebungen und Konzepten zwischen den Konfessionen in der Aufklärungszeit.*

Steiger, Johann Anselm, Johann Gerhard (1582–1637). Studien zu Theologie und Frömmigkeit des Kirchenvaters der lutherischen Orthodoxie (Doctrina et Pietas I/1), Stuttgart-Bad Cannstatt 1997. *Sammlung mit Studien zum wohl wichtigsten lutherischen Theologen des 17. Jahrhunderts.*

Stollberg-Rilinger, Barbara, Maria Theresia. Die Kaiserin in ihrer Zeit, München 2017. *Monumentale und moderne Gesamtdeutung der Kaiserin in der Perspektive einer politischen Kulturgeschichte, die ihr dynastisches Selbstverständnis als zentrale Kategorie herausarbeitet.*

Strohm, Christoph/Wilhelmi, Thomas (Hg.). Martin Bucer, der dritte deutsche Reformator. Zum Ertrag der Edition der Deutschen Schriften Martin Bucers, Heidelberg 2016. *Schmaler Sammelband, der anlässlich des Abschlusses der deutschen Schriften Bucers dessen Bedeutung für die südwestdeutsche und europäische Reformationsgeschichte herausstellt.*

Tallon, Alain, Conscience nationale et sentiment religieux en France au XVIe siècle, Paris, 2002. *Frankreichs Ringen mit der Reformation und dem Trienter Konzil wird vor dem Hintergrund der gallikanischen Ausrichtung des Landes analysiert.*

Unterburger, Klaus, Das bayerische Konkordat von 1583. Die Neuorientierung der päpstlichen Deutschlandpolitik nach dem Konzil von Trient und deren Konsequenzen für das Verhältnis von weltlicher und geistlicher Gewalt (Münchener Kirchenhistorische Studien 11), Stuttgart 2005. *In den katholischen Territorien führte die Propagierung der Trienter Reformbeschlüsse zu einer Wende gegen die staatlichen Kontroll- und Hoheitsrechten über die Kirche.*

Unterburger, Klaus, Unter dem Gegensatz verborgen. Tradition und Innovation in der Auseinandersetzung des jungen Martin Luther mit seinen theologischen Gegnern (KLK 74), Münster 2015. *Während Luther nicht nur in der Gnadentheologie, sondern auch in der Ekklesiologie den Lehren von Augustinus vielfach folgte, vertraten seine katholischen Gegner gerade in Fragen der Lehre von der Kirche Neuerungen bereits vor der Auseinandersetzung mit ihm.*

Viguerie, Jean de, Le Catholicisme des Français dans l'Ancienne France, Paris 1988. *Geschichte des religiösen Lebens in Frankreich in nachtridentinischer Zeit bis zur Revolution, die dem Verfasser als Höhepunkt der Christentumsgeschichte gilt.*

Vogel, Christine, Der Untergang der Gesellschaft Jesu als europäisches Medienereignis (1758–1773). Publizistische Debatten im Spannungsfeld von Aufklärung und Gegenaufklärung (VIEG 207), Mainz 2006. *Analysiert die publizistischen Debatten um die Jesuiten, die zu ihrer Aufhebung führten und denen v.a. Staatsfeindlichkeit und Rückständigkeit im Erziehungswesen vorgeworfen wurde.*

Vovelle, Michel, 1793, la Révolution contre l' Église: de la raison à l' Être Suprème, Brüssel 1988. *Mentalitätsgeschichte des Jahres der Entchristlichung und Schreckensherrschaft der Revolution.*

Wallmann, Johannes/Sträter, Udo (Hg.), Halle und Osteuropa: Zur europäischen Ausstrahlung des hallischen Pietismus, Tübingen 1998. *Sammelband zur internationalen Verflechtung und Ausstrahlung des Pietismus in Halle.*

Wallmann, Johannes, Theologie und Frömmigkeit im Zeitalter des Barock. Gesammelte Aufsätze, Tübingen 1995. *Sammlung von Aufsätzen eines der besten Kenner des Pietismus.*

Walter, Peter, Syngrammata – Gesammelte Schriften zu Humanismus und Katholischer Reform. Hg. von Günther Wassilowsky (RST. Suppl. 6), Münster 2015. *Wichtige Aufsätze des Autors zum theologischen Humanismus und der katholischen Theologie des 16. Jahrhunderts.*

Walter, Peter/Jung, Martin H. (Hg.), Theologen des 17. und 18. Jahrhunderts. Konfessionelles Zeitalter, Pietismus, Aufklärung, Darmstadt 2003. *Biographisch-theologische Portraits wichtiger Theologen alle Konfessionen.*

Ward, William Reginald, The Protestant Evangelical Awakening, Cambridge 1998. *Grundlegender Gesamtüberblick über das protestantische Revival.*

Wassilowsky, Günther, Die Konklavereform Gregors XV. (1621/22). Wertekonflikte, symbolische Inszenierung und Verfahrenswandel im posttridentinischen Papsttum (Päpste und Papsttum 38), Stuttgart 2010. *Die vorherrschenden Verflechtungsmechanismen am Papsthof wollte eine Gruppe von spirituali durchbrechen, der 1622 immerhin die Durchsetzung einer Reform der Papstwahl gelang.*

Weber, Christoph (Hg.), Jansenismus und Bischofsamt. Lebensläufe von 50 Amis de la vérité im französischen Episkopat des 18. Jahrhunderts (Beiträge zur Kirchen- und Kulturgeschichte 27), Frankfurt am Main 2017.

Weber, Christoph, Senatus divinus. Verborgene Strukturen im Kardinalskollegium der frühen Neuzeit (1500–1800) (Beiträge zur Kirchen- und Kulturgeschichte 2), Frankfurt am Main 1996. *Gesamtanalyse des Kardinalskollegiums, das dieses in die Verflechtungs- und Patronagemechanismen ihrer Familien einbettet.*

Weber, Sascha, Katholische Aufklärung? Katholische Reformpolitik unter Kurfürst-Erzbischof Emmerich Joseph von Breidbach-Bürresheim 1763–1775 (QMRKG 132), Trier 2013. *Exemplarische Studie eines wichtigen Reichsbischofs der Aufklärungszeit.*

Weiß, Dieter J., Katholische Reform und Gegenreformation, Darmstadt 2005. *Knappe Gesamtdarstellung der katholischen Erneuerung in Politik und Frömmigkeit.*

Wendebourg, Dorothea (Hg.), Philipp Jakob Spener – Leben, Werk, Bedeutung. Bilanz der Forschung nach 300 Jahren (Hallesche Forschungen 23), Tübingen 2007. *Der Sammelband bietet einen Überblick über die Resultate der Spener-Forschung der letzten Jahrzehnte.*

Witt, Christian V., Protestanten. Das Werden eines Integrationsbegriffs in der Frühen Neuzeit (BHTh 163), Tübingen 2011. *Bettet die Entstehung des Protestantismusbegriffs in die Transformationsprozesse lutherischer und reformierter Identitätsbildung ein.*

Zeeden, Ernst Walter, Die Entstehung der Konfessionen. Grundlagen und Formen der Konfessionsbildung im Zeitalter der Glaubenskämpfe, München 1965. *Meilenstein der Forschung, der die parallelen Prozesse der Konfessionsbildung herausarbeitet.*

Zimmerling, Peter, Ein Leben für die Kirche. Zinzendorf als praktischer Theologe, Göttingen 2010. *Einführung zu Zinzendorf und der Herrnhuter Brüdergemeine.*

Zuwanderungsland Deutschland. Die Hugenotten. Für das Deutsche Historische Museum hg. von Sabine Beneke und Hans Ottomeyer, Berlin-Wolfratshausen 2005. *Ausstellungskatalog des Berliner Deutschen Historischen Museums.*

Websites/Online-Portale:

https://bdn-edition.de/index.html *Zentrale Texte der protestantischen Neologie werden hybrid, also auch digital in einer „Bibliothek der Neologie“ ediert.*

http://www.controversia-et-confessio.de/ *Website des Editionsunternehmens an der Mainzer Akademie der Wissenschaften zu den innerlutherischen Streitigkeiten mit den edierten Bänden und vielen wichtigen Informationen.*

https://www.corpus-catholicorum.de/ *Website zur „Gesellschaft der Herausgabe des Corpus Catholicorum“, die die Erforschung der katholischen Theologie und Konfessionskultur bündelt und vernetzt.*

https://hls-dhs-dss.ch/de/ *Website des „Historischen Lexikons der Schweiz“ mit vielen wissenschaftlichen und nützlichen Fachartikeln.*

https://ordensgeschichte.hypotheses.org/ *Wichtiger Blog (auch) zur (frühneuzeitlichen) Ordensgeschichtsforschung.*

http://www.reformationsgeschichte.de/ *Website des „Vereins für Reformationsgeschichte“, der viele Forschungsaktivitäten bündelt und vernetzt.*

https://www.uni-muenster.de/FNZ-Online/ *Fundierte Einführung zu wichtigen Themen der frühneuzeitlichen Geschichte.*

Namensregister

Abbildungsnachweis

Abbildung 1: akg-images

Abbildung 2: Wikimedia Commons Pinacoteca Ambrosiana

Abbildung 3: akg-images / Pictures From History

Karten: © Peter Palm, Berlin